MICHIAKI UND HILDEGARD HORIE

Du + Ich = Wir

edition L

WEISSES KREUZ

MICHIAKI UND HILDEGARD HORIE

Du + Ich = Wir

Vom Miteinander in der Ehe

edition
WEISSES KREUZ

Dr. Michiaki Horie: Facharzt für Neurologie, Psychiatrie und Psychotherapie; Initiator der Seminare für Konfliktbewältigung und biblische Lebensgestaltung. Neben einer ausgedehnten interkulturellen psychotherapeutischen Beratungstätigkeit unterrichtet er an der *Trinity Western Universität*, British Columbia, Canada.
Hildegard Horie hat viele Jahre für den Schulfunk und Evangeliumsrundfunk gearbeitet. Die Hories sind im deutschsprachigen Raum vor allem durch ihre zahlreichen Veröffentlichungen und Seminare bekannt geworden. Dem vorliegenden Buch liegt eine langjährige Erfahrung in der Eheberatung zugrunde.

Vormalig erschienen im Brockhaus Verlag unter gleichem Titel

hänssler-Edition Weißes Kreuz
Bestell-Nr. 865.107
ISBN 3-7751-8107-5

Internet: www.haenssler.de
E-Mail: info@haenssler.de
Titelfoto: Mauritius
Umschlaggestaltung: Ingo C. Riecker
Satz: AbSatz, Klein Nordende
Druck und Bindung: Ebner & Spiegel GmbH
Printed in Germany

INHALT

EIN RÄTSEL

Wer davon isst,
wird stets danach verlangen.

Wer in Besitz nimmt,
sie verlieren.

Doch wer verschwendet,
sie empfangen,

in Schwachheit stark
und nur im Sterben
Leben spendend.

Was ist das?

(Die Liebe)

VORWORT

Das menschliche Miteinander ist nirgends so verwundbar wie in der Ehebeziehung. Aber es ist auch nirgends so erfüllend wie gerade dort. Dass Ehe gelingt, ist nicht selbstverständlich. Die hohe Scheidungsrate spricht von den verborgenen Trümmern, der enttäuschten Erwartung und zerbrochenen Träumen. Aber muss es wirklich so weit kommen? Wo ist der Weg, der zu einem froh machenden Einssein führt?

Der Weg zu einer glücklichen Ehe liegt nicht in einer unerreichbaren Höhe, auch nicht in einer unzugänglichen Tiefe verborgen. Er ist vielleicht ein wenig verschüttet. Daher wollen wir uns aufmachen, diesen Weg freizuschaufeln und dann Schritt für Schritt darauf gehen und uns an der Schönheit, die uns umgibt, erfreuen.

Was wir hier sehen, ist immer nur ein kleiner Teil. Das Geheimnis selbst ist unfassbar.

In dem vorliegenden Buch möchten wir Sie ein Stück auf dem Weg begleiten in das Abenteuer der Ehe und Sie zugleich teilhaben lassen an der Freude des Miteinanders. Wir möchten Richtung weisen; den Weg gehen muss jeder selbst.

Michiaki und Hildegard Horie

EHE IM WANDEL DER ZEIT

Wenn wir das Auf und Ab in der Geschichte der Völker verfolgen, stellen wir fest, dass die Beziehung zu Ehe und Familie schon immer die Entwicklung der Menschheitsgeschichte bestimmt hat. Aufstieg und Niedergang der Nationen sind jeweils eng verknüpft mit ihrer Einstellung zur Sexualität und dem Verständnis der Ehe.

Heute scheint der Materialismus verbunden mit einer wachsenden Selbstvergötterung und einer überzogenen Erwartung an die individuelle Freiheit die Gültigkeit und Verbindlichkeit der Ehe mehr und mehr aufzulösen. Neue Wertmaßstäbe werden gesetzt und durch den Einfluss der Massenmedien die öffentliche Meinung manipuliert. Im Zuge der Toleranz und Chancengleichheit werden homosexuelle Partnerschaften mit heterosexuellen Verbindungen gleichgestellt. Das Lustprinzip bestimmt weithin unsere Gesellschaft. Die Folgen sind: Zerrissene Familien. Zerbrochene Träume. Chaos. Verzweiflung. Orientierungslosigkeit.

Am meisten betroffen sind – die Kinder. Die neue Generation, auf der Zukunft gebaut wird.

Der moralische Verfall zeigt seine Auswirkungen in allen Bereichen. Wie können wir uns davor schützen? Wir sind Teil eines Ganzen. Hineingeboren in unsere jeweilige Kultur sind wir gefangen in dem Sog, der die Menschheit ins Verderben zieht. Wir werden oft, ohne es zu merken von dem Wertmaßstab, der uns von klein auf übermittelt wurde, geprägt. Unbewusst haben wir Anschauungen und Zielvorstellungen anderer übernommen und die alten Werte beiseite gelegt.

Was modern ist, muss darum noch nicht gut und

nachahmenswert sein. Die alten Werte haben auch heute Gültigkeit, aber vielleicht müssen sie neu interpretiert werden. Wenn das patriarchalische Vorbild uns mit Schrecken erfüllt, so heißt das deshalb noch nicht, dass der Vater ausgespielt hat. Wenn wir uns gegen das mütterliche Bevormunden zur Wehr setzen, bedeutet es darum nicht, dass die Mutterrolle überholt ist. Wenn die Ehe als Fessel empfunden wird, die uns einengt, bringt eine außereheliche Beziehung noch keine Freiheit.

Auch wenn die Auflösung der Ehe immer weiter um sich greift, ist die Verbindlichkeit der Ehe doch nach wie vor der göttliche Plan, der den Menschen zu seinem höchsten Glück verhelfen soll. Aber wie können wir dahin gelangen? Und womit sollen wir beginnen?

An sexueller Aufklärung fehlt es nicht.

Wenn wir das Überangebot der Eheliteratur sichten, müssen wir feststellen: Es fehlt auch nicht an klugen Ratschlägen, psychologischer Einsicht und guten Ideen. Aber offensichtlich findet all das Wissen keinen Niederschlag in unserem Alltag; denn wenn wir den Ehealltag mit den ungezählten zerrütteten Ehebeziehungen betrachten, so fragen wir uns: Musste es so weit kommen? Gab es keinen anderen Weg?

Nicht selten kommen beide Partner aus einer zerrütteten Familie und haben nun ganz hoffnungsvoll den gemeinsamen Weg begonnen, voller Optimismus, vielleicht sogar einem Hochgefühl: Wir werden es besser machen. Doch dann dauert es nicht lange, da verwandelt sich der Optimismus in Resignation. Freundschaft in Feindschaft. Liebe in Hass. Zurück bleibt: Aggression. Unzufriedenheit. Anklage. Zerwürfnis. Bitterkeit – und Kinder, die nicht wissen, zu wem sie gehören.

Wie können wir unsere Ehe vor solch einem Zerfall schützen?

Es geht nicht darum, die eine oder andere Regel sorgfältig zu befolgen, um dann als Ergebnis das gelungene Eheprodukt zu erhalten. Und doch gibt es gewisse Grundregeln, die beachtet werden müssen – wie bei einem Hausbau.

1. Erste Bau-Phase oder: Der Bau beginnt

Der Bau der Ehe

Der Bau eines Hauses beginnt mit der Sehnsucht, dem Wunsch oder auch dem Bedürfnis. Denn der Mensch braucht eine Behausung. Eine Stätte, in der er zu Hause ist.

Die Ehe ist solch ein Zuhause. Ein Platz, wo man willkommen ist. Eine Stätte der Zugehörigkeit. Diese Stätte ist nicht an einen Ort gebunden, sondern an einen Menschen. Ein Du.

Tief im Menschen lebt diese Sehnsucht nach einem Du. Nach einem, der das Leben teilt. Die guten und die nicht so guten Tage. Der mit einem lacht und weint. Der einen hört und dem man zuhören kann. Der das Leben sieht wie man selbst, und einen versteht. Wenn zwei Menschen so zueinander gefunden haben, möchten sie zu einem Ganzen verschmelzen, um für immer miteinander verbunden zu sein. So wird aus dem Du und dem Ich ein Wir.

Aber das ist erst der Anfang. Dann muss Ehe gebaut werden.

Es gibt Eheleute, die glauben, mit der Heiratsurkunde den Partner als Eigentum erworben zu haben – und dementsprechend ist auch ihr Verhalten.

Es heißt zwar: Eine Ehe wird geschlossen oder zwei Menschen gehen eine Ehe ein – aber eine Ehe ist mehr als ein Vertrag zwischen zwei Menschen. Darum gelingt Ehe nicht ohne weiteres, vielmehr müssen beide Partner sich ganz einsetzen, damit die Ehe das wird, was sie sein soll.

Doch kehren wir zurück zu unserem Bild vom Hausbau. Wer ein Haus errichten will, der schaut sich zunächst nach dem geeigneten Grundstück um. Dabei muss die Lage den Bedürfnissen entsprechen. Für den einen bedeutet das Stadtnähe. Für einen anderen ist es ein Bauernhof auf dem Land. Und für einen dritten ein Haus mitten in einem Geschäftsviertel einer großen Stadt. Die Wahl bleibt jedem überlassen. Und manchmal erscheint die Wahl auf den ersten Blick nicht in jeder Hinsicht ideal. Da werden Zugeständnisse erforderlich.

In einer Ehe kann es ganz ähnlich sein. Da hat vielleicht das junge Mädchen von einem großen blonden Mann geträumt, der eines Tages als berühmter Sportler gefeiert wird – und dann heiratet diese junge Frau einen kleinen dunkelhaarigen Mann, der sich am liebsten den ganzen Tag hinter seinem Schreibtisch verbirgt. War es ein Kompromiss, weil sie ihr eigentliches Ideal nicht gefunden hat?

Oder der junge Mann, der von einer attraktiven Filmdiva geträumt hat, vor deren Charme alle Männer kapitulieren, heiratet eine unscheinbare, korpulente Frau, deren Freude es ist, Kinder großzuziehen und Gäste zu bewirten.

War das frühere Ideal nur ein Phantom? Hatten sich beide in einer Traumwelt verloren und stellten dann fest, dass diese Idealvorstellung im Grunde doch nicht ihren Bedürfnissen entspricht? Oder haben sie in ihrem Partner Werte entdeckt, die all die äußeren Faktoren in den Hintergrund stellen? Oder sind sie noch immer insgeheim auf der Suche nach ihrem großen Traum? Und wenn sie einen anderen finden, der diesem Traum eher entspricht, wenden sie sich dieser neuen Liebe zu?

Vielleicht kann der eine nicht einmal mit Sicherheit sagen, was ihn oder sie dazu veranlasst hatte, gerade diesen

Menschen zu wählen. Aber irgendwann kam der Augenblick, da hat einer zu dem anderen »Ja« gesagt, bereit, auch die Konsequenzen zu tragen.

Ein Haus kann man mit dem Gedanken erwerben, später wieder umzuziehen, sobald sich ein besseres gefunden hat oder genügend finanzielle Mittel für ein größeres zur Verfügung stehen.

Meinen Partner aber kann ich nicht einfach austauschen, wenn er mir nicht mehr gefällt. Denn die Wahl einer Ehe ist auf Dauer angelegt. Darin liegt das Geheimnis der Tragfähigkeit. Einen Ort kann ich verlassen, um mich irgendwo anders niederzulassen; aber eine Beziehung kann ich nicht ohne einschneidende Folgen lösen.

Die Wahl, die man einmal getroffen hat, hat Konsequenzen und begleitet einen in der Regel durch das ganze Leben, denn da sind die Kinder, die Vater und Mutter verkörpern. Die Geschichte von Vater und Mutter ist in dem neuen Leben für immer eingewoben. Selbst dann, wenn man sich von seinem Partner wieder trennt, bleibt doch die Einheit in den Kindern bestehen.

In der Bibel wird diese Einheit mit wenigen Worten dokumentiert (Mt 19,4):

»Der im Anfang den Menschen geschaffen hat, schuf sie als Mann und Frau und sprach: ›Darum wird ein Mann Vater und Mutter verlassen und sich mit seiner Frau verbinden, und die zwei werden ein Fleisch sein.‹ So sind sie nun nicht mehr zwei, sondern ein Fleisch. Was nun Gott zusammengefügt hat, das soll der Mensch nicht scheiden!«

Das aber bedeutet: Die Kosten müssen zuvor überschlagen werden. Doch selbst dann, wenn man glaubt, die Kosten aufbringen zu können, bleibt es ein Wagnis. Der Preis wird nicht nur einmal gezahlt, sondern liegt als bleibende Hypothek auf diesem Haus. Die Hypothek eines Hauses kann eine junge Familie belasten und scheinbar unerträgliche Forderungen und Einschränkungen auferlegen, doch irgendwann ist sie abgetragen. Die Hypothek einer Ehe hingegen bleibt in unverminderter Höhe bestehen, jedoch mit dem einen Unterschied: Sie ist keine Belastung, sondern wachsende Freude. Denn diese Hypothek ist die Liebe, die Paulus in seinem Brief an die Korinther beschreibt (1. Kor 13):

Eine Liebe, die langmütig und freundlich ist, die nicht eifert und nicht prahlt, die sich nicht aufbläht und sich nicht ungehörig verhält, die nicht das Ihre sucht, die sich nicht erbittern lässt und das Böse nicht zurechnet, die sich nicht über die Ungerechtigkeit freut, vielmehr an der Wahrheit ihre Freude hat. Eine Liebe, die alles erträgt, alles hofft, alles duldet. Eine Liebe, die niemals aufhört …
Wenn nun das geeignete Grundstück – oder der geeignete Partner – gefunden und die Kostenfrage geklärt ist, wird ein Plan entworfen, der all die Wunschvorstellungen vereinigt, die realisiert werden sollen. Dieser Plan ist ganz individuell auf das Paar zugeschnitten und zeigt, wie das Haus später einmal aussehen soll. Da sind die Grundrisse mit all den komplizierten Berechnungen und die Aufteilung der einzelnen Räume. Jede Wand, die gezogen wird, ist bereits vorgezeichnet, und genau dort, wo im Plan die Treppe vorgesehen ist, wird der Zimmermann sie auch einbauen.

Auf der Zeichnung sieht man bereits das fertige Traumhaus, der Sonnenschirm ist aufgespannt, die Liegestühle stehen bereit – es fehlt nur noch der Möbelwagen vor der Tür. Und dann kann das gemeinsame Leben beginnen.

Eine Ehe wird nicht nach statischen Gesichtspunkten berechnet. Wir können unsere Kinder auch nicht auf einem Zeichenbrett entwerfen, obwohl es Paare gibt, die es versuchen. Genauso wenig können wir unsere Ehe nicht im Voraus programmieren. Trotzdem gehört zu einer glücklichen Ehe ein Bauplan. Dieser Bauplan ist von unserem himmlischen Architekten entworfen. Nicht starr festgelegt, so dass für uns kein Spielraum mehr bleibt, aber mit ganz klaren Konturen. Diesen Bauplan sollten beide Partner wieder und wieder studieren und dann mit ihrem Vater im Himmel Rücksprache halten.

Wie sieht nun eine gute Ehe aus? Diese Traumehe, die sich letztlich jeder ersehnt? Da ist zunächst einmal die grundsätzliche Übereinstimmung beider Partner, die ruhige, tragende Gewissheit: Ich liebe meinen Partner und werde von ihm geliebt. Wir sind miteinander einverstanden und bejahen uns. Niemand versucht, den anderen in ein Bild hineinzudrängen oder eine bestimmte Leistung von ihm zu fordern, um selbst davon zu profitieren.

Jeder hat seine Verantwortung übernommen: der Mann als Mann und die Frau als Frau; der Mann als Vater und die Frau als Mutter. In einer guten Ehe ergänzen sich beide. Da findet kein Konkurrenzkampf statt. Da ist auch keine Bevormundung und keiner will den anderen als Sprungbrett benutzen, um selbst zur Geltung zu kommen. Vielmehr wartet einer in Geduld auf den anderen. Und freut sich über alles, was dem anderen gelingt, als wäre es der eigene Sieg. In einer guten Ehe haben Mann und Frau ein gemeinsames Ziel. Sie wissen sich einander zugehörig, ohne den anderen in seiner Bewegungsfreiheit einzuschränken, d. h. die Bindung lähmt nicht den anderen in seiner Entfaltungsmöglichkeit und Wirksamkeit, im Gegenteil: Sie gibt ihm den Rahmen, in dem er sich entfalten kann, und die Kraft, aus der er handeln kann.

In einer glücklichen Ehe leben beide Partner in einer selbstverständlichen Sicherheit, die auf Vertrauen basiert. Sie wissen, dass sie sich aufeinander verlassen können, weil jeder verantwortungsbewusst lebt. Das gibt ihnen Ruhe und Gelassenheit.

Eine glückliche Ehe ist frei von Eifersucht. Es herrschen Offenheit und absolute Ehrlichkeit zwischen Mann und Frau, ganz gleich, ob es sich um einen sexuellen Fehltritt handelt oder um finanzielle Dinge. Keiner verbirgt etwas vor dem anderen. Man sagt einander die Wahrheit, ohne sich unnötig zu verletzen, weil die Liebe dahinter steht. Mann und Frau weichen einander nicht aus, sondern sind bereit, sich zu stellen, auch wenn es schwer fällt. Das erfordert reife Persönlichkeiten.

In einer glücklichen Ehe wird die Sexualität bejaht. Sie bleibt Ausdruck tiefster Liebe. Sie dient nicht primär der eigenen Lustbefriedigung, sondern behält stets das Glück des Partners im Auge. Da ist keine egoistische Forderung, die den Partner für sich beansprucht oder etwas von ihm erwartet, was das Schamgefühl des anderen verletzt. Ebenso wird die Sexualität nicht als Waffe benutzt, indem sich einer dem anderen verweigert, um ihn sich untertan zu machen.

In einer glücklichen Ehe haben beide Ehegatten eine gemeinsame Linie in der Erziehung der Kinder. Vater und Mutter wissen sich in gleichem Maß für ihre Kinder verantwortlich. In Gegenwart der Kinder wird keiner den anderen anklagen und herunterputzen. Wenn die Beziehung zum Partner intakt ist, werden Vater und Mutter als

Einheit den Kindern eine ganz andere Geborgenheit geben können, als wenn zwischen den Ehepartnern ein schwelender Kriegszustand herrscht.

Eine glückliche Ehe wird auch nicht von einem Dritten mitbestimmt; denn das biblische Prinzip lautet, dass ein Mann Vater und Mutter verlässt, um mit seiner Frau ein Leib zu werden. Diese Einheit ist eine Grundvoraussetzung für das Gelingen der Ehe.

Das bedeutet nicht, dass die jeweils eigenen Eltern gering geachtet oder abgeschoben werden, vielmehr werden hier Prioritäten gesetzt.

In einer glücklichen Ehe leben beide Partner von der Vergebung. Da wird keine Schuld nachgetragen und Aggressionen gehortet, um irgendwann dem Partner eins auszuwischen, vielmehr wird nach einer Auseinandersetzung ein neuer Anfang gemacht. Das aber ist nur möglich, wenn sich jeder vor Gott verantwortlich weiß.

Und diese gemeinsame Beziehung zu Gott ist die Quelle für das tiefste Glück. Das Bild einer glücklichen Ehe ist das Ziel, das zwei Menschen vor Augen steht. Nach diesem Bild strecken sie sich aus. Aber oft bleibt es ein unerreichbares Ideal, so dass manch einer nur zu bald entmutigt aufgibt. Dennoch ist es ein Streben, das sich lohnt. Auch hier wieder kommen wir auf das Bild vom Hausbau zurück. Es kostet Mühe und Arbeit. Ein Haus wird nicht von selbst erbaut.

Manchmal ist ein Grundstück völlig verwildert. Da müssen dicke Felsbrocken weggeräumt werden. Vielleicht gleicht es sogar einer Müllhalde. Aber diese Arbeit ist keine Last, sie ist Freude.

Denn beide setzen sich in dem Bewusstsein ein, dass es ihr gemeinsames Zuhause wird. Dieses Wissen gibt ihnen immer wieder neue Kraft. Ja, es ist, als könnten sie es schon vor sich sehen, wie anders dieser Ort bald aussehen wird, wenn erst einmal das Haus steht und ein Garten angelegt ist. Aber bis es so weit ist, wird noch einige Zeit vergehen. So heißt es, nicht lange zu zögern, sondern mit der Arbeit zu beginnen!

Auch im Leben eines Menschen hat sich manches Mal viel Schutt angesammelt. Wenn zwei Menschen miteinander eine Ehe bauen wollen, kann dieser Bau nicht auf einem Müllberg errichtet werden. Das bedeutet: Der Bauplatz muss gereinigt werden. Diese Aufgabe ist nicht immer leicht. Ein Haus, das auf Schutt errichtet wird, kann nicht bestehen. Eine Ehe, die auf Lüge aufgebaut wird, kann sich nicht gesund entfalten. Das heißt, dass die Vergangenheit bereinigt werden muss.

Die Befreiung von belastenden Erinnerungen ist oft ein langer und schmerzlicher Prozess, der von beiden Partnern Geduld und Liebe erfordert. Es gehört ebenso Mut und Vertrauen dazu, sich einander zu öffnen. Doch dieses Vertrauen wächst im Lauf der Zeit, je besser wir den anderen kennen lernen.

Es wäre nicht fair, eine Ehe zu beginnen und dabei ein Geheimnis in sich zu verschließen. Wenn ich stets einen Gedanken vor dem Partner verstecken muss, ist keine ungeteilte Hingabe möglich. Darin kann bereits ein Keim des Verfalls liegen, der im Lauf der Jahre dann langsam die Ehebeziehung vergiftet.

Manche Paare fürchten, den Partner durch ein Bekenntnis zu verunsichern, abzuschrecken oder gar zu verlieren, denn häufig handelt es sich um eine sexuelle Beziehung, die der eine oder andere vor der Ehe hatte. Wichtig ist, dass der Partner weiß, dass diese Beziehung beendet ist und die Ehe in Zukunft nicht belasten wird. Eine Dreiecksbeziehung ist für die spätere Entwicklung einer Ehe tödlich. Vielleicht handelt es sich auch um eine Erbbelastung, die einer vor dem anderen zu verbergen sucht. Hier ist man es dem Partner schuldig, aufrichtig zu sein.

Wenn nun das Grundstück von Unrat gesäubert ist, werden die Anschlüsse für die Wasserversorgung vorbereitet, Gräben werden gezogen, Rohre verlegt. Auf der einen Seite für das Trinkwasser, auf der anderen Seite muss für den Abtransport des Abwassers gesorgt sein. Auch eine Ehe braucht solch eine Wasserversorgung.

Werden wir hier nicht an das Wort Jesu erinnert, als er die Menschen ermutigt, zu ihm zu kommen, um von einem Wasser zu trinken, das allen Durst löscht, ein Wasser, das Leben spendet (Joh 4,14)? Dieses Wasser hat sogleich einen reinigenden Effekt.

Nach all den Vorarbeiten kann endlich mit der ersten Bauphase begonnen werden. Jetzt wird das Fundament gelegt.

Vom Ich zum Du

Das Fundament ist nicht nur entscheidend für die Stabilität eines Hauses, sondern gibt dem Haus den eigentlichen Rahmen und setzt Grenzen. Über die Breiten- und Längenmaße dieses Fundaments hinaus kann sich das Haus nicht ausweiten. Es ist also nicht nur die Basis, die das Gewicht des Hauses trägt, sondern es zeigt zugleich an, wie groß das Haus werden wird.

Ist das Fundament nicht in Ordnung, wird das Haus eines Tages zusammenstürzen. Darum wird auf den Bau des Fundaments eine besonders große Sorgfalt gelegt.

Bei dem Bau eines Hauses erscheint uns dieser Gedanke ganz selbstverständlich; bei dem Bau der Ehe nehmen es viele Paare nicht so genau. Manche Ehe wurde auf einem fragwürdigen und schwankenden Fundament errichtet. Dabei ist gerade für die Ehe das Fundament entscheidend. Denn dieses Fundament bestimmt den weiteren Bau.

Wenn die Basis stabil ist, kann ich in diesem oder jenem Punkt unterschiedlicher Meinung sein, es wird die Ehebeziehung nicht in den Grundfesten erschüttern.

Für Christen ist dieses Fundament der Glaube an die Erlösung durch Jesus Christus und die Hoffnung auf die neue Schöpfung, diesen neuen Menschen, dessen Mitte Gott ist. Wenn beide Partner auf diesem Fundament ihr gemeinsames Leben bauen, können schwierige Situationen besser verkraftet werden. Auch persönliche Unstimmigkeiten werden in die richtige Perspektive gerückt, anstatt sich an ihnen wund zu reiben.

Aber wie, wenn nun beide Partner ein unterschiedliches Fundament haben? Wenn der Mann darauf besteht, dass das Haus auf seinem Fundament errichtet wird, die Frau hingegen auf ihrem Fundament bauen will? Kann man auf zwei Fundamenten ein gemeinsames Haus errichten? Es mag sein, dass es ihnen irgendwie eine Zeit lang gelingt, aber ob das ein Haus wird, das Bestand hat und das ein echtes Zuhause wird?

Ein weiterer Schritt ist nun, das Baumaterial herbeizuschaffen. Es mögen Balken sein oder Steine. Eine Ehe aber wird aus Menschen gebaut.

Schauen wir uns diesen Menschen etwas genauer an. Auf den ersten Seiten der Bibel lesen wir, dass Gott den Menschen schuf. Dieser Mensch ist nicht aus sich selbst geworden, er ist auch nicht durch eine zufällige Mutation im Lauf der Millionen Jahre zum Menschen geworden. Er ist ein Gedanke Gottes. Dieser Gedanke fand Ausdruck im Wort: Gott sprach – und dieses Wort wurde zur Wirklichkeit.

Das Kommen des Menschen war sorgfältig vorbereitet. Die ganze Schöpfung zielte darauf hin: Das Licht, das den Anfang setzte; die Pflanzen, die Tiere – all das war dem Menschen zugeordnet, als wartete die ganze Schöpfung auf die Erscheinung des Menschen. Jedes Teil der Schöpfung wurde dem Gesetz unterstellt zu wachsen, sich zu mehren, auszubreiten und zugleich der Erde Leben zu verleihen.

Ein geheimnisvolles Zusammenspiel. Ein ständiges Geben und Nehmen. Ein buntes Vielerlei. Geordnet und bis ins Kleinste durchdacht.

Alles war vollkommen und gut.

Erst dann, als alles vorbereitet war, wurde der Mensch ins Leben gerufen. Gott verband sich mit der Erde. Er formte aus diesem unscheinbaren Material den Menschen, mit dem er seine Herrlichkeit teilen wollte. Von den Händen des Schöpfers geformt und somit seine Liebe widerspiegelnd. Ein Wesen, das ihm gleichen sollte und das zugleich Ziel seiner Liebe ist. Ein Wesen, das den Odem Gottes in sich trägt.

Die Aufgabe des Menschen sollte es sein, ein Du zu sein und zugleich als Wächter über diesem Garten Gottes zu wachen.

Wie liebevoll wird das Mühen Gottes gezeichnet, wie er ein Tier nach dem anderen vor den Menschen brachte, damit dieser ihnen einen Namen geben sollte.

Doch die ganze Schöpfung reichte nicht aus, die tiefe Sehnsucht zu stillen. Nur Gott wusste, was dem Menschen fehlte: Auch der Mensch brauchte ein Du. Ein Wesen, das wie er war. Ein Gegenüber, in dem er sich spiegeln konnte. Ein Du, dem er seine Liebe schenken konnte. War es nicht das, was Gott veranlasst hatte, den Menschen zu schaffen? Um ein Gegenüber zu haben, an das er seine Liebe verschwenden konnte?

Der Mensch selbst brauchte nicht weiter zu suchen. Er durfte schlafen.

Und als er aus seinem tiefen Schlaf erwachte, sah er – sie. Sie war wie er. Und doch anders.

Da empfing er sie aus den Händen Gottes – und freute sich (1. Mose 2,19-23):

»Und Gott der Herr machte aus Erde alle die Tiere auf dem Felde und alle die Vögel unter dem Himmel und brachte sie zu dem Menschen, dass er sähe, wie er sie nennte; denn wie der Mensch jedes Tier nennen würde, so sollte es heißen.

Und der Mensch gab einem jeden Vieh und Vogel unter dem Himmel und Tier auf dem Felde seinen Namen; aber für den Menschen ward keine Gehilfin gefunden, die um ihn wäre.

Da ließ Gott der Herr einen tiefen Schlaf fallen auf den Menschen, und er schlief ein. Und er nahm eine seiner Rippen (hebr.: tselah) und schloss die Stelle mit Fleisch.

Und Gott der Herr baute ein weibliches Wesen aus der Rippe, die er von dem Menschen nahm, und brachte sie zu ihm.

Da sprach der Mensch: Das ist doch Bein von meinem Bein und Fleisch von meinem Fleisch; man wird sie Männin nennen, weil sie vom Manne genommen ist.«

Es wurde dem Menschen etwas genommen und zugleich wieder als ein Neues zugeführt. Der Mensch erkennt dieses andere Wesen als Teil von sich selbst und sehnt sich zurück zur Einheit. Ein Liebesspiel.

Der Mensch, eingebettet in diese Schöpfung, in diese Zeit. Und nicht von ihr zu trennen. Stets wandelbar und dabei immer auf der Suche. Immer unterwegs.

Aus der Masse der Vielen ist es einer, der plötzlich eine besondere Bedeutung erhält. Auf geheimnisvolle Weise haben sich die Wege zweier Menschen gekreuzt. Zwei Menschen, die sich gegenüberstehen und sich erkennen als die verborgene andere Seite, nach der man sich gesehnt hatte. Und dann wird dieser andere zum Du. Mir persönlich zugeordnet. Fleisch von meinem Fleisch. Ein Wunder des Erkennens.

Es ist gut, zu wissen, dass man nicht allein ist. Dass da ein anderer ist. Einer, der so ist wie ich. Und wenn einer fällt, ist doch der andere da, der einem wieder aufhilft.

Aber es ist nicht genug, den anderen als Ziel der Sehnsucht zu sehen. Denn kein Mensch kann letztlich dieses tiefe Sehnen stillen, das in uns schlummert. Es ist das Sehnen des Menschen, der sich zu seinem Ursprung zurücksehnt, zurück in die Geborgenheit, die er bei Gott hatte.

Denn der Mensch bleibt Eigentum des Höchsten, sein Besitz. Darin liegt sein Wert.

Aber entdecken wir diesen Wert auch im anderen? Wir sehen oft nur die äußere Erscheinung: den kostbaren Pelzmantel und teuren Schmuck oder die zerschlissenen Jeans und verfilzten Haare. Wie oft lassen wir uns von den glitzernden Ringen blenden und bewundern das beachtliche Bankkonto oder fühlen uns abgestoßen von der ungepflegten Erscheinung. Oder wir sind gefesselt von der bewundernswerten Intelligenz – aber wissen wir, wer dieser andere in Wirklichkeit ist? Selbst dann, wenn die äußere

Hülle fällt, bleibt er uns doch ein Geheimnis. Wir sehen diesen Menschen, stolz aufgerichtet oder vom Alter gebeugt; am Verhandlungstisch sich seiner Würde bewusst – oder am Arbeitsplatz von seiner Arbeit gefangen. Wir sehen ihn, wie er beim Wettkampf sich selbst das Äußerste abverlangt oder wie er entspannt in seinem Kissen ruht. Wir sehen, wie er als Baby an der Brust seiner Mutter trinkt oder sich später als Vater über das Bett seines Kindes beugt. Wie er sich abmüht und quält, weint und lacht, bangt und hofft – aber wissen wir, wer dieser andere ist?

Auch wenn ich ihr oder ihm meine Liebe gestehe – ich kenne dieses Du nicht.

Und dann muss ich mich weiter fragen: Kenne ich mich selbst? Weiß ich wirklich, wer ich bin?

Selbstannahme

Vermutlich hat jeder mehr oder weniger ein Bild von sich selbst, ein Bild, dem man entsprechen möchte. Doch oft hat dieses Bild so gar keine Ähnlichkeit mit dem tatsächlichen Ich. Da träumt einer davon, in Leichtathletik zu glänzen und hat doch keinerlei sportliche Begabung. Oder ein handwerklich Begabter sieht sich in seinen Träumen als gefeierter Musiker – nur um gewichtig zu sein. Wenn sich das Traum-Ich nicht mit der Realität deckt, ist man versucht, dieses Defizit irgendwie zu decken. Man »tut, als ob«. Dieses Spiel kann so perfekt sein, dass wir uns am Ende selbst täuschen und nicht wissen, wer wir in unserem tiefsten Wesen sind.

Wir tun, was Bewunderung hervorruft und dem Ich Bedeutung verleiht. Ganz gleich, ob diese Bewunderung in positiver oder negativer Weise geschieht – wie oft begegnen wir diesem Streben. So kann ein von Natur ängstlicher und schwächlicher Mensch sich als Held aufspielen, um andere zu beeindrucken. Er redet Dinge, von denen er selbst nicht überzeugt ist, nur um groß und bewundert zu werden.

Solch ein Wunschbild kann bereits früh von den Eltern geprägt werden oder auch durch eine Begegnung mit einem Menschen, dem man nacheifern möchte. Der Gruppendruck macht es einem Menschen sehr schwer, zu sich selbst zu finden. Es bedeutet Einsamkeit, vielleicht auch Spott und Aggression der anderen zu ertragen. Aber gerade durch diese Konfrontation habe ich eine Chance, zu mir selbst zu finden.

Wer ich selbst bin, werde ich nicht unbedingt durch psychologische Fragebögen erfahren, sondern durch die Konfrontation mit einer schwierigen Situation oder durch die Begegnung mit anderen Menschen. Darum ist die Beziehung und soziale Interaktion so bedeutungsvoll. Wir brauchen einen Spiegel, in dem wir uns selbst erkennen können. Auch wenn dieses Spiegelbild uns nicht gefällt. Aber letztlich hilft uns diese Enthüllung mehr als Schmeicheleien so genannter guter Freunde.

Ich bin ein Original, keine Kopie. Meine Träume und Sehnsüchte, meine Vergangenheit und Gegenwart – all das Erlebte und das, was in mir ist, bildet dieses Ich, das einmalig ist und nie wiederkehren wird, solange die Erde besteht.

Trotzdem möchte ich oft anders sein. Ich möchte sein wie dieser oder jener. Ich möchte diese Begabung haben oder jene; diese Position erreichen oder jene. Dann blicke ich mich um und denke: Der andere – der hat, was ich gerne haben möchte; der ist das, was ich gerne geworden wäre ...

Warum messe ich mich mit einem Maß, das nicht für mich gedacht ist?

Welch eine Kräfteverschwendung, wenn wir uns ein Leben lang abmühen, etwas zu sein, was wir unserer Veranlagung nach nicht sein sollen und daher auch nicht sein können, weil uns die Voraussetzung dafür fehlt.

Weil wir unsere Kraft und Zeit an ein Fehlziel verschwenden, versäumen wir, uns dort einzubringen, wo wir gebraucht werden, an unserem Platz, den niemand sonst ausfüllen kann, an diesem Platz, der uns zugedacht ist.

Aber gerade das ist unser Hauptproblem: dass wir nicht wissen, wer oder was wir sind, wozu wir da sind und wo unser Platz ist. Solange wir das nicht wissen, können wir keine gesunde Beziehung eingehen. Denn Voraussetzung für eine stabile Ehebeziehung ist, dass der Einzelne im Einklang mit sich selbst lebt, d. h., dass er zu sich selbst steht, sich selbst bejaht. Wer vor sich selbst flieht und glaubt, in dem anderen seine Identität zu finden, klammert sich an den Partner in der Hoffnung, dadurch sich selbst zu finden. Solch eine Umklammerung ist auf Dauer nicht tragbar. Daher muss jeder zuvor eine Basis in sich selbst gefunden haben. Erst dann wird einer fähig, dem anderen wirklich Partner zu sein.

Um ein Du zu sein, muss jemand zuvor zu sich selbst gefunden haben. Denn nur wer »ich« sagen kann, ist fähig, dem anderen »du« zu sein.

Wenn ich mich selbst bejahe, brauche ich nicht mehr den anderen, um mich aufzuwerten. Ich brauche weder seine negativen Seiten, um mein Gutes heller erstrahlen zu lassen, noch brauche ich seine Vorzüge, um meine eigenen Defizite zu verstecken. Ich bin, der ich bin – nicht in Nachahmung göttlicher Selbstoffenbarung, sondern in aller Schlichtheit stehe ich zu meiner Einmaligkeit, meinen Begabungen – und auch zu meinen Grenzen, zu meinem Versagen.

Das aber kann ich letztlich nur, weil ich mich von Gott bedingungslos geliebt und angenommen weiß.

Wenn nun Gott mich angenommen hat – so wie ich bin –, kann ich auch mich selbst annehmen – so wie ich bin. Dann muss ich nicht mehr so tun als ob. Dann kann ich meine Gaben einbringen, so gut ich es vermag. Dann darf ich auch Fehler machen, denn ich muss nicht perfekt sein. Also muss ich auch nicht so tun, als wäre ich vollkommen.

In dem Begriff menschlich schwingt zugleich die Vorstellung der Unvollkommenheit mit. Das ist die gute Botschaft: Ich darf Mensch sein! Dieses Menschsein hat etwas Befreiendes. Wie entspannend ist es, wenn ein Partner dem anderen gesteht: »Ich habe falsch gehandelt. Verzeih mir.« Damit riskiere ich nichts, vielmehr gebe ich dem anderen Gelegenheit, nun seinerseits zu schenken.

Wenn ich mich selbst angenommen habe – auch mit meinen Schwachstellen –, bin ich eher in der Lage, nun auch den anderen anzunehmen mit seinen Schwächen.

Angelika

Sie schlenderte die Einkaufsstraße entlang, blieb vor einem Schaufenster stehen und betrachtete die schlanken Figuren in ihren langen Brautkleidern und plötzlich begegnete sie ihrem eigenen Spiegelbild. Nicht klar. Mehr wie ein Nebel. Doch das reichte bereits, um sich abzuwenden.

Sie hatte sich noch nie leiden mögen. Von Kind an hatte sie anders sein wollen; größer, klüger, schlanker. Sie hatte lange blonde Haare haben wollen – und nicht diese kurzen braunen. Auch hätte sie viel lieber braune Augen anstatt blau-graue. Und wenn sie ihre Kolleginnen beobachtete, wünschte sie, so zu sein wie diese.

Je länger sie ihr eigenes Spiegelbild betrachtete, desto stärker wuchs in ihr die Überzeugung, dass sie im Grunde eine Fehlkonstruktion war. Sie hatte all die Eigenschaften in sich vereinigt, die sie eigentlich nicht ausstehen konnte. Und all das, was sie bei anderen bewunderte, war ihr nicht vergönnt.

Nun gab es zwei Möglichkeiten: Entweder sich stets mit den anderen zu messen und dabei unzufrieden zu bleiben oder sich mit dem zufrieden zu geben, was ihr nun einmal zugeteilt worden war und daraus etwas zu machen. Aber irgendwie wollte ihr das nicht gelingen. Es verging kein Tag, an dem sie nicht auf ihre eigenen Grenzen hingewiesen wurde. Was sie auch tat, es war nicht gut genug. So fing sie an zu träumen …

Einen Tag Prinzessin sein. Nur einen einzigen Tag! In einem langen weißen Kleid mit rauschender Schleppe von einem Diener geleitet, der ihr half, in die goldene Kutsche zu steigen. Selbst die Pferde trugen goldene Kronen und goldenes Geschirr. Und der Kutscher war in einen roten Samtrock gekleidet mit einer goldenen Schärpe. Die Straßenränder waren von jubelnden Menschen gesäumt, die bunte Tücher schwenkten und Blumen streuten. Und während sie nach allen Seiten grüßte, schwoll der Jubel an zu einem rauschenden Orkan. Das bedeutete Leben!

Aber gerade als der Kutscher die goldene Peitsche schwang und die sechs Rappen sich in Bewegung setzen wollten, begegnete sie wieder ihrem eigenen Spiegelbild, mit dem sie sich so gar nicht anfreunden konnte. Als sie noch da stand und die Brautkleider betrachtete mit den vielen Rüschen und Spitzen, zog sie jemand behutsam am Ärmel. Als sie sich umwandte, sah sie in die großen grauen Augen eines kleinen Mädchens mit leuchtend roten Haaren.

»Ich suche das St.-Lukas-Krankenhaus. Kannst du mir den Weg zeigen?«

Die junge Frau erwachte wie aus einem fernen Traum.

»Das St.-Lukas-Krankenhaus?«

»Ja, ich will meine Mami besuchen, die ist nämlich krank.«

»Wie heißt du denn?«

»Angelika.«

»Das Krankenhaus ist ganz in der Nähe. Wenn du willst, kann ich mit dir ein Stück gehen.«

Glücklich ging die Kleine neben ihr her und fing an zu plappern. Bald wusste die junge Frau alle wichtigen und nicht so wichtigen Ereignisse aus dem Leben der Kleinen.

Während die Kleine munter drauflos plapperte und all die guten Eigenschaften ihrer Mutter pries, war es, als sähe sie das Bild einer Königin vor sich – mit den Augen eines Kindes. Alles war heil und gut. Augen der Liebe. Der Liebe eines Kindes.

»Du bist bestimmt die beste Tochter dieser Welt«, hörte die junge Frau sich selbst sagen.

»Für meine Mami schon«, sagte Angelika. »Und mein Bruder ist der beste Sohn der Welt. Jeder ist der Beste, hat meine Mami gesagt, denn keiner ist wie der andere, der liebe Gott hat jedem etwas Besonderes gegeben, was sonst kein anderer hat. Ich mag deine braunen Haare, ich wollte auch immer braune Haare haben. Aber einmal sagte meine Mutter: Ich habe mir immer ein kleines Mädchen mit roten Haaren

und Sommersprossen gewünscht, seitdem mag ich meine roten Haare. Und seitdem stört es mich auch nicht, wenn andere über meine Sommersprossen spotten. Seitdem ich weiß, dass sie meiner Mutter gefallen, gefallen sie mir auch.«

»Ich finde dich sehr hübsch«, sagte die junge Frau. Und je länger sie dieses kleine Wesen neben sich betrachtete, desto mehr wunderte sie sich.

»Ich finde dich auch sehr hübsch«, sagte die Kleine. »O ja, jetzt weiß ich wieder, wo ich bin. Vielen Dank!« Damit verabschiedete sich das Mädchen und hüpfte vergnügt über die Straße.

Die junge Frau blickte Angelika nach, bis die große Pforte die kleine Gestalt verschluckte.

»So müsste man sein«, dachte sie, und ein Gefühl der Trauer stieg in ihr hoch. War es Selbstmitleid? Oder Sehnsucht? Wer sich geliebt weiß, braucht nicht in Träume zu flüchten, dachte sie. Vielleicht hat die Kleine Recht. Die Augen der Liebe sehen etwas anderes.

Attraktivität

Was ist es, das Menschen gegenseitig anzieht? Was macht eine Frau für einen Mann attraktiv? Ist es das hübsche Gesicht? Die zarte Haut? Die Figur? Die Beine? Die Brust? Der Klang der Stimme? Die Art, sich zu bewegen? Oder sind es die Worte, die den Mann fesseln? Der Charakter? Die Wertvorstellung?

Was ist es wirklich?

Und was macht einen Mann für eine Frau attraktiv? Ist es die männliche Erscheinung? Die hervorstehenden Muskeln? Der Bart? Die behaarte Brust? Ist es die tiefe Stimme oder die Art, wie er auftritt? Die Bildung? Die angesehene Stellung?

Was ist es wirklich?

Nicht jede Frau wirkt auf jeden Mann in gleicher Weise anziehend, wie auch umgekehrt nicht jeder Mann in gleicher Weise jede Frau anspricht. Zieht der eine Mann eine zarte, schüchterne Frau vor, die ihn bewundert, so sucht ein anderer die korpulente, dominierende Frau, die ihm Richtung weisen kann. Wieder ein anderer sucht eine, die unbeschwert durchs Leben tanzt, oder auch eine Mutter. Sucht die eine Frau den starken Helden, dem sie sich anvertrauen kann, sehnt sich eine andere nach dem leidenschaftlichen Liebhaber oder bevorzugt den scharfen Denker, mit dem sie diskutieren kann. Und wieder eine andere sucht den Vater.

Mann und Frau haben offensichtlich in sich einen Mechanismus, der einem Sender und einem Empfänger entspricht. Strahlt ein Sender auf einer bestimmten Frequenz eine Botschaft aus, wird diese Botschaft von einem Empfänger, der nun seinerseits auf genau diese Frequenz eingestellt ist, empfangen. Finden Ausstrahlung und Empfangen auf unterschiedlichen Frequenzen statt, kommt keine Beziehung zustande. Rein biologisch gesehen hat sowohl der Sender als auch der Empfänger seinen Sitz im Gehirn, genauer gesagt im Limbischen System, wo die Emotionen verankert sind. Aber genügt es, diese gegenseitige Anziehung rein physikalisch oder biologisch zu erklären?

Durch die Erkenntnisse der Biologie wissen wir heute bereits vieles, was wir noch vor wenigen Jahrzehnten nicht ahnen konnten. Durch die Fortschritte der Technik können wir heute manches erklären, was früher noch als Wunder galt. Aber die Beziehung von Mann und Frau geht über unser Verstehen hinaus. So wie Salomo bereits schrieb: »Drei sind mir zu wundersam und vier verstehe ich nicht: Des Adlers Weg am Himmel, der Schlange Weg auf dem Felsen, des Schiffers Weg mitten im Meer und des Mannes Weg mit einem Mädchen« (Spr 30,19). Vieles ist bereits darüber geschrieben worden. Aber trotz aller Aufklärung und allem Wissen bleibt diese Beziehung ein Geheimnis.

Im Menschen lebt ein unbewusstes Ahnen, dass er nicht vollständig ist, dass ihm irgendetwas fehlt. Dass ihm diese andere Seite fehlt, die ihm doch schöpfungsgemäß einst zugeordnet war. So macht er sich auf die Suche nach seinem Du.

Und was unternimmt er nicht alles, um dieses Du zu finden! Und wenn er es gefunden hat, was tut er nicht alles, um diesem Du zu imponieren! Sein Denken ist gefangen von diesem geheimnisvollen Wesen, das ihn umsponnen hat. Es spornt ihn an. Gibt ihm eine ungeahnte Kraft. Nichts erscheint ihm zu schwer. Das Leben hat plötzlich Farbe erhalten. Er sieht, was er zuvor nicht gesehen hatte.

Aber – wer ist dieses Du, das da in sein Leben hineingetreten ist? Es ist wie ein Wunder. Noch kann er es nicht fassen. Und er fragt voller Staunen: Wer bist du?

Streifzug in die Vergangenheit

Zwei Menschen begegnen einander. Sie lernen sich immer besser kennen. Sie werden miteinander vertraut. Sie heiraten. Sie gewöhnen sich an die Gegenwart des anderen. Irgendwie wird der andere zu einem Bestandteil des eigenen Lebens. Sie lachen miteinander. Sie planen gemeinsam.

Sie glauben, sich zu kennen – und doch sind sie sich fremd.

Plötzlich kommt ein Augenblick, da wird der andere unverständlich, vielleicht sogar feindselig.

Zwei Menschen. Zwei Welten. Jeder mit seiner Geschichte, mit seinen Träumen, seiner Vergangenheit.

Bevor nun das Abenteuer des gemeinsamen Lebens beginnt, müssen wir die Welt des anderen kennen lernen, um zu begreifen, wodurch einer geworden ist, was er ist.

Auch wir selbst müssen uns fragen: Wodurch bin ich geworden, was ich jetzt bin? Ich bin nicht einfach da, hineingestellt in einen weiten Raum, hineingeboren in eine begrenzte Zeit, einen bestimmten Raum. Mein Leben ist aufs Engste verwoben mit dem Leben anderer. Ich bin nicht isoliert. Ich bin auch kein Fertigprodukt, vielmehr noch immer im Werden, dem Gesetz des Lebens unterstellt und damit der Verwandlung unterworfen. Das gilt nicht nur für mich, sondern auch für meinen Partner.

Wachstum bedeutet Veränderung.

Ungezählte kleinste Erlebnis-Splitter kommen zusammen: Da sind die Eltern und ihre jeweilige Geschichte. Waren sie frei? Auch sie sind geprägt von ihrem Umfeld. Genau wie wir. Viele verschiedene Umstände haben an unserem jeweiligen Lebensmuster mitgewirkt: Kindheit und Geschwisterreihe, Verwandte und Freunde, Lehrer, all die unterschiedlichen Lebensumstände, und mögen sie noch so unbedeutend erscheinen. Die kleinen und großen Begegnungen, selbst ein unbedacht hingeworfenes Wort kann eine Spur im Leben eines Menschen hinterlassen.

Wir brauchen oft Jahre, um uns selbst kennen zu lernen, wie viel mehr bedarf es an Zeit, den anderen so zu sehen, wie er ist. Oft haben wir ein ganz bestimmtes Bild von ihm. Vielleicht projizieren wir unsere eigenen Wünsche in ihn hinein, um ihn so zu sehen, wie wir ihn gerne sehen möchten – und vergessen dabei, dass er ein anderer ist.

Mit der Eheschließung habe ich mich für meinen Partner entschieden. Vielleicht glaube ich, ihn zu kennen. Aber noch ist der andere wie ein versiegelter Brief, und ich weiß nicht, was er enthält. Aber wenn die Ehe auf dem gemeinsamen Glauben beruht, kenne ich den Absender. Das gibt mir Mut und Vertrauen, das Wagnis einzugehen.

Die Voraussetzung zu einer glücklichen Ehe ist das Ja. Ich sage Ja zu meinem Partner. Es ist ein bedingungsloses Ja, ein Ja zu seiner Person.

Dieses Ja gilt es, auch im Lauf der Jahre immer wieder neu zu sprechen, vor allem in bestimmten Krisenzeiten. Sich bewusst zu machen, ich habe mich für dich entschieden. Ob du schwach bist oder stark, jung oder alt, gesund oder krank. Ob du meine Meinung teilst oder nicht. Ob ich dich verstehe oder nicht. Ob du mich verletzt hast oder nicht – ich habe Ja zu dir gesagt. Ich habe mich für dich entschieden. Und ich stehe zu dieser Entscheidung. Diese Verlässlichkeit ist eine wichtige Voraussetzung für das Gelingen einer Ehe. Wenn Schwierigkeiten kommen, können Probleme unter dieser Voraussetzung besser gelöst werden. Da ist kein heimlicher Fluchtweg, den ich mir für eventuelle Notfälle offen lasse. »Bis der Tod uns scheidet«, bedeutet doch, bis Gott unserer Beziehung selbst ein Ende setzt.

Dann versuche ich, den anderen zu verstehen, um zu erkennen, warum er so reagiert, wie er reagiert. Was es ist, das ihn so verletzbar macht.

Zur ersten Bau-Phase gehört also, dass wir einander besser kennen lernen, um zu verstehen, was den anderen geprägt hat und vielleicht noch immer belastet. So werden wir mit den Stärken und Schwächen des Partners vertraut und lernen, damit besser umzugehen.

Die alte Fotokiste

Eigentlich war es ihre Hochzeitsreise. Aber bevor sie in den sonnigen Süden aufbrachen, waren sie noch einmal im alten Bauernhaus eingekehrt, in dem der junge Ehemann aufgewachsen war. Jetzt wollte er seiner jungen Frau die Stätten seiner Kindheit zeigen. Sie bei der Hand nehmen und noch einmal durch die Wälder und Wiesen streifen, wie er es als Kind so oft getan hatte.

Seit Stunden schon saßen sie auf dem Dachboden. Durch die geöffnete Bodenluke drang ein schwacher Lichtschimmer, gerade genug, das Chaos um sie herum zu beleuchten. Hier eine alte zerbrochene Petroleumlampe, dort ein alter Schrank, der von ausgehängten Türblättern gestützt wurde. Daneben einige alte Matratzen übereinander gestapelt. Ein dreibeiniger Tisch und ein Stuhl, der auch nicht mehr sehr vertrauenswürdig aussah. Links davon einige Säcke mit gebrauchten Kleidern, die längst aus der Mode gekommen waren. Vielleicht würden sie eines Tages neu zu Ehren gelangen. Und Bücher. Kleine zerlesene und große mit abgegriffener Goldschrift auf dem Einband und verschnörkelten schwarzen Buchstaben. Aber es war, als sähen die beiden das alles nicht. Es war etwas anderes, was sie faszinierte und in eine ferne Welt entrückte. Eine alte Blechkiste. »Nürnberger Lebkuchen« stand darauf. Es war schon viele Jahre her, seitdem diese Leckerbissen darin aufbewahrt worden waren. Jetzt war sie vollgestopft mit Fotos, alten Fotos, wie ein Tor zu einer Märchenwelt.

Ein Foto nach dem anderen holten sie hervor. Er wurde immer eifriger. Es war, als sähe er sie selbst zum ersten Mal. An einige Bilder konnte er sich schon nicht mehr erinnern. Andere waren noch frisch in seinem Gedächtnis.

Wieder zog er ein Foto hervor und reichte es ihr. Der Schein der Taschenlampe irrte suchend über das unbekannte Gesicht. »Mein Großvater«, erklärte er. Die junge Frau betrachtete den großen Hut, der tief ins Gesicht gedrückt war. Die Landschaft erinnerte beinahe an Mexiko. Er stand vor einem verwitterten Holzschuppen. »Er war eigentlich ein Künstler«, erklärte der junge Mann, »aber er hatte kein Glück. Weder im Beruf noch in der Liebe. Man sagt, seine Leidenschaft fürs Malen hätte ich von ihm geerbt. Mag sein ...«

Dann zog er ein weiteres Foto hervor. »Mein Bruder und ich. Wir hatten uns gerade gestritten. Ich weiß es noch wie heute. Er wollte immer beweisen, dass er der Ältere ist und daher mehr Rechte hatte. Aber ich war besser. Zumindest im Sport. Ich konnte schneller laufen. Und das konnte er nicht ertragen. Heute ist er ein angesehener Bankkaufmann; aber irgendwo schwingt noch immer eine alte Rivalität mit, sooft wir uns begegnen ... Und hier: meine Mutter. Kurz bevor die Krankheit ausbrach. Als mein Vater zum zweiten Mal heiratete, ist unsere Familie auseinander gebrochen ... Mein Stiefbruder ... Der erste Schultag. Jeder hatte eine Schultüte. Nur ich nicht. Ich habe mich so geschämt. Ich wollte so sein wie alle anderen. Aber wir hatten kein Geld. Dabei hätte es nicht einmal etwas kosten müssen ... Ein Ausflug, der buchstäblich ins Wasser fiel. Trotzdem eine der schönsten Erinnerungen. Draußen in der Nacht am Lagerfeuer, durchweichte Zelte, bis wir aufgeben mussten ...«

Ein Foto nach dem anderen stapelte sich neben ihnen auf dem Fußboden. »Ich als Säugling ... Die Schwester meiner

Mutter. Sie war Sängerin und hat mich später oft mit in die Oper genommen. Da hatte ich einen Ehrenplatz, und manchmal bekam ich Schokolade … Meine Mutter als junges Mädchen. Eigentlich kann ich mich kaum noch an sie erinnern. Man hat mir nur später erzählt, dass ich es einfach nicht glauben wollte, dass sie nicht wiederkommt. Ich sei einige Wochen jeden Tag zur Bushaltestelle gegangen, um sie abzuholen. Ich war damals vier. Ich glaube, ich war mein Leben lang auf der Suche nach meiner Mutter. Sie hatte es nicht leicht als Kind. Sie war fünf, als der Krieg ausbrach. Sie hat beide Eltern verloren und wurde von einer Hand zur anderen gereicht. Niemand wollte sie haben. Aber irgendwie ist auch sie erwachsen geworden.« Der Schein der Taschenlampe ruhte lange auf diesem Foto. »Du siehst ihr ähnlich«, sagte die junge Frau. »Warum hast du mir nie von ihr erzählt?«

»Das ist schon so lange her. Vielleicht hatte ich auch Angst, daran erinnert zu werden … Eine Zeichnung von mir.« Damit zog er ein zusammengerolltes Bild hervor. »Ich wusste gar nicht, dass es noch existiert. Ich war damals vielleicht acht oder neun. Ich hatte dafür den ersten Preis bekommen. Das Bild hing lange im Treppenhaus unserer Schule … Mein Hund Ben. Als er überfahren wurde, war ich eine Woche lang krank. Er war für mich so ein bisschen Familienersatz, glaube ich.«

Stunde um Stunde verging, bis das Licht immer matter wurde. Bilder brachten die Zeit zurück und vergessene Träume wurden aufs Neue lebendig.

»Es wird zu dunkel. Ich kann kaum noch etwas erkennen«, sagte sie. »Vielleicht machen wir die Fortsetzung morgen bei Tageslicht.«

Eine Woche später saßen sie in ihrem neu eingerichteten Wohnzimmer. Auf dem kleinen Tisch vor dem Sofa standen

Kaffeetassen. Im Kamin brannte ein Feuer. Sie war aufgestanden und kam kurz darauf mit einigen Fotoalben zurück. Sie setzte sich neben ihn aufs Sofa. Behutsam löste sie die rosa Schleife und öffnete das erste Album. Seite für Seite fein säuberlich geordnet und beschriftet. Das erste Blatt zeigte die Geburtsanzeige.

»Das bist du?«, fragte er ungläubig.

»Muss wohl so sein«, sagte sie lachend.

»Gewicht 3058 g, Kopfumfang 51 cm«, las er. Darunter war ein winziges rosa Armband zu sehen, das ihren Namen trug und das Geburtsdatum. Alles war bis ins Kleinste festgehalten. Die ersten Zähne. Das erste Wort.

»Meine Mutter hat alles notiert. Übrigens soll mein erstes Wort nicht Mama, sondern Papa gewesen sein.«

Bild um Bild öffnete ein Stück von dem Geheimnis, das diesen Menschen umgab. Es war, als kehrte die Kindheit zurück.

»Meine Schulklasse. Kannst du mich entdecken?«

Er nahm das Album und hielt es dichter vor die Augen, um genauer hinsehen zu können, dann etwas unsicher: »Hier? Neben dem kleinen Dicken mit dem Bürstenschnitt.«

»Falsch geraten. Hier unten in der zweiten Reihe. Die Dritte von links. Der kleine Dicke war der anerkannte Witzbold der Schule. Wo immer er auftauchte, gab es etwas zum Lachen – auch wenn uns manchmal gar nicht zum Lachen zumute war ... Mein neuer Schlitten. Ich wollte ihn unbedingt ausprobieren, obgleich es nicht geschneit hatte. Ich verstand einfach nicht, warum ich warten sollte, bis es geschneit hat ... Mein jüngerer Bruder. Er bestand darauf, meinen Puppenwagen schieben zu dürfen. Unsere Auffassung von Gerechtigkeit war sehr gegensätzlich ...«

Zwei Menschen lernten einander besser verstehen. Mit einem Mal ahnte sie, warum er glaubte, für sein Recht kämpfen zu müssen. Warum er voller Misstrauen sich immer neu versichern wollte und sein Misstrauen auch auf sie übertrug. Im Grunde war er noch immer ein verletztes Kind, das sich nach seiner Mutter sehnte.

Und er erkannte, dass sie noch immer das kleine verwöhnte Mädchen war, das von dem Prinzen träumte, der sie in eine Märchenwelt entführte.

Jeder spielte seine Rolle und schob dem anderen die Rolle zu, die dem eigenen Bedürfnis am besten entsprach.

Würden sie je zueinander finden? Würde er je ihrer Vorstellung entsprechen? Und würde sie seine innere Zerrissenheit auffangen können oder würde sie selbst unsicher werden und aufgeben?

Zwei Menschen. Zwei Welten. Sie würden sich weiter entwickeln. Würden ihre Wege auseinander führen wie zwei Gestirne, die sich im Weltall verlieren, oder würden sie sich treffen und eine gemeinsame Welt bauen, in der jeder die Potenziale des anderen zu schätzen weiß?

Es würde ein Wagnis bedeuten.

Gab es eine Garantie, damit dieses Wagnis auch gelänge?

Zusammenfassung

- Wie bei einem Hausbau wird auch eine Ehe nach einem Plan gebaut.
- Wenn nun das Grundstück gewählt und das Fundament gelegt ist, kann mit dem eigentlichen Bau begonnen werden. Das Material ist dabei sehr unterschiedlich.

- Eine Ehe wird mit zwei Menschen gebaut, die zu einem Wir zusammenwachsen. Dieses Wir besteht aus zwei unterschiedlichen Ichs. Obwohl es heißt: Du + Ich = Wir, so hört doch dieses Ich nicht auf, ein eigenständiges Ich zu sein. Auch wenn zwei eins werden, besteht diese Einheit immer noch aus zwei Einzelwesen. Zwei Menschen unterschiedlicher Prägung mit ihrem jeweiligen Gewordensein.
- Zwei Menschen können sich bis zu einem gewissen Grad einander anpassen, aufeinander eingehen und dasselbe Ziel haben, dennoch werden sie nie ganz identisch sein können.
- Am besten gelingt eine Ehe dann, wenn diese beiden Menschen sich selbst angenommen haben und sich in ihrem Sosein geliebt wissen.
- Das gegenseitige Annehmen ist wie das Fundament, das eine Ehe trägt.

2. Der Bau wächst oder: Vom Wir

Gott schuf sie als Mann und Frau

Es ist ein bekanntes Phänomen, dass viele, die ein teures Gerät kaufen, anfangen auszuprobieren, bevor sie etwas über den Mechanismus dieses Gerätes wissen. Zugegeben, manche Gebrauchsanweisungen sind in der Tat so unverständlich, dass es oft einfacher ist, selbst herauszufinden, wie es funktioniert. Erst dann, wenn Probleme kommen, fängt man an, sich mit der Bedienungsanleitung auseinander zu setzen.

Eine Aufklärung ist so etwas wie eine Bedienungsanleitung. Aber braucht man eine Anleitung für eine Ehe? Ist es nicht viel interessanter, es selbst auszuprobieren? So hatten Menschen früherer Kulturen keine Ehebücher und haben sich doch fortgepflanzt. Sie haben die wichtigsten Hinweise von Vater oder Mutter erhalten. Heute werden Kinder bereits im Grundschulalter aufgeklärt und mit Wissen konfrontiert, das weit über ihren Wissensdurst hinausgeht. Damit aber wird ihre Fähigkeit, dieses »Wissen« in ihr kindliches Gesamtbild von Mensch und Welt einzuordnen, überfordert. Welch einen Vorteil bringt dann solch ein Wissen? So können bereits Kinder zu Experten der Sexualität werden – ohne zu wissen, was Liebe ist.

Es ist nicht nötig, alle Körperfunktionen mit lateinischen Bezeichnungen benennen zu können. Wichtig ist, dass ich erkenne, wie der andere beschaffen ist. Ich muss ein wenig um sein Geheimnis wissen, um zu verstehen, was er braucht und warum er so reagiert, wie er reagiert. Ich muss seine Bedürfnisse kennen lernen, seine Hoffnung, seine Stärke und seine Schwäche. Erst dann kann ich auf ihn eingehen.

Dieses Wissen wird mich nicht dazu verleiten, über ihn zu verfügen, sondern im Gegenteil: mit ihm in eine Einheit zu wachsen.

Trotz mancherlei Bestrebungen, die Unterschiede zwischen Mann und Frau zu verwischen, bleiben sie doch zwei unterschiedliche Größen. Zwar gleichwertig, doch in der jeweiligen Beschaffenheit und Funktion anders. Diese Andersartigkeit kann nicht einfach durch kulturelle Einflüsse und Erziehung erklärt werden. Schon die äußere Erscheinung ist anders.

So ist der Körperbau des Mannes anders als der Körperbau der Frau. Vor allem die Organe der Fortpflanzung sind unterschiedlich: denn Mann und Frau sind auf Ergänzung angelegt.

Auch ist der sexuelle Trieb bei einem Mann im Allgemeinen stärker als bei der Frau. Während ein Mann schon durch optische Wahrnehmung sexuell angeregt wird, braucht eine Frau mehr Nähe und die Berührung.

Von der Pubertät an ist im Mann ein ständiges Getriebensein, das zur Partnerin drängt, um die sexuelle Vereinigung zu erstreben. Erst in der Vereinigung kommt dieser Trieb nach einem tiefen Lusterlebnis zur Ruhe und Entspannung – um bald darauf aufs Neue zu erwachen. Dieser Trieb ist rein biologisch zu erklären und nicht immer willentlich zu kontrollieren, was die nächtlichen Pollutionen (Samenerguss) bereits in der Pubertät erweisen. Als drängten die reifen Samen nach Freilassung.

Dieser Trieb kann nun gebändigt werden oder durch die Fantasie genährt.

Auch eine Frau kennt sexuelle Fantasien. Doch spielen sie bei ihr eine eher untergeordnete Rolle.

Ist der Mann von der Sexualität getrieben, die das leibliche Einssein zum Ziel hat, so wird eine Frau stärker von dem Verlangen nach der seelischen Vereinigung dominiert. Hier sind also zwei unterschiedliche Akzente, wobei die Sexualität wie eine Sprache ist – eine Körpersprache.

Wenn nun der Mann nur seine Sprache spricht und die Frau nur ihre, ohne sich dabei zu bemühen, den anderen zu verstehen, kommt es zu Missverständnissen und Enttäuschungen.

Eine Ehebeziehung kann dann ihr höchstes Glück erreichen, wenn Frau und Mann die Sprache des anderen beherrschen.

Die Andersartigkeit zeigt sich aber nicht nur in der postpubertären Geschlechterrolle, sondern darüber hinaus sind Mann und Frau bereits vom Fötus an anders angelegt. Schon die Chromosomen sind bei Mann und Frau anders. Das wiederum wirkt sich in einem unterschiedlichen Stoffwechselvorgang aus. Bei einer Frau arbeiten die Hormondrüsen anders als bei einem Mann. Ja, selbst der Herzschlag ist bei Mann und Frau unterschiedlich. Und während eine Frau in der Regel höhere Temperaturen verträgt als ein Mann, ist der Mann lichtempfindlicher als eine Frau; Geräuschen gegenüber dagegen weniger empfindlich. Auch neigt der Mann leichter zu Aggressivität usw. Stimme, Bewegung, Körperformen – in allem unterscheiden sich Mann und Frau – bis hin zur Lebenserwartung, die bei einem Mann geringer ist als bei einer Frau.

Alle diese Faktoren wirken sich auch auf das Gefühl und seine Reaktionen aus, so dass eine Frau anders empfindet und reagiert als ein Mann. Selbst die Art zu denken und zu verarbeiten ist vielfach anders. Denkt ein Mann im Allgemeinen mehr logisch, so ist bei einer Frau die Intuition stärker ausgeprägt. Sicherlich kann im Lauf der Erziehung manch ein Unterschied angeglichen werden, so dass Auftreten und Reaktionsweisen sich kaum noch voneinander unterscheiden, doch selbst dann, wenn man zunächst aufgrund der äußeren Erscheinung nicht mit Sicherheit zu sagen vermag, ob es sich um einen Mann oder eine Frau handelt, wird es doch bald erkennbar, sobald man mit einem Menschen spricht.

Je mehr wir nun die Andersartigkeit nicht nur akzeptieren, sondern bejahen, desto besser lernen wir, die unterschiedliche Reaktionsweise des Partners zu verstehen. Und desto eher können wir einer gegenseitigen Verletzung vorbeugen.

Wenn beispielsweise der Mann weiß, dass seine Frau auf Grund der hormonellen Umstellung an gewissen Tagen gereizter reagiert, weil ihr Körper sich im Umbruch befindet, wird er gelassener einen für ihn ungerechtfertigten Ausbruch hinnehmen können. Das bedeutet ja nicht, dass der Mann jeder Stimmungsschwankung seiner Frau ausgeliefert sein muss, vielmehr wird er lernen, mit diesen unterschiedlichen Schwankungen umzugehen. Doch das ist nicht immer leicht. Aber wenn das Problem erkannt ist, kann der Mann seiner Frau ganz anders zur Seite stehen, um ihr zu helfen.

Wenn eine Frau dagegen weiß, dass ihr Mann äußerst gekränkt reagiert, wenn seine Männlichkeit in Frage gestellt wird, so wird sie alles vermeiden, was sein Selbstwertgefühl untergräbt.

Der Mann funktioniert als Mensch auch ohne Frau, so wie die Frau auch ohne Mann ganz Mensch ist; doch erst durch die Ergänzung der beiden sind sie fähig, Leben weiterzugeben. In diesem Sinn ist der Mann unvollständig ohne die Frau, und die Frau unvollständig ohne den Mann; dennoch kann jeder unabhängig von dem anderen sein Leben sinnvoll gestalten. Doch die tiefste Bedeutung des Menschseins liegt in der Einheit. Vom Ziel her gesehen sind daher beide ergänzungsbedürftig. So deckt jeder nur die eine Hälfte ab. Diese beiden Hälften wollen wir jetzt noch einmal von der biologischen Funktion her betrachten.

Der Mann

Rein äußerlich betrachtet ist der Mann an seinem äußeren Geschlechtsteil zu erkennen, genau wie in der Tierwelt. Er hat keine ausgeprägten Brüste wie die Frau, dagegen mündet sein Rumpf in ein lose herabhängendes Glied, das aus einem faltenreichen Hautsack herauswächst. Im erregten Zustand vergrößert es sich und wird somit zu dem Kanal, der die winzigen Samen herausstößt. Im Inneren des Sackes befindet sich gleichsam die biologische Fabrik, in der die Samen produziert werden.

Betrachten wir nun diesen Vorgang etwas genauer, so ergibt sich folgendes Bild:

Im Hodensack (Skrotum) befinden sich zwei etwa gleich große ovale Keimdrüsen, die Hoden (Testis) genannt werden, von denen in der Regel der linke etwas größer ist und tiefer hängt.

Der Hoden produziert nicht nur die Samenzellen (Spermien), sondern auch das männliche Hormon Testosteron, das die Funktion hat, den Prozess der Samenreifung maßgeblich zu fördern. Außerdem beeinflusst dieses Hormon weitere Geschlechtsmerkmale wie Körperbehaarung, tiefe Stimme und Geschlechtstrieb.

Für die optimale Samenproduktion benötigt der Hoden eine geringere Umgebungstemperatur als die Körpertemperatur, so dass seine Lokalisierung außerhalb der Bauchhöhle sehr sinnvoll ist. Da nun der Hodensack reichlich Falten aufweist, ist er eher in der Lage, eine niedrigere Temperatur zu halten als die übrigen Körperteile, so dass er wie ein Kühler funktioniert.

Im Fötus liegen die Hoden noch in der Bauchhöhle, sinken jedoch gegen Ende der Schwangerschaft in den Hodensack. Unmittelbar nach der Geburt prüft der Arzt, ob sich die Hoden im Hodensack befinden. Andernfalls wird dies regelmäßig überprüft und – falls keine Änderung eintritt – eine Hormonbehandlung und/oder operative Korrektur noch vor Eintritt der Pubertät erforderlich.

Die Hoden arbeiten nicht autonom, sie werden vielmehr vom Hypothalamus im Gehirn, der eine zentrale Schaltstelle für die vegetative Funktion des Körpers und die Fortpflanzung darstellt, gesteuert und überwacht.

Sobald ein Junge die Pubertät erreicht, wird im Hypothalamus das Gonadotropin-Releasing-Hormon (GnRH) verstärkt produziert, was wiederum die Gehirnanhangdrüse, genauer gesagt: den Hypophysen-Vorderlappen veranlasst, weitere Hormone (FSH-Follikelstimulierendes Hormon zur Bildung der Samenzellen und ICSH- Interstitialzellen stimulierendes Hormon zur Bildung von Testosteron) in die Blutbahn freizusetzen, um die Hodenaktivität anzuregen, so dass von da an ständig Samenzellen produziert werden.

Diese Spermien enthalten bereits sämtliche Erbinformationen einschließlich der Geschlechtsbestimmung des potenziellen Kindes. Eine Samenzelle braucht etwa 64 Tage, bis sie zur vollen Reife gelangt. Solch eine Zelle besteht aus 23 Chromosomen, also die Hälfte einer menschlichen Zelle. Auch eine weibliche Eizelle besteht aus 23 Chromosomen, so dass erst durch die Vereinigung von Same und Eizelle menschliches Leben entstehen kann, das 46 Chromosomen erfordert.

Die Samenzellen gelangen gegen Ende ihrer Reifung in den Nebenhoden, einem kleinen Kanal im Hodensack, der unmittelbar über dem Hoden liegt. Der Nebenhoden (Epididymis) ist ein eng zusammengelegter Schlauch, der auseinander genommen ungefähr vier bis fünf Meter lang ist. Dieser Schlauch wird in drei Teile unterteilt: Kopf, Körper und Schwanz, wobei im Kopfteil die letzte Reifung der Samenzellen erfolgt, die einige Stunden dauert, der Körper als Durchgangskanal verstanden wird und der Schwanz der Lagerung dient.

Der Nebenhoden mündet in einen langen Kanal, der Samenleiter (Ductus deferens) genannt wird.

Dieser Kanal verläuft durch den Leistenkanal zum kleinen Becken, umgreift die Harnblase, überkreuzt den Harnleiter (Ureter), erweitert sich spindelförmig in einer Drüsenstruktur (Ampulla) kurz vor dem Eintritt in die Vorsteherdrüse (Prostata), vereinigt sich mit dem Ausführungsgang der Samenblase (Vesicula seminalis) und bildet somit den Ductus ejaculatorius und mündet endlich in die Harnröhre (Urethra).

Bei der Ausstoßung der Samen (Ejakulation) wird der Ausgang der Harnblase verschlossen, so dass sich die Spermien ungehindert durch diesen Gang bewegen können.

Der Samenleiter (Ductus deferens) besteht aus einer Innenschleimhaut und einer darüber liegenden dicken Muskelschicht sowie der Außenhaut.

Die Innenschleimhaut produziert einen Schleim, der für den Transport der Samen erforderlich ist.

Durch die sexuelle Erregung des Mannes ziehen sich die Muskelwände zusammen, so dass die Samen aus dem Speicher den Kanal entlangwandern und zunächst die Ampulla durchlaufen, hier durch eine Samenflüssigkeit zur Prostata weitergeleitet werden, sie nehmen sodann erneut eine Samenflüssigkeit auf und gelangen schließlich zusammen mit der Flüssigkeit aus der Samenblase in die Harnröhre. Durch das kräftige Zusammenziehen der Muskeln werden die Samen befördert und mit dem Samenerguss ausgestoßen (Ejakulation).

Bei einem Samenerguss werden ca. 500 Millionen Samenzellen freigesetzt. Erfolgen mehrere Ejakulationen kurz nacheinander, wird die Anzahl der Samenzellen geringer, so dass bei der dritten Ejakulation in der Regel keine Samenzellen mehr zu finden sind. Die Wiederauffüllung des Samenspeichers dauert etwa zwei Tage. Werden keine Spermien ausgestoßen, können sie bis zu sechs Wochen im Nebenhoden gelagert bleiben, bevor sie dann abgebaut und vom Körper absorbiert werden.

Der Transport der Samen benötigt eine Flüssigkeit, die hauptsächlich von drei Drüsen geliefert wird:

1. Samenbläschendrüse (Vesicula seminalis), die als eine Ausstülpung des Samenleiters verstanden werden kann und sich neben der Ampulla befindet. Es handelt sich um eine zähflüssige, alkalische Flüssigkeit, die die Widerstandsfähigkeit der Samen gewährleistet. Außerdem enthält sie reichlich Fruktose, die als Energiespender für die

Samenzellenbewegung dient. Früher ging man davon aus, dass die Samen hier gespeichert würden, was jedoch heute widerlegt ist. Ein Funktionsausfall dieser Drüse führt in 90% der Fälle zu Unfruchtbarkeit.

2. Die Vorsteherdrüse (Prostata), die den Hauptteil der Samenflüssigkeit liefert. Das Prostatasekret ist dünnflüssig, milchig und alkalisch und hat den charakteristischen Geruch der Samenflüssigkeit. Sie aktiviert die Beweglichkeit der Spermien.

3. Die Cowper-Drüsen. Diese sind kleine paarige Organe, die unterhalb der Prostata im hinteren Harnröhrenbereich liegen, also gleichsam an der Peniswurzel. Eine der Funktionen ist, dass ihr Schleim vor der Ejakulation die Harnröhre für die Samen gleitfähig macht.

Die ausgewachsenen Spermien bestehen aus drei Teilen. Kopf (4,5 - 5,5 µm), Mittelstück (ca. 6 µm) und Schwanz (40-50 µm). Die Samenzellen können bei 37 Grad Celsius 35-50 µm pro Sekunde zurücklegen, wobei der Schwanz sich wie bei einer Kaulquappe hin- und herbewegt. Je nach Umgebung geschieht diese Bewegung schnell oder langsam, da eine säuerliche Umgebung die Bewegung hemmt, eine alkalische Umgebung jedoch beschleunigt.

Die Übertragung dieser Samen wird durch das Einführen des männlichen Gliedes (Penis) in die Scheide der Frau (Vagina) ermöglicht.

Das männliche Glied wird aus drei Schwellkörpern gebildet: den beiden Penisschwellkörpern und dem Harnröhrenschwellkörper, der an seiner Spitze in die Eichel (Glans penis) mündet und wie der Hut dem Schaft eines Pilzes aufgestülpt ist.

Der Harnröhrenschwellkörper arbeitet wie ein Schwamm, indem er in der Erregungsphase innerhalb weniger Sekunden mit Blut gefüllt werden kann, wobei das Blutgefäßsystem eine Vorrichtung besitzt, die arteriovenöse Anastomose genannt wird.

Was ist darunter zu verstehen?

Arterien und Venen haben hier viele Querverbindungen, so dass die maximale Blutfülle innerhalb kürzester Zeit erreicht wird. Die Penisschwellkörper werden von einer derben Bindegewebshülle eingeklemmt. Bei der Erregung oder auch mechanischer Manipulation kommt es zu einem vermehrten Blutzufluss, wobei ein Blutstau entsteht, da der Blutrückfluss verhindert wird. So schwillt die Bindegewebshülle an, der Penis wird fest und steif, so dass er jetzt ohne Mühe in die Scheide der Frau eingeführt werden kann.

Die Erektionen werden durch das Gehirn und Rückenmark kontrolliert.

Nach der Ejakulation kehrt das überflüssige Blut wieder in das Venensystem zurück und der Penis erhält seinen Normalzustand.

(Aber nicht nur das Abklingen der Erregung, sondern auch negative Emotionen wie Angst und Enttäuschung lassen das Glied sogleich wieder abschwellen. Es besteht hier also ein enger Zusammenhang von Emotion und sexueller Reaktion.)

Der Samenerguss geht in zwei Stufen vor sich: Dem Transport (Emission), wobei die Samen bis zum Harnweg transportiert werden, und der Ausstoßung (Ejakulation).

Die Frau

Die Geschlechtsfunktion der Frau ist eine andere als die des Mannes.

Ist der Mann biologisch gesehen der Gebende, so ist die Frau, indem sie sich hingibt, die Empfangende und zugleich Bergende. Sie birgt und trägt und gebiert neues Leben. Daher liegen die Geschlechtsorgane auch mehr geschützt im Inneren des Körpers. Entsprechend dieser Aufgabe ist der Beckenbau breiter und geräumiger als bei einem Mann, so dass die ganze Struktur auf das Tragen und Gebären angelegt ist.

Die beiden Eierstücke (Ovarien), in denen die Eizellen ausreifen, liegen in der Bauchhöhle.

Im Gegensatz zum Mann, der nach der Pubertät praktisch sein Leben lang Samen produzieren kann, ist die Anzahl der Eizellen bei einer Frau schon bei ihrer Geburt festgelegt, so dass ein Mädchen bei der Geburt ca. 100 000 Eizellen trägt, von denen in der gebärfähigen Zeit, also etwa vom 12.-50. Lebensjahr, rund 400 zur Reife gelangen. Die Eierstöcke, die zu beiden Seiten der Gebärmutter liegen, bringen aber nicht nur Eizellen zur Reife, sondern produzieren auch weibliche Hormone, die die Geschlechtsorgane beeinflussen und dem Körper die typisch weiblichen Merkmale geben. Diese Hormone werden – wie auch beim Mann – vom Hypothalamus und der Hypophyse in ihrer Funktion reguliert.

Der Eierstock kann in eine äußere, die Rinden-, und eine innere Zone, die Markzone, eingeteilt werden. In der Rindenzone befinden sich die winzigen Eizellen (Oozyten), die von einer Hüllzelle (Primärfollikel) umgeben sind. Während der Eireifung verlagern sie sich von der Rinden-

in die Markzone und werden dabei zunehmend größer, so dass sie jetzt als Sekundärfollikel bezeichnet werden. Von hier aus entwickeln sie sich zu so genannten Bläschenfollikeln (Tertiärfollikeln).

Betrachten wir jetzt diesen Vorgang noch einmal im Zusammenhang, so ergibt sich folgendes Bild:

Wenn das Mädchen etwa zwölf bis vierzehn Jahre alt geworden ist, wird vom Hypothalamus ein Hormon freigesetzt, das die Pubertät einleitet. Dieses Hormon wird mit LHRF bezeichnet, was eine Abkürzung ist für Luteinizing-Hormon-Releasing-Factor. Es regt die Hypophyse an, im ersten Teil des Zyklus wiederum ein anderes Hormon zu produzieren, das FSH genannt wird, ein follikelstimulierendes Hormon, das jetzt in die Blutbahn ausgestoßen werden kann und die Eireifung stimuliert.

Während dieser Periode werden von den Zellen, die das Ei umgeben, Östrogene produziert, die die Gebärmutter zum Aufbau der Schleimhäute benötigt.

In der Mitte des Zyklus tritt der Eisprung (Ovulation) ein. Dabei platzt der Bläschenfollikel, damit die Eizelle in die Bauchhöhle gelangt, um dort von dem Tubentrichter aufgefangen und in die Gebärmutter weitergeleitet zu werden. Normalerweise wird bei diesem Prozess nur ein Ei freigesetzt, in Ausnahmefällen können es mehrere sein. Wenn beispielsweise zwei Eier befruchtet werden, entstehen zweieiige Zwillinge. Eineiige Zwillinge entstehen, wenn das befruchtete Ei sich aus irgendwelchen Gründen schadlos teilt. Bei dergleichen Zwillingsschwangerschaften scheint eine erbliche Veranlagung vorzuliegen, die jedoch relativ selten ist.

Der Eisprung nun wird durch ein zweites Hypophysenhormon, LH genannt (Luteinisierendes Hormon), ausgelöst.

Nachdem das Ei aus dem Follikel gestoßen wurde, verändert sich der Rest des Follikels in ein Gebilde, das Gelbkörper genannt wird (corpus luteum). Der Gelbkörper produziert die Hormone Gestagen (Progesteron) und Östrogen. Diese Hormone sind in der Lage, die Gebärmutterschleimhaut zu stimulieren, damit sie dicker und gefäßreicher wird, was wiederum erforderlich ist, um das befruchtete Ei aufzunehmen und ihm zur Reifung zu verhelfen.

Andererseits vermag Östrogen die Freisetzung von FSH zu hemmen und Progesteron die Freisetzung von LH, so dass in dieser Phase kein zweiter Eisprung stattfinden kann.

Kommt es zu keiner Befruchtung, degenerieren die Eier nach ein bis zwei Tagen. Der Gelbkörper (corpus luteum) schrumpft, so dass dort weder Gestagene (Progesteron) noch Östrogene produziert werden. Dadurch erhält die Gebärmutterschleimhaut keine Nahrung mehr, so dass sie nicht weiter wachsen kann, vielmehr jetzt zusammenfällt und sich vom Gebärmutterboden ablöst.

So entsteht dann die Menstruationsblutung, die etwa fünf Tage anhält.

In der Zeit werden FSH und LH von der hormonellen Hemmung befreit und sie können erneut in Aktion treten, um die nächste Eireifung und den nächsten Eisprung vorzubereiten.

Dieser Vorgang wiederholt sich in Abständen von ca. 28 Tagen und ist als Zyklus bekannt.

In der ersten Phase des Zyklus, in der das Hormon Östrogen vorherrschend ist, wird ein dünnflüssiger Schleim abgesondert, der zugleich den Samen das Durchdringen erleichtert.

In der zweiten Phase wird vorwiegend Progesteron aktiv, wobei in geringen Mengen ein dicklicher trüber Schleim austritt. Dieser Schleim ist wie ein Pfropfen, der das Eindringen von Krankheitserregern und Mikroorganismen über die Scheide verhindert. Auf die Bedeutung des Schleims werden wir im Zusammenhang mit der Schwangerschaftsverhütung noch einmal zurückkommen.

Der Eileiter besteht aus zwei Teilen, der Ampulla und dem engen Übergang zur Gebärmutter (Isthmus). Die Länge der Ampulla beträgt zwischen 11 und 14 cm, die des Isthmus dagegen nur 3-6 cm.

Die Eizelle, die durch die Ovulation in die Bauchhöhle freigestoßen wurde, wird jetzt von dem Tubentrichter des Eileiters aufgefangen, der seine Arme wie eine Seerose ausstreckt. Durch die Kontraktion des Eileiters wird das Ei nun auf die Reise geschickt.

Das Innere der Ampulla besteht aus vielen Längsfalten, deren Oberfläche mit einer flimmernden Schleimhaut ausgestattet ist. Diese flimmernde Bewegung spielt offenbar auch eine entscheidende Rolle für die Fortbewegung des Eis, dem so der Weg zur Gebärmutter gewiesen wird.

Obwohl die Entfernung bis zur Gebärmutter nur ca. 14-20 cm beträgt, dauert die Reise doch etliche Tage.

Normalerweise ist nur während dieser Reise in der Ampulla eine Befruchtung möglich. In der Regel heißt das am ersten Tag nach der Ovulation, wenn das Ei etwa ein Drittel seines Weges zurückgelegt hat.

Das befruchtete Ei braucht 4-5 Tage, um die Gebärmutterschleimhaut zu erreichen.

Findet keine Befruchtung statt, ist das unbefruchtete Ei nur noch einen Tag lebensfähig, höchstens jedoch zwei Tage.

Wenn der Eileiter z. B. durch eine Infektion oder eine Entzündung eine Vernarbung aufweist, kann es zu einer Blockierung kommen, wodurch das Ei nicht passieren und somit auch die Gebärmutterschleimhaut nicht erreichen kann. In diesem Fall dann kann es vorkommen, dass sich das befruchtete Ei im Eileiter einnistet. Somit kann eine Eileiterschwangerschaft entstehen, die nach kurzer Zeit zu schweren Komplikationen führt.

Die Gebärmutter (Uterus) ist ein birnenförmiges, muskulöses Organ, dessen schmalerer Teil nach unten weist. Ihre Funktion gilt ausschließlich der Arterhaltung.

Die Gebärmutter kann – grob gesehen – in zwei Teile unterschieden werden: den Uteruskörper (Corpus) und einen Halsteil (Cervix). Während der Schwangerschaft entfaltet sich in erster Linie der Uteruskörper. Der Cervix dagegen erweitert sich erst gegen Ende der Schwangerschaft, um den Geburtskanal zu bilden.

Die Struktur der Gebärmutter besteht wiederum aus zwei wesentlichen Teilen: der Schleimhaut (Endometrium), in der das befruchtete Ei heranreift, und einer kräftigen Muskelschicht (Myometrium), die bei der Schwangerschaft voll zur Entfaltung kommt, wenn es gilt, das neue Leben aufzunehmen, es wachsen zu lassen und für den Geburtsvorgang freizugeben.

Die Scheide (Vagina) ist das Organ, das das männliche Glied aufnimmt und somit den Samen des Mannes empfängt. Sie hat eine Länge von 8-11 cm und eine Weite von 3-4 cm und besteht aus einer Muskelschicht und einer Schleimhaut, die jedoch keine Drüsen enthält; dennoch ist sie feucht, als würde die Schleimhaut schwitzen.

Das Milieu der Scheide ist säuerlich, da die Döderlein-Vaginalbakterien aus dem Glykogen der absterbenden

Schleimhautzellen Milchsäure produzieren. Dieses saure Milieu schützt die Scheide vor anderen Mikroorganismen, die eine Entzündung hervorrufen könnten. Dieser Vorgang wird als Selbstreinigung bezeichnet. Zugleich können auch die Spermien, die noch in der Scheide zurückgeblieben sind, in diesem säuerlichen Milieu gelähmt oder getötet werden.

Der äußere Geschlechtsteil (Vulva) besteht aus der Schamspalte, die eine Öffnung der Scheide nach außen darstellt, den kleinen Schamlippen (Labium minus), die um die Schamspalte herum angelegt sind und bei der Jungfrau vollständig von den großen Schamlippen bedeckt sind. Die kleinen Schamlippen gehen in den Scheidenvorhof über, der mit einer dünnen Haut (Hymen) teilweise überzogen ist (im Volksmund als Jungfernhäutchen bekannt).

Beim ersten Geschlechtsverkehr wird dieses Häutchen durchbrochen, was eine geringfügige Blutung verursachen kann. Wenn jedoch die erste Vereinigung sehr behutsam geschieht, wobei diese kleine Öffnung ganz allmählich erweitert wird, kann eine Blutung vermieden werden. Erfolgt das Eindringen des männlichen Gliedes hingegen zu gewaltsam, verursacht das bei der Frau Schmerzen. Diese unangenehme Erfahrung kann unter Umständen den Grundstock einer Ablehnung bilden.

Die kleinen Schamlippen laufen über der Klitoris zusammen. Die Klitoris ist im Ursprung der embryonalen Entwicklung mit dem männlichen Glied identisch, so dass wir auch bei der Klitoris die so genannten Schwellkörper vorfinden, die sich bei sexueller Erregung vergrößern. Jedoch liegt die Harnröhrenmündung getrennt von der Klitoris im vorderen oberen Teil des Scheidenvorhofs.

An der Basis der kleinen Schamlippen sind zwei etwa bohnengroße Drüsen, die Bartholin-Drüsen genannt werden, und die stoßweise einen Schleim abgeben, der den äußeren Geschlechtsteil für den Geschlechtsverkehr vorbereitet.

Die Vereinigung

Ist der Mann sexuell erregt, vergrößern sich die Schwellkörper im Penis, und der Penis wird groß und steif. Dieser Vorgang wird Erektion genannt. In dieser Erregungsphase wird die Glans durch das klare Sekret der Cowper-Drüsen feucht und gleitfähig, so dass sie jetzt ohne Schwierigkeiten in die Scheide der Frau eingeführt werden kann.

Ist auch die Frau sexuell erregt, so wird die Scheidenwand feucht, die Klitoris durch die Blutfülle leicht vergrößert, die großen Schamlippen öffnen sich und die kleinen und großen Schamlippen schwellen an. Durch die Erregung verlängert sich die Scheide, so dass jetzt die Frau für den Empfang des männlichen Gliedes vorbereitet ist. Zugleich sondern die Bartholin-Drüsen Schleim ab, so dass auch der Scheideneingang befeuchtet und somit das Einführen des männlichen Gliedes erleichtert wird.

Die Erregungsphase geht über in die so genannte Plateauphase, die bei Mann und Frau zeitlich unterschiedlich ist. Erreicht die Erregung beim Mann sehr schnell ihren Höchststand, so braucht die Frau wesentlich länger, um zu einem Höhepunkt zu gelangen.

Die Plateauphase wiederum führt über den Orgasmus in die Entspannungsphase.

Beim Mann ist der Orgasmus mit einem rhythmischen Zusammenziehen des gesamten Samenweges verbunden.

Durch diese Kontraktionen werden die Samen befördert und ausgestoßen.

Bei der Frau handelt es sich um ein rhythmisches Zusammenziehen des Scheideneingangs, woran auch der Uterus und Damm (Perineum) sowie die analen Muskeln beteiligt sind.

Nach Abklingen des Orgasmus tritt ein Gefühl der Befriedigung ein, das bei dem Mann in der Regel eine angenehme Müdigkeit hervorruft.

Die einzelnen Phasen verlaufen von Mensch zu Mensch sehr unterschiedlich.

Dieser ganze Vorgang wird Geschlechtsverkehr genannt oder Koitus.

Nachdem einige hundert Millionen von Spermien in der Scheide freigesetzt worden sind, beginnt ein Wettschwimmen durch den schmalen Cervix und Uterus zum Eileiter, um zu einem Ei zu gelangen, damit eine Befruchtung zustande kommt. Obwohl die Samen durch ihre alkalische Eigenschaft die Umgebung der Scheide neutralisieren können, gehen doch viele Spermien in dem sauren Milieu der Scheide zugrunde. Dennoch erreichen innerhalb von einigen Stunden etwa zweitausend Spermien die Stelle der Befruchtung. In besonderen Ausnahmefällen gelingt es Spermien bereits nach fünf Minuten, das Ziel zu erreichen.

Normalerweise kann nur eine Samenzelle das Ei befruchten, während ein Schwarm von Samenzellen das Ei umlagert.

Das Ei ist mit einer gelatineartigen Hülle umgeben, der Zona pellucida. Durch eine besondere chemische Substanz, die von den Spermien freigesetzt wird, kann diese Hülle, die das Ei schützt, durchbrochen werden. Gelingt es nun einem Sperma, diese Hülle zu durchdringen, fällt der Schwanz ab und der kleine Kopf dringt zum Zellkern des Eis vor.

Dieser Vorgang wird Befruchtung genannt. Die übrigen Samenzellen lösen sich auf.

Unser Körper ist aus einer einzigen befruchteten Zelle, die sich zu Trillionen von Zellen mit unzähligen Kombinationen und Differenzierungen vermehrt hat, hervorgegangen. (Allein unser Gehirn enthält rund 100 Milliarden von Nervenzellen.) Jede Körperzelle enthält 46 Chromosomen, und zwar 22 so genannte Autosomenpaare und 1 Geschlechtschromosomenpaar. Die Geschlechtschromosomen bestehen aus zwei verschiedenen Arten, die X oder Y genannt werden. Ein Mann trägt XY-Geschlechts-Chromosomen in einer Körperzelle, die Frau XX-Geschlechts-Chromosomen.

Der wichtigste Bestandteil der Chromosomen ist die DNS (Desoxyribonucleinsäure), Träger der Erbinformation. Keimzellen, Ei sowie die Spermien enthalten jedoch nur die Hälfte der Körperzellen-Chromosomen. Durch die Befruchtung des Eis kommen die Chromosomen von Sperma und Ei zusammen, um das neue Leben zu ermöglichen, wobei jeweils die Erbmassen von Vater und Mutter zur Hälfte in das neue Leben »eingebaut« werden. Man schätzt, dass ein Mann oder eine Frau etwa 8 Millionen verschiedene genetische Kombinationen hervorbringen können.

Schwangerschaft

Die Befruchtung findet meistens innerhalb eines Tages nach dem Eisprung statt.

Wenige Tage oder Wochen danach macht sich die Schwangerschaft bei der werdenden Mutter durch einige körperliche Veränderungen bemerkbar: Die Brust spannt sich, in vielen Fällen tritt Übelkeit auf (vorwiegend morgens), der Harndrang verstärkt sich, die Periode bleibt aus. Der Organismus der werdenden Mutter stellt sich ganz auf das neue Leben in ihr ein, wobei Herz, Atmung und Nieren eine größere Leistung erbringen. So nimmt beispielsweise die Blutmenge um etwa 1 Liter zu, damit der Bereich der sich ausdehnenden Gebärmutter und Plazenta genügend mit Blut versorgt werden kann. Die Blutkörperchen jedoch nehmen nicht in gleichem Maße zu wie der flüssige Bestandteil des Blutes, so dass das Blut insgesamt verdünnt wird. Dadurch entsteht eine gewisse Schwangerschaftsanämie.

Da, wo das befruchtete Ei eingebettet ist und sich später die Plazenta bildet, wird ein neues Hormon produziert, HCG genannt (Human Chorionic Gonadotropin). Dieses Hormon reizt den Gelbkörper (Corpus Luteum) an, weiter Progesteron zu produzieren, damit die Schwangerschaft aufrechterhalten wird und keine neue Schwangerschaft entstehen kann. Das Abbauprodukt von HCG wird im Urin ausgeschieden, so dass durch einen Urintest schon sehr früh eine Schwangerschaft festgestellt werden kann. Wenn nicht genügend Progesteron vorhanden ist, kann es zu einer Fehlgeburt kommen.

Die Schwangerschaft dauert durchschnittlich 40 Wochen oder 280 Tage. Das entspricht etwa 9 Kalendermonaten.

Der Geburtstermin kann auf verschiedene Weise errechnet werden, z. B.:

Angenommen, der erste Tag der letzten Periode fand

am 1. August 2001 statt: Man addiere 7 Tage zu dem Tag des letzten Periodenbeginns, zieht dann 3 Monate ab und addiert 1 Jahr. Also

1.	8.	2001
+7	−3	+1 Jahr
8	5	2002

Der Geburtstermin wird voraussichtlich am 8. Mai 2002 sein.

(Im Zeitschriftenhandel oder beim Frauenarzt sind so genannte »Schwangerschaftsscheiben« erhältlich, die das Rechnen erleichtern und zudem alle wichtigen Phasen der Schwangerschaft, z. B. die ersten spürbaren Kindsbewegungen, anzeigen.)

Das befruchtete Ei entwickelt sich weiter zum Embryo. Die Eihaut zusammen mit der Gebärmutterschleimhaut ergeben die Plazenta, durch die der Embryo ernährt wird. In den ersten zwei Monaten der Schwangerschaft bilden sich sämtliche Organe im Embryo, und am Anfang des dritten Monats (10. Woche) ist bereits die menschliche Gestalt deutlich erkennbar. Vom dritten Monat an sprechen wir daher vom Fötus.

Der Fötus schwimmt im Fruchtwasser, dessen Menge am Ende der Schwangerschaft etwa ein Liter beträgt. Dieses Fruchtwasser wird in der Wasserhaut (Aminon) gebildet, die wie ein Sack ist, in dem sich Fruchtwasser und der Fötus befinden.

Schon nach 18 Tagen werden das Herz und die Augen geformt, nach 20 Tagen das Gehirn, die Wirbelsäule und das Nervensystem vorbereitet.

Gegen Ende des ersten Schwangerschaftstrimesters ist der Fötus etwa 10 cm lang. Der Kopf ist verhältnismäßig groß und mit Nase, Augen, Augenlidern und Ohren versehen. An den Fingern und Zehen sind schon Nägel sichtbar. Jedes Organ ist vorhanden und fängt an zu arbeiten. An dem äußeren Geschlechtsteil kann man schon jetzt das Geschlecht unterscheiden.

Im zweiten Trimester, genauer gesagt, in der 18. bis 20. Woche, spürt die Mutter meist die ersten leisen Bewegungen ihres Kindes. Darüber hinaus können jetzt die Herztöne durch ein Stethoskop gehört werden.

Gegen Ende des 6. Monats (24. Woche) hat das Kind bereits ein Gewicht von etwa 640 g und eine Körperlänge von 23 cm.

Im dritten Trimester findet dann die letzte Reifung statt:

Im 7. Monat (ab 25. Woche) öffnen und schließen sich die Augenlider, und die kleinen Hände können greifen. Auch kann das Kind die Stimme der Mutter vernehmen.

Gegen Ende des 7. Monats (28. Woche) hat das Kind bereits ein Gewicht von mehr als 1 Kilo erreicht.

Die Gehirnzellen kommen zur weiteren Reifung, ebenso die Lungen und Verdauungsorgane.

Wenn das Kind ein Junge ist, sinken in dieser Zeit die Hoden aus der Bauchhöhle in den Hodensack.

Am Ende des 8. Monats (32. Woche) wiegt der Fötus schon ca. 2 Kilo. Kurz vor der Geburt hat das Kind dann ein Gewicht von etwa 3,5 Kilo erreicht.

In den ersten drei Monaten der Schwangerschaft (bis zur 12. Woche) ist das kleine Wesen noch sehr gefährdet, so dass es durch Alkohol oder Nikotinmissbrauch sowie Ernährungsstörungen der Mutter zu Missbildungen oder einer spontanen Fehlgeburt kommen kann.

Bei einer von fünf schwangeren Frauen kommt es in dieser Zeit zu einer leichten, periodenähnlichen Blutung, was wiederum eine spontane Fehlgeburt einleiten kann.

Durch zusätzliche Produktion von Östrogen und Progesteron in der Plazenta wird die Schwangerschaft weiter unterstützt.

In der Plazenta befinden sich Gefäßverästelungen, die aus Blutgefäßen der Mutter und Blutgefäßen des Kindes bestehen. Sie haben keine direkte Verbindung, jedoch findet zwischen diesen Blutgefäßen ein Austausch statt, indem Nahrung und Sauerstoff durch die Mutter zum Fötus gelangen und Kohlendioxyd und Abfallprodukte des Kindes zur Mutter zurückgeführt werden, um dann ausgeschieden zu werden.

Die Plazenta ist wie ein flacher Kuchen, der mit einer Seite an die Gebärmutterinnenwand fixiert ist, von der Kehrseite führt eine Nabelschnur zum Kind. Diese Nabelschnur ist die Verbindung zwischen Mutter und Kind, durch die der oben genannte Austausch zustande kommt.

Kurz nach der Geburt wird die Nabelschnur abgebunden und durchtrennt. Die Plazenta selbst wird aus der Gebärmutter als Nachgeburt ausgeschieden.

Geburtsvorbereitung

Die Geburt ist zwar ein ganz natürlicher Vorgang, und eine Frau wird ihr Kind zur Welt bringen, ganz gleich, ob sie gut oder schlecht vorbereitet ist. Sie kann jedoch durch eine gute Vorbereitung und aktive Mitarbeit während der Geburt Schmerzen vermeiden und dem Kind die Geburt erleichtern. Das aber wiederum wirkt sich positiv auf die Gesundheit des Kindes aus, da eine schwere Geburt oft Nachfolgeschäden zeigt.

Heute gibt es in fast allen größeren und kleineren Städten Vorbereitungskurse für werdende Mütter, in denen unter Anleitung praktische Übungen durchgeführt werden. (Die Kosten werden von den Krankenkassen übernommen.) Solch ein Kursus kann für die junge Mutter sehr hilfreich sein, nicht nur wegen der Anleitung, sondern auch durch die Gemeinschaft mit anderen Frauen, die kurz vor der Geburt stehen. Die gymnastischen Übungen sowie das Einüben der Entspannungstechniken sollten einen festen Platz im Tagesablauf einnehmen. Auch hier ist die Beteiligung des Ehemanns eine spürbare Ermutigung für die Frau. Vor allem aber kann eine geeignete Atemtechnik eine große Hilfe bei der Geburt werden.

Für die meisten jungen Mütter ist es nicht ganz leicht, den tatsächlichen Beginn der Wehen festzustellen. Doch sobald sich die Kontraktionen in regelmäßigen Abständen wiederholen, sollte sich die werdende Mutter auf den Weg zum Krankenhaus begeben – oder falls eine Hausentbindung vorgesehen ist, die Hebamme verständigen.

Eine Entbindung ist keine Krankheit und kann daher durchaus zu Hause durchgeführt werden. Doch um der Sicherheit von Mutter und Kind willen ist es noch immer ratsam, eine Klinik aufzusuchen, vor allem bei älteren Frauen oder Erstgebärenden. Die meisten Frauen wurden ohnehin während der gesamten Schwangerschaft von einem Arzt beraten und beobachtet (Vorsorgeuntersuchungen), so dass sie genau wissen, ob eine normale Geburt zu erwarten ist oder das Kind etwa in einer Steißlage zur Welt kommt. Besteht die Möglichkeit einer komplizierten Entbindung, sollte die Entbindung in einer Klinik stattfinden, um für den Notfall gerüstet zu sein.

Heute ist es für die meisten Väter eine Selbstverständlichkeit, bei der Geburt dabei zu sein. Auch Rooming-in (das Neugeborene bleibt im Zimmer der Mutter) ist meist kein Fremdwort mehr. Die Gegenwart des Vaters bedeutet für die Mutter in diesen Stunden eine große Unterstützung. Daher sollte eine Frau nur solch eine Klinik aufsuchen, die es auch dem Vater erlaubt, die ganze Zeit während der Entbindung bei seiner Frau zu bleiben. Es gibt keine bessere Beruhigung für eine Frau als die Gegenwart des Mannes, von dem sie sich geliebt weiß und der ja Vater ihres Kindes ist. Seine Gegenwart bedeutet für sie Sicherheit, und diese Sicherheit wiederum gibt ihr Vertrauen und Gelassenheit. Durch diese Gelassenheit kann sie dem Geschehen ganz anders entgegensehen.

Geburt

Wenn eine Schwangerschaft zustande gekommen ist, werden die Gebärmutter und der Weichteil des Geburtskanals zunehmend geschmeidig, wodurch die Vorbereitung für die Geburt getroffen wird.

Die Geburtswehen werden vermutlich durch ein Zusammenspiel verschiedener mechanischer sowie hormoneller Faktoren ausgelöst. Der Entbindungsvorgang wird in drei Phasen aufgeteilt:

1. *Eröffnungsperiode:* Durch die Wehen, die durch ein Zusammenziehen der Gebärmutter entstehen, öffnet sich der Muttermund, wobei die Fruchtblase wie ein Keil wirkt, um den Geburtskanal zu erweitern. Diese erste

Phase ist die längste und dauert heute im Allgemeinen durchschnittlich für die Erstgebärenden 6-8 Stunden und für die Mütter, die bereits früher Kinder geboren haben, 3-5 Stunden. Wenn die Fruchtblase platzt und der Kopf des Kindes bis zum Beckenboden gedrungen ist, setzt die zweite Phase ein.

2. *Austreibungsperiode*: Wenn der Muttermund durch den Kopf des Kindes vollständig erweitert ist, beginnen die Presswehen, um das Kind auszutreiben. Dabei hilft die Mutter durch ihr aktives Mitpressen. Diese Phase dauert normalerweise nur wenige Minuten. Durch eine Episiotomie, den Dammschnitt, kann die Austreibungsperiode verkürzt und die Zerreißung oder Überdehnung der Weichteile verhindert werden. Zugleich verringert man damit die Gefahr einer Hirnschädigung, da der Druck auf den Kopf des Kindes gemindert wird. Doch ist dieser kleine Einschnitt nicht immer unbedingt nötig. Ungefähr 95 % der gesamten Geburten verlaufen normal.

3. *Nachgeburtsperiode*: In dieser Phase wird die Plazenta mit der Nabelschnur und den Eihäuten ausgestoßen. Dadurch, dass die Plazenta sich von der Gebärmutterwand ablöst, kommt es zu einer Blutung, wobei der normale Blutverlust zwischen 200 und 300 ml beträgt. Nach dieser Periode zieht sich die Gebärmuttermuskulatur stark zusammen, so dass die geöffneten Blutgefäße an der Gebärmutterwand abgeklemmt werden. So hört die Blutung auf.

Durch die Ausstoßung der Plazenta endet die Hormonproduktion des HCG, und der Hormonspiegel der Östrogene und Progesterone sinkt rapide. Der Hypophysenvorderlappen übernimmt jetzt wieder die Aufgabe, neue Follikel zur Reifung zu bringen. Stillt nun eine Mutter, so verzögert sich dieser Prozess. Damit stellt das Stillen eine gewisse (aber unsichere!) Schwangerschaftsverhütung dar.

Einige Tage nach der Geburt erreicht das Brustdrüsengewebe seine höchste Funktionsreife. Durch das Saugen des Säuglings an der Brust der Mutter wird eine verstärkte Milchproduktion hormonell angeregt und die Rückbildung der Gebärmutter unterstützt.

Auch wenn eine Frau nicht stillt, braucht sie etwa 6-8 Wochen, bis sich die Schwangerschaftsveränderungen vollständig zurückgebildet haben. Diese Phase wird Wochenbett genannt. Bei vielen Frauen beobachten wir in dieser Zeit eine vorübergehende emotionale Krise (Babyblues), die mit den enormen hormonellen Veränderungen im Zusammenhang steht (s. Anhang: Fragen zur Schwangerschaft und der Zeit danach, S. 267).

Und vergiss nicht: Tief atmen!

»Bist du sicher?«, fragte er.

Sie nickte.

»Ganz sicher?«

»Der Arzt hat es soeben bestätigt.«

Er schwieg. Am liebsten hätte er sie jetzt gepackt und wild herumgewirbelt, aber was sollten die Leute denken. Hier, mitten auf der Straße! Und außerdem durfte er das ja jetzt wohl nicht mehr.

»Du«, sagte er fast atemlos, »du ...« Dann lachte er kindlich-unbeholfen. Und nach einer Weile: »Das ist ja wunderbar. Nein, ich kann es einfach noch nicht glauben. Ein neues Du, das uns auf ewig zusammenschweißt . Ein bisschen von

dir, ein bisschen von mir ergibt ein neues Ich.« Er lachte wieder. »Wenn ich mir das vorstelle, nein, ich kann es einfach nicht glauben. Ein neues Leben wächst in dir. Du und ich, und jetzt ein Wir. Und auch wenn diese Welt aufgehört hat zu existieren, wird es doch bleiben und immer fortbestehen. Ist das nicht ein Wunder? Was eben noch nicht war, hat jetzt einen Anfang genommen und ist nie mehr auszulöschen. Ob es deine Augen hat? Deine Stimme?«

»Ich hoffe, es hat deinen Sinn für Mathematik, nicht meinen.«

»Oder deine künstlerische Begabung.«

»Vielleicht wird es ein Sportler?«

»Vielleicht Musiker.«

»Ein berühmter Arzt!«

»Ein Gärtner.«

»Vielleicht Taxifahrer.«

»Auf jeden Fall ein Genie.« Sie lachten beide.

Als hätten sie jetzt nichts Eiligeres zu tun, setzten sie sich wieder ins Auto und hielten vor einem großen Geschäft. Dort stand ein Stubenwagen im Schaufenster. Der zarte rosa Schleier umfasste beinahe liebevoll das Körbchen mit dem hübschen Rüschenkissen. Alles war bis ins Kleinste durchdacht.

Sie betraten den Laden. Die kleinen Glöckchen bimmelten und wollten sich gar nicht mehr beruhigen. Es roch nach Babypuder und frischer Babywäsche.

»Wie das duftet!«, flüsterte er beinahe ehrfurchtsvoll und zeigte ihr ein winziges gehäkeltes Mützchen.

»Ich kann es mir schon vorstellen. Bestimmt wird ihm das gut stehen. Dazu –«

Er blickte sich ein wenig suchend um und zog ein paar winzige Wollschuhe hervor, nur wenige Zentimeter groß.

»Diese hier. Oder diese?« Er legte die kleinen Schuhe wieder beiseite, um ein anderes Paar hervorzuziehen. Dann wandte er sich ihr zu und sah sie an. Ihr Blick war in weite Ferne gerichtet. Und es war, als sähe er sie jetzt zum ersten Mal. Wie schön sie war!

»Spürst du es schon?«, flüsterte er zärtlich.

Sie lachte und tippte mit ihrem Finger an seine Nasenspitze. »So können auch nur Männer fragen.« Und fügte dann kaum hörbar hinzu: »Ich muss dich doch noch aufklären.«

»Ich könnte hier den ganzen Tag verbringen und mein ganzes Einkommen verschwenden«, stellte er fest und probierte einige Babyrasseln aus. »Vielleicht diese?«, fragte er.

»Wobei ich kaum sicher bin, wer mehr damit spielen wird«, spottete sie liebevoll.

Die Einkäufe auf der Theke häuften sich. Und noch immer kam etwas Neues hinzu, das auf gar keinen Fall fehlen durfte.

Als sie etwa eine Stunde später das Geschäft wieder verließen, waren sie fast ein Monatsgehalt losgeworden.

»Ich fürchte, die nächsten Wochen müssen wir bei meiner Mutter verbringen«, sagte sie lachend. »Übrigens habe ich dich heute von einer anderen Seite kennen gelernt. Ich wusste gar nicht, dass du mit Leidenschaft einkaufen kannst. Wenn ich an frühere Erfahrungen denke ...« Mehr brauchte sie nicht zu sagen. Es gab kaum etwas Unerfreulicheres für ihn, als sie beim Einkaufen zu begleiten. So sehr er auch sonst ihre Nähe suchte, ein Stadtbummel war eine Qual für ihn.

Kaum waren sie zu Hause angekommen, warf er seinen Mantel über den Stuhl und schleppte ein Paket nach dem anderen ins Haus, plötzlich besann er sich, stellte ein Paket ab, um zunächst seiner Frau aus dem Mantel zu helfen. Er war wie ein kleiner, ausgelassener Junge und lief von einem Raum zum anderen.

»Am besten doch bei uns, meinst du nicht?«, fragte er sie. Ohne ihre Antwort abzuwarten, fing er an, die Möbel zu verrücken, denn schließlich musste das kleine Bettchen dicht am Fenster stehen.

»Hier?«, fragte sie erstaunt.

»Aber es muss doch hinaussehen können, um die Vögel draußen zu beobachten«, versuchte er sich zu rechtfertigen.

»Ich glaube, zuerst will es schlafen. Und wenn ich das Fenster öffne, wird es zu sehr ziehen.«

»Ja, du hast Recht. Es muss geschützt sein. Wie wäre es – hier? Dann kann ich es gut im Auge behalten.«

»Und wenn es in der Nacht schreit?«

Das Bettchen wurde von einer Ecke in die andere gerückt. Es schien, sie wollten gar nicht zu einem Ergebnis gelangen, um die Vorfreude so lange wie möglich zu genießen.

»Ich glaube, es wäre leichter für unseren Prinzen ein neues Haus zu bauen, als einen Platz für sein kleines Bettchen zu finden.«

»Und wenn es eine Prinzessin wird?«, fragte sie.

»Ob Prinz oder Prinzessin, der Thron ist ihm oder ihr gewiss.«

»Und wenn es Zwillinge sind?«, wollte sie wissen.

»Dann werden sie sich den Thron teilen.«

Sie lachten und waren glücklich.

So verging Woche um Woche. Aber allmählich hatte er sich an den Zustand des Wartens gewöhnt. War er im Anfang noch bemüht gewesen, ihr jede Last abzunehmen, so wurde er im Lauf der Zeit immer bequemer. In den ersten zwei Wochen war er sogar als Erster aufgestanden, um das Frühstück zu richten. Doch jetzt zog er es wieder vor, sich von seiner

Frau bedienen zu lassen. Warum auch mussten es fast neun Monate sein. Drei hätten eigentlich genügt.

Eines Morgens weckte sie ihn mit den Worten: »Willst du es fühlen? Hier …« Sie nahm seine Hand und legte sie auf ihren Leib.

Er richtete sich auf, plötzlich hellwach. »Du meinst, es ist so weit?«

Sie lachte. »Bist du wirklich so dumm?«, fragte sie liebevoll.

Er hielt seine Hand ganz still. »Ja, jetzt kann ich es spüren.« Er wurde ganz aufgeregt. »Also doch ein Sportler. Wie ich gesagt habe«, stellte er fest. Dann beugte er sich über sie und legte sein Ohr auf ihren Leib und lauschte. Kurz darauf nahm er das Stethoskop, das er extra gekauft hatte, vom Nachttisch und versuchte es noch einmal. »Ich kann es hören«, flüsterte er dann begeistert, als hätte er Sorge, sein Kind zu erschrecken. »Das Herz schlägt. BumBumBum.« Als wäre der alte Eifer noch einmal zurückgekehrt, sprang er auf, um das Frühstück zuzubereiten.

»Ich komme heute früher zurück«, sagte er, als er sich verabschiedete. »Wir gehen heute Abend doch wieder gemeinsam zur Geburtsvorbereitung, oder?«

»Noch dreimal, dann sind wir durch.«

Als er am Abend nach Hause kam, begrüßte ihn seine Frau nicht wie sonst im Flur.

»Esther?«, rief er. Als keine Antwort kam, lief er besorgt in die Küche. Aber da war sie nicht. Er wurde unruhig und ging ins Wohnzimmer. Da saß sie auf dem Sofa. »Was ist los? Hast du mich nicht gehört?«

Sie wandte sich von ihm ab, als wollte sie etwas verbergen. Nun kannten sie sich bereits zwei Jahre, und noch immer kannte er sie nicht wirklich.

»Hast du Schmerzen?«, fragt er besorgt.

Sie schüttelte den Kopf. »Vielleicht bin ich einfach etwas depressiv.«

Er fühlte sich hilflos. »Was kann ich für dich tun?« Da sah er auf dem Sofa und auf dem Teppich Bücher, Bücher, lauter Bücher. Neugierig nahm er eins auf: »Wie ich mein Kind erziehe«. Dann das andere: »Was eine junge Mutter wissen muss«.

Sie weinte. »Ich schaffe es nicht. Ich kann unmöglich alles richtig machen. Ich habe Angst. Einfach Angst.«

»Angst?«, fragte er. »Aber wovor?«

»Vor der Verantwortung. Wenn ich all die Bücher lese, wem soll ich denn glauben? Wonach kann ich mich richten? Wer garantiert, dass alles gut wird?«

Das also war es! Er lachte befreit und erleichtert auf. »Das quält dich? Bist du nicht eine werdende Mutter? Frag doch deinen Instinkt. Was brauchst du diese Bücher da!« Er setzte sich neben sie und legte seinen Arm um sie. »Wenn Liebe da ist, hat das Kind ein Zuhause. Mehr braucht es nicht. Wenn du und ich uns verstehen, fühlt es sich geborgen. Das ist alles. Es braucht nur diese Sicherheit, um sich entfalten zu können. Es braucht Liebe, die Freiheit gibt und Grenzen setzt.«

Dann kam der 3. März. Es war Nacht. Gerade 2 Uhr. Es regnete. Er fuhr gehetzt durch die fast menschenleeren Straßen. Das Licht der Laternen spiegelte sich im nassen Asphalt.

»Schaffst du es noch?«, fragte er besorgt.

»Uuh!«, stöhnte sie.

Er fuhr noch schneller. Die Ampel zeigte Gelb. Er aber fuhr, bis er vor dem großen Klinikgebäude hielt.

»Du wirst es schaffen«, versuchte er sie zu trösten. Er sprang aus dem Auto, um seiner Frau beim Aussteigen zu

helfen. »Ich habe uns bereits angemeldet. Sie warten auf uns. Ich suche jetzt nur schnell einen Parkplatz, dann komme ich.« Damit drückte er ihre Hand und küsste sie flüchtig auf die Stirn. »Und vergiss nicht: immer tief atmen!«

»Du kommst doch bestimmt?«, fragte sie ängstlich.« »Ich brauche dich«, fügte sie kaum hörbar hinzu.

Aber er hatte es gehört. Wenige Minuten später rannte er die blanken Marmorstufen zum Kreißsaal hinauf. Der Aufzug hätte viel zu lange gedauert. Sein Herz raste. Der Mund war trocken. Die Kehle wie zugeschnürt. »Mein Gott«, betete er, »lass alles gut werden.« Die Hände waren feucht. Fast ehrfurchtsvoll blieb er einige Sekunden vor der Tür, als hätte er Angst, diesen Raum zu betreten. Schließlich gab er sich einen Ruck und trat ein.

Seine Frau lag wie geistesabwesend auf der weißen Liege. Er blickte sich kurz um: Alles so steril. Er wagte kaum zu atmen. Eine Schwester lief geschäftig hin und her und reichte ihm dann wortlos einen weißen Kittel. Jetzt kam auch der Arzt. Ein alter Bekannter. Wie gut. Irgendwie fühlte er sich schon sicherer. Dann trat er zu seiner Frau, nahm ihre Hand und redete so ungezwungen wie möglich auf sie ein.

»Und wenn es ein Mädchen wird, nennen wir es Esther, nach dir.«

»Nein, Marion«, stöhnte sie gequält, »Marion. Ich habe meinen Namen nie ausstehen können.«

Sie lachten beide. Es war der alte Streit.

Wieder setzte eine neue Wehe ein. Die Abstände wurden kürzer.

»Bald hast du es geschafft. Tief atmen! Entspanne dich. Locker lassen.« Er hatte alles um sich herum vergessen und war ganz auf seine Aufgabe konzentriert.

Dann ein hastiges Hin und Her, kurze Befehle – »Ein Junge«, hörte er und ein leises Wimmern, das sogleich in Schreien überging, dieses unvergleichbare kurze kräftige Schreien eines Neugeborenen. Er sah gerade noch, wie die Hebamme die Nabelschnur durchtrennte und ihn dann der Mutter in die Arme legte.

Da umfasste er in unsagbarem Glück seine Frau und weinte.

Die Kunst zu lieben

Die Kunst zu lieben liegt nicht in einer bestimmten Technik, sondern in einer harmonischen, liebevollen Beziehung. Die höchste Kunst besteht darin, miteinander nicht nur in eine leibliche Einheit zu verschmelzen, sondern nach Seele, Geist und Leib in das Einssein hineinzuwachsen. Das gelingt nicht von einem Tag zum anderen, es erfordert ein jahrelanges Zusammenspiel. Wenn daher das Miteinander nicht sogleich gelingt, brauchen die beiden nicht entmutigt aufzugeben. Miteinander üben, sich aufeinander einspielen, auf den anderen eingehen – all das gehört zur Kunst des Liebens.

Viele Schmerzen entstehen dadurch, dass zwei Menschen von der eigenen Erwartung in Bann gehalten werden. Ohne die Vorstellung eines anderen herunterspielen zu wollen – eine gewisse Flexibilität kann helfen, starre Fronten durchlässig zu machen. Was wir damit meinen? Anstatt sich in wortreiche Diskussionen zu verbeißen, dem Leben von der spielerischen Seite begegnen. Da sind zwei Menschen mit zwei unterschiedlichen Erwartungen, die nun auf einen gemeinsamen Nenner gebracht werden sollen. Warum nicht versuchen, die Position des anderen zu verstehen und zugleich den eigenen Horizont erweitern? Wenn tagsüber Differenzen entstehen, wird es sehr schwer sein, am Abend einander entspannt und liebevoll zu begegnen.

Das Liebesspiel ist ein fester Begriff innerhalb der sexuellen Beziehung, doch sollte es über die sexuelle Beziehung hinaus auch im Alltag fortbestehen. Nicht nur als Einleitung für die geschlechtliche Vereinigung, sondern um das alltägliche Miteinander leicht und fröhlich zu gestalten. Liebevoll miteinander umgehen, zärtlich den anderen liebkosen, ihm etwas Nettes, Aufmunterndes sagen, ihm entgegenkommen.

Solch ein Liebesspiel ist nicht nur auf die Zeit der Verliebtheit vor der Ehe beschränkt, sondern sollte bis ins Alter fortbestehen. Es muss auch nicht unbedingt sexuell akzentuiert sein, doch sollte es jeder sexuellen Vereinigung vorausgehen. Dieses Vorspiel ist vor allem für die Frau von großer Bedeutung – nicht erst im Bett als Einleitung einer sexuellen Begegnung! Es gibt ungezählte Augenblicke im Alltag, wo solch ein verliebtes Spiel zum Ausdruck kommen kann.

Worte und Gesten, die dem anderen zeigen, dass diese Beziehung mehr bedeutet als sexuelle Erregung. Der Ton der Stimme, die kleinen Freundschaftsbeweise im Alltag, die dem anderen zeigen: Du bist mir wertvoll! Die zärtliche Berührung, wie das Herstellen eines Kontaktes, der die Lampe zum Leuchten bringt.

Wir haben bereits davon gesprochen, dass Mann und Frau unterschiedlich sind. Das zeigt sich nicht nur im Körperbau, sondern auch im Liebesempfinden und Liebesverlangen. Ist der Mann stärker körperlich ansprechbar, so ist es die Frau primär seelisch. Wird also ein Mann sehr stark von seinem sexuellen Trieb bestimmt, so dass er von seiner Natur her ohne Umwege auf das Ziel der Befriedigung zusteuern möchte, so sind die meisten Frauen bei solch einer direkten Erwartung überfordert. Sie brauchen eine lange Vorbereitungsphase, um sich dem Partner zu öffnen. Da muss immer wieder neu Vertrauen aufgebaut werden.

Unserer Beobachtung nach sind viele Frauen offenbar nur in bestimmten Zeiten ihres Zyklus sexuell besonders ansprechbar und an einer sexuellen Begegnung interessiert. Aber wenn eine Frau das Glück ihres Mannes als Ziel im Auge behält, fällt es ihr nicht schwer, ihm ihre Liebe zu zeigen, auch dann, wenn sie am liebsten in Ruhe gelassen werden möchte. Ein Mann, dessen Frau aktiv am Liebesspiel beteiligt ist, wird ein liebevollerer Ehemann sein und auch im Alltag entspannter und belastbarer sein, als ein Mann, dessen Frau sich weigert, auf die Bedürfnisse des Mannes einzugehen.

Möchte daher ein Mann eine beglückende Liebeserfahrung erleben, so sollte er auf das Vorspiel großen Wert legen – und bereits beim Aufwachen am Morgen damit beginnen, seine Frau zu erfreuen. Ein liebevoller Gruß,ein freundliches Wort, ein Kuss, eine hilfreiche Geste, ein Entgegenkommen. Es kostet nicht viel. Vielleicht ein bisschen Überwindung, auf den alten Trott zu verzichten, um eine bessere Beziehung einzuleiten.

Wenn der Tag harmonisch verlief, wird die Beziehung durch die unmittelbare Körperberührung noch vertieft. Wenn Mann und Frau dann am Abend unbekleidet dicht aneinander geschmiegt die Nähe des anderen fühlen, kann sich einer dem anderen ganz anders öffnen. Da wird einer den anderen entdecken, betasten, zärtlich berühren. Jede Bewegung der Hand bringt zum Ausdruck: Ich liebe dich. Dabei konzentrieren sich Mann und Frau auf das zarte Berühren – zunächst ohne die Genitalien einzubeziehen. Erst so werden beide vorbereitet, sich dem anderen ganz zu schenken.

Da darf auch die Lust immer neu gereizt werden, um die Freude aneinander zu erhöhen. Dabei sind Mann und Frau nicht durch Gebote und Gesetze in ihrer Beziehung zueinander eingeschränkt. Bewundern, immer wieder auf der Suche nach etwas Neuem. Es heißt: »Liebe macht erfinderisch.« Das gilt auch für die körperliche Beziehung zwischen Ehepartnern. Im Lauf der Jahre entdecken sie sich gegenseitig immer mehr; werden freier, offener, bis es nichts mehr gibt, was sie einander vorenthalten möchten.

Mann und Frau dürfen sich aneinander freuen – doch mit einer Einschränkung: Nichts tun, was gegen die Liebe verstößt. Das heißt: Nichts vom anderen erwarten, was ihn verletzt oder erniedrigt. Wenn ein Partner die Gefühle des anderen achtet, wird er behutsam sein und den anderen nicht zwingen. Denn Zwang ist kein Ausdruck der Liebe. Wie heißt es doch? »Liebe sucht nicht das Ihre« (1. Kor 13, 5).

Solch eine Liebe braucht Zeit. Sie kann sich dem anderen nur allmählich öffnen. Wer aufbricht und zwingt, der verstößt gegen die Liebe. Dann darf er sich nicht wundern, wenn sich der andere abwendet.

Aber wenn Lust mit Ehrfurcht gekoppelt ist, wird Sexualität zu einem Schlüssel, der die Tür zu den geheimnisvollen Tiefen des Partners öffnet. Solch eine Liebe schafft Vertrauen.

Liebe ohne Ehrfurcht ist keine Liebe. Da wird Sexualität zur Gier. Die Liebe sagt: Ich für dich. Dein Glück ist mein Glück.

Wenn ich den anderen benutze, um mein eigenes Liebesbedürfnis zu stillen oder den eigenen Trieb zu befriedigen, entehre ich ihn. Wie oft sind dann solche Beziehungen nichts anderes als eine Selbstbefriedigung zu zweit. Aber das ist nicht Sinn einer Ehe.

Das heißt für den Mann, seinen sexuellen Trieb in Schranken zu halten, um auf die Bedürfnisse seiner Frau einzugehen. Wer nur eine schnelle Lustbefriedigung anstrebt und dabei übersieht, dass seine Frau Nähe und Geborgenheit sucht, der benutzt ihren Körper und verachtet ihre Seele. Solch eine Frau fühlt sich missbraucht und einer Dirne gleichgesetzt, deren Leib käuflich ist und einer kurzen Lustbefriedigung dient.

In manchen Ehebüchern finden wir genaueste Anleitungen mit Zeichnungen und Tipps über die beste Stellung bei der Vereinigung usw. Doch das ist etwas, das jedes Paar ohnehin selbst herausfinden wird. Aber wenn das Zusammenkommen jedes Mal nach demselben Ritus erfolgt, kann es bald zu einer Routine werden, die auf die Dauer uninteressant wird. Darum ist es gut, wenn Mann und Frau ein wenig erfinderisch werden, damit die Begegnung immer neu belebt wird. Das heißt nicht, dass die Partner ständig etwas Neues suchen müssen, aber eine Begegnung sollte möglichst dynamisch sein, damit sie nicht zu alltäglich wird. So sollte immer wieder erneut das Staunen zum Ausdruck kommen und der Dank. Doch das kann kaum geschehen, wenn der Akt der Vereinigung innerhalb von fünf Minuten vollzogen wird. Zeit und Zuwendung gehören dazu.

Die Kunst zu lieben liegt darin, den Partner zu erfreuen. Das schließt auch ein, dass beide bereit sind, immer wieder aufs Neue die Leidenschaft des Partners herauszufordern. Das gelingt am besten, wenn Mann und Frau über ihre Gefühle miteinander sprechen.

Wie oft aber ist einer der beiden – oder sogar beide – so verunsichert, dass er es gar nicht wagt, seinen Wunsch zu äußern oder über seine Gefühle zu sprechen. Nicht zuletzt aus Angst, von dem anderen abgelehnt zu werden.

Aber je länger ein Paar sich kennt, desto wichtiger ist es, über die eigenen Empfindungen zu sprechen und Gefühle beim Namen zu nennen – ohne Scheu, von dem anderen zurückgewiesen zu werden. Dann ist es leichter, später auch den unausgesprochenen Erwartungen des anderen entgegenzukommen und auf den heimlichen Wunsch des Partners einzugehen. Das erfordert vor allem von dem Mann Selbstbeherrschung. Da sollte der Mann wachsam sein, um den Empfindungen seiner Frau nachzuspüren. Anstatt innerhalb weniger Sekunden eine Vereinigung anzustreben, wird er die Gefühle seiner Frau behutsam wecken, sei es, dass er sie zärtlich entkleidet und ihren Körper liebkost; sei es, dass er ihre Schönheit bewundert und sie liebevoll an sich zieht. Solch eine Vorbereitung kann auf vielerlei Weise geschehen. Aber immer ist der ganze Mensch beteiligt, nicht nur die erogenen Zonen.

So streichen seine Hände von den Haaren über die Stirne, verweilen an den Augen, zeichnen die Ohren nach, den Hals, Rücken, die Brust, die Arme, die Beine ... Sobald er merkt, dass seine Bewegungen zu hastig sind, wird er sich zurückhalten, um seine Frau nicht zu überfordern. Dann wird auch sie seinen Körper streicheln, sich an ihn schmiegen. So dass der Wunsch, sich einander ganz zu schenken, immer stärker wird. Erst dann können nun auch liebevoll und behutsam die Genitalien einbezogen werden. Durch die zarte Berührung der Scham reizt der Mann das Verlangen in seiner Frau, bis ihre Leidenschaft voll erwacht und sie selbst durch rhythmische Bewegungen des Beckens mitschwingt. Dabei kann auch die Frau den Penis zart führen. Diese Beteiligung der Frau wirkt auf den Mann sehr erregend, so dass nun auch er mit gesteigerter Leidenschaft reagiert.

Wenn jetzt die Erregung der Frau durch die Berührung des Mannes geweckt wurde und sie sich unmittelbar vor dem Höhepunkt sexueller Erregung befindet, aber der Mann ohne Rücksicht auf die Gefühle seiner Frau in sie eindringt, kann solch ein Verhalten bei der Frau aggressive Gefühle und Ablehnung hervorrufen.

Bevor der Mann daher seine Befriedigung anstrebt, wird er seiner Frau helfen, dass auch ihre inzwischen erregten Gefühle zu einem Höhepunkt gelangen. Das heißt nicht, dass eine körperliche Begegnung jedes Mal in einem beiderseitigen Orgasmus münden sollte. Aber wenn der Mann sich zu schnell seiner Erregung überlässt, ohne die Gefühle seiner Frau zu berücksichtigen, besteht die Gefahr, dass er in ihr eine heimliche Abneigung sät. Darum sollte er zuerst seine Frau beschenken und danach an seine eigene sexuelle Befriedigung denken.

In dem ersten Brief an die Korinther schreibt Paulus: »Der Mann leiste der Frau, was er ihr schuldig ist, desgleichen die Frau dem Mann. Die Frau verfügt nicht über ihren Leib, sondern der Mann. Ebenso verfügt der Mann nicht über seinen Leib, sondern die Frau« (1. Kor 7,3-4).

So übernimmt einer die Verantwortung für den anderen. In einem anderen Zusammenhang schreibt Paulus: »Alles ist euer, ihr aber seid Christi« (1. Kor 3, 22).

Das können wir auch auf das Liebesspiel zwischen Mann und Frau in der Ehe übertragen. Alles ist erlaubt – was aus Liebe geschieht, die in der Verantwortung wurzelt. Wer sein Leben Gott unterstellt hat, der wird sich auch im Schlafzimmer der Gegenwart Gottes bewusst sein und daher nichts tun, was den Partner verletzt.

So besteht die Kunst zu lieben bei einem Mann darin, seinen eigenen sexuellen Drang dem Bedürfnis seiner Frau anzupassen. Und bei der Frau besteht die Kunst zu lieben darin, dass auch sie sich selbst vergisst und stattdessen die Erfüllung ihres Mannes im Auge hat.

Und wenn es dann gelingt, dass sie beide – vielleicht sogar zu gleicher Zeit – den Höhepunkt erreichen, so haben sie das Gefühl, ganz eins zu sein. Aber auch wenn es nicht dahin kommt, ist ihre Liebesfähigkeit dadurch nicht geringer.

Aber wenn sich die Frau ihrem Mann entzieht, weil sie selbst nichts empfindet oder um ihn gefügig zu machen, benutzt sie die Sexualität als Waffe, um den anderen für die eigenen Zwecke dienstbar zu machen. Auch das verstößt gegen die Liebe.

Beim Liebesspiel ist meistens der Mann der Aktive. So wird von ihm ein großes Einfühlungsvermögen erwartet, um seine Frau zu gewinnen. Es ist ein Werben, das immer wieder aufs Neue erfolgt. Aber wenn über Wochen oder gar Monate und Jahre hin die Frau die Liebkosungen ihres Mannes lediglich über sich ergehen lässt, ist das für einen Mann sehr frustrierend. Es gibt Zeiten, da möchte auch der Mann herausgelockt werden. Er möchte sich von seiner Frau erobern lassen. Er möchte sich ihr hingeben. Und wenn eine Frau darauf eingeht, strömt seine Liebe ganz neu zu ihr hin und es gibt wohl nichts, was er nicht bereit wäre, für sie zu tun.

In der sexuellen Vereinigung muss eine Übereinstimmung vorhanden sein, ein Mitschwingen.

Wenn jedoch Sex allein die Beziehung zwischen Mann und Frau bestimmt, wird die Beziehung früher oder später in einem Bruch enden. Da wird die Beziehung langweilig. So wechselt man zum nächsten Partner weiter.

Es gibt wohl kein Gebiet wie das der Sexualität, auf dem ein Mensch so leicht verletzbar ist, daher sollten Mann und Frau sehr behutsam miteinander umgehen. Denn Verletzungen auf diesem Gebiet heilen nur sehr schwer.

Oft genügt bereits eine Bemerkung, die den Zugang zum anderen versperrt. So würde eine Frau ihren Mann zutiefst verletzen, wenn sie seine sexuellen Fähigkeiten in Frage stellt oder ihm sogar mit Spott begegnet. Dann fühlt sich der Mann in seiner Männlichkeit verletzt.

Dasselbe trifft auch umgekehrt zu, wenn der Mann Forderungen an seine Frau stellt, die sie nicht erfüllen möchte, oder wenn er ihr Aussehen kritisiert, vor allem ihre weiblichen Formen. Dann entsteht eine Wand zwischen den Partnern, die nur sehr schwer wieder abgebaut werden kann.

Darum muss die Sexualität eingebettet sein in die Liebe, die den anderen als ganzen Menschen annimmt und bejaht. Losgelöst führt sie unweigerlich in eine Sackgasse.

Die Sexualität ist unser Diener, nicht unser Meister. Wir sollen über sie herrschen und nicht umgekehrt, dass sie uns beherrscht. Wenn ich sie mir dienstbar mache, wird sie ihre Kraft und Schönheit dazu verwenden, zu heilen, aufzurichten und zu beflügeln. Doch wenn sie mich beherrscht, wird sie zerstören, zerbrechen, entzweien. Sie ist entweder wie ein Feuer, an dem wir uns wärmen; ein Feuer, das ein kaltes Haus in ein Zuhause verwandelt – oder wie ein Steppenbrand, der alles vernichtet und nichts als Öde hinterlässt und den beißenden Geruch schwelender Asche. Eine Kraft, die wir benutzen oder eine Leidenschaft, die uns beherrscht. Eine schöpferische Kraft, die, wenn sie nicht eingebettet ist, Leben vernichtet. Darum erfordert Ehe reife Persönlichkeiten, die es gelernt haben, mit der Sexualität durch Verzicht umzugehen.

Vielleicht mag die Frage aufkommen: Wie oft? Das ist dem Einzelnen überlassen. Wenn jedoch das Zusammenkommen von Mann und Frau nur gelegentlich alle paar Monate geschieht, leidet das Miteinander – ein Miteinander, das für beide Teile fruchtbringend sein sollte. Wenn der Mann wie ein Bettler von seiner Frau abgewiesen wird, ist das sehr demütigend. Je häufiger solch eine Abweisung erfolgt, desto mehr wird sich Bitterkeit in ihm anstauen, bis schließlich immer mehr Ressentiments den Weg zu seiner Frau versperren und eine harmonische Ehe unmöglich wird.

Es müssen jedoch immer alle drei Aspekte berücksichtigt werden: nicht nur die Fortpflanzung, auch nicht nur die Lustbefriedigung, auch nicht nur die ideelle Seite, sondern alle drei Aspekte der Sexualität. Nur so kann der Mensch in seiner Einheit angesprochen werden. Erst in diesem harmonischen Miteinander wird auch die Sexualität als Beglückung erlebt.

Noch ein Wort zu der ersten sexuellen Begegnung.

Die erste sexuelle Begegnung ist für die gesunde Entwicklung der Ehe von großer Bedeutung.

Nun mag es sein, dass gerade hier eine große Verwundung vorliegt. Vielleicht eine Narbe, die noch immer schmerzt. Desto behutsamer heißt es – besonders für den Mann – der Partnerin zu begegnen.

Eine Frau fühlt sich dem Mann ausgeliefert. Sie ist so verwundbar. In der Regel hat eine Frau vor dieser ersten sexuellen Begegnung Angst, auch wenn sie diese Begegnung voller Erwartung herbeigesehnt hat. Eine Beziehung muss wachsen. Je zurückhaltender Mann und Frau sich in der ersten Zeit ihrer Ehe begegnen, desto beglückender wird das Miteinanderwachsen. Da öffnen sich Mann und Frau einander immer mehr. Werden immer vertrauter. Begegnen einander in größerer Freiheit, so dass die Scheu voreinander abgebaut wird und Mann und Frau mehr und mehr zu einer Einheit verschmelzen.

Wenn nun ein Mann beim ersten Mal ohne Zögern auf sein Ziel zusteuert, ohne auf die Gefühle seiner Frau Rücksicht zu nehmen, kann hier bereits der Grundstock für spätere Ehekonflikte gelegt werden.

Eine sexuelle Begegnung sollte daher in kleinen Schritten erfolgen und ohne den festen Vorsatz, um jeden Preis einen Orgasmus erreichen zu wollen. Sobald solch ein Ziel gesteckt wird, gerät das Paar unter Leistungsdruck. Nicht selten ist es die Angst zu versagen, die es dann unmöglich macht, das Ziel zu erreichen.

Wer sich mit der gängigen Eheliteratur vertraut macht, wird feststellen, dass häufig die Lust überbetont wird, wobei der Orgasmus nicht selten als höchstes Ziel einer sexuellen Vereinigung hingestellt wird. Dieses Ziel nun meint man mit allen Mitteln erreichen zu müssen. Wem es nicht gelingt, der fühlt sich als Versager. Da wird der Orgasmus zum Gradmesser des Erfolgs oder Glücks. Als würde daran der eigene Wert gemessen oder die Liebesfähigkeit bewiesen. Aber ist das wirklich so?

Weder Liebesqualität noch Glück eines Menschen hängen vom Orgasmus ab; denn Lust ist nicht der einzige Aspekt der Sexualität.

Auch wenn Mann und Frau sich ohne feste Absicht aneinander freuen, wird schon die gegenseitige Berührung beglückend sein. Wenn beide das Glück des anderen im Auge behalten, können beide viel leichter einen sexuellen Höhepunkt erleben, ohne Krampf, vielmehr aus dem Bewusstsein heraus, sich selbst dem anderen hinzugeben.

Wie wir gesehen haben, hat die Sexualität verschiedene Funktionen: Sie dient der Fortpflanzung, dann aber auch zur Freude und nicht zuletzt der Intensivierung der Beziehung, wobei sie gleichsam der Schlüssel zu dem geheimnisvollen Ich des anderen ist; zu diesem Innersten, das so oft fest verriegelt ist.

Wird nun der eine oder andere Aspekt überbetont, kommt es zu einer Störung der Beziehung. Diese drei Funktionen können auch nicht einzeln abgewogen werden, um herauszufinden, welche der drei nun den größeren Wert hat. Sie gehören untrennbar zusammen. So wie der Mensch als Seele, Geist und Leib eine Einheit darstellt und keine dieser Seiten isoliert werden kann, so will auch die Sexualität in ihren drei Funktionen als Einheit verstanden werden, wobei jede Funktion ihre Bedeutung hat.

Empfängnisverhütung

Die Sexualität dient in erster Linie der »Arterhaltung«, d. h. die Sexualität dient dazu, sich fortzupflanzen. Wenn von vornherein die Frucht der Liebe, nämlich das Kind, abgelehnt wird, hat die Sexualität ihre tiefe Bedeutung verloren. Da wird sie bald zu einer Triebbefriedigung, die nach immer neuen Techniken verlangt. Da aber die Sexualität dem Menschen nicht nur für die Fortpflanzung gegeben ist, sondern auch zur Vertiefung der Ehe-Beziehung, muss sie mit Weisheit eingesetzt werden.

Viele Frauen haben Angst, Kinder zu gebären. Diese Angst kann psychologisch tief verankert sein. Oft jedoch ist diese Angst unbegründet und verliert sich in dem Augenblick, wenn eine Frau Mutter wird. Da wächst sie ganz selbstverständlich in ihre neue Aufgabe hinein.

Andere Frauen ziehen ihre Karriere vor und glauben, durch ein Kind ans Haus gebunden und gesellschaftlich oder auch beruflich nicht mehr interessant zu sein. So wird das Kommen des Kindes bewusst verhindert.

Es ist auch möglich, dass ein Partner psychisch oder physisch krank und wirklich nicht in der Lage ist, für Kinder zu sorgen. Es gibt sowohl körperliche als auch seelische Krankheiten, durch die ein Mensch nicht fähig ist, ein Kind großzuziehen. Zudem besteht die Gefahr, dass diese Krankheit vererbt wird. Oder vielleicht sind bereits mehrere Kinder da und Vater und Mutter fühlen sich überfordert, für ein weiteres Kind zu sorgen. Da müssen Mann und Frau miteinander überlegen, wie sie mit ihrer Sexualität umgehen sollen. Hier ist in der Tat die Verantwortung groß.

Schon Petrus schreibt davon, dass Mann und Frau »mit Vernunft beieinander wohnen« sollen (1. Petr 3,7).

Durch die heutigen Möglichkeiten der Schwangerschaftsverhütung zählt ein hoher Prozentsatz der Kinder zu so genannten Wunschkindern. Dennoch ist die Zahl der Zufallskinder groß, darunter Kinder, die als unvermeidlich hingenommen werden – aber nicht willkommen sind – und schließlich irgendwie abgeschoben werden.

In der Medizin sind heute verschiedene Möglichkeiten einer Empfängnisverhütung bekannt, und zwar natürliche und künstliche Methoden. Wir sprechen hier bewusst nicht von Abtreibung, da damit das Leben eines Kindes nicht verhütet, sondern zerstört und damit getötet wird.

1. Natürliche Empfängnisverhütung:

Coitus interruptus

Der Coitus interruptus bedeutet eine Unterbrechung des Geschlechtsverkehrs unmittelbar vor dem Samenerguss, so dass Mann und Frau geschlechtlich miteinander verkehren, der Mann aber nicht in der Scheide ejakuliert, sondern kurz vor der Ausstoßung der Samen das Glied aus der Scheide zieht.

Diese Methode ist jedoch nicht sicher, da bereits vorher Samenfäden in die Scheide der Frau eindringen können.

Periodische Enthaltsamkeit

Diese Methode basiert auf der Tatsache, dass in jedem Zyklus nur ein Eisprung erfolgt und eine weibliche Eizelle nach dem Eisprung in der Regel höchstens 2 Tage und der männliche Samen nach dem Samenerguss etwa für 3-5 Tage befruchtungsfähig bleibt.

Um die Methode erfolgreich anwenden zu können, wird empfohlen, im Lauf eines Jahres die längste und kürzeste Zeitspanne zwischen den einzelnen Perioden herauszufinden. Doch solch eine Berechnung erscheint vielen nicht sicher genug, da die Periodenschwankungen von vielen Faktoren abhängen können, wie z. B. emotionales Befinden, Stress oder auch Krankheit.

Basaltemperatur

Eine andere Art, um die fruchtbaren bzw. unfruchtbare Tage herauszufinden, ist das Messen der Basaltemperatur. Die Basaltemperatur ist die Körpertemperatur, die in der absoluten Ruhe gemessen wird, d. h. also sogleich nach dem Aufwachen, noch bevor die Frau irgendeine Aktivität aufgenommen hat. Bei der Basaltemperaturmessung geht man davon aus, dass der Eisprung mit einem Temperaturanstieg verbunden ist.

Da die weibliche Eizelle meist zwei Tage nach dem Eisprung nicht mehr befruchtungsfähig ist, kann der Zeitraum zwischen dem 2. Tag nach dem Eisprung und dem Einsetzen der nächsten Periode als (relativ) unfruchtbar bezeichnet werden.

Die unfruchtbare Zeit für den Eisprung kann jedoch erst festgestellt werden, wenn 12 Perioden mit Basaltemperaturen vorliegen, um eine einigermaßen zuverlässige Aussage über den zu erwartenden Eisprung machen zu können. Geht man davon aus, dass die fruchtbare Zeit 6 Tage vor dem frühesten Eisprung bzw. 2 Tage nach dem spätesten Eisprung ist, so kann die übrige Zeit als unfruchtbar angesehen werden. Für viele Frauen jedoch bedeutet diese tägliche Messung eine große Belastung, so dass diese Methode nicht sehr beliebt ist und auch keine allzu große

Sicherheit darstellt. Heute stehen kleine Computer zur Verfügung, die in der Lage sind, die Temperatur zu messen.

Beobachtung des Zervix-Schleims
In den frühen Sechzigerjahren haben die beiden australischen Ärzte Evelyn und John Billings auf die Veränderung des Zervix-Schleims hingewiesen, die mit der Veränderung des Östrogenspiegels im Zusammenhang steht. Direkt nach der Menstruation folgen normalerweise einige trockene Tage, an denen kein Ausfluss vorhanden ist. Diese Tage werden als unfruchtbar bezeichnet.

Dann folgen Tage mit klebrig-weißlichem Ausfluss, und allmählich nimmt die Menge des Ausflusses zu und der Schleim wird klar und glitschig wie Eiweiß. Wenn dieser Zustand des Schleims erreicht ist, kommt es innerhalb von 24 Stunden zum Eisprung. Danach wird der Schleim wieder trüb bis weißlich. Diese Zeitspanne zwischen dem ersten Auftreten des Schleims und 4 Tage nachdem er einen eiweißähnlichen Zustand erreicht hat, wird als fruchtbare Zeit betrachtet.

Da der männliche Samen bis zu 5 Tage befruchtungsfähig bleibt, muss diese Tatsache bei der Berechnung mitberücksichtigt werden. Auch dann, wenn der letzte Geschlechtsverkehr 3 Tage vor dem Eisprung stattgefunden hat, kann es auf Grund der Lebensdauer der Spermien noch zu einer Befruchtung kommen. Zudem muss in Betracht gezogen werden, dass sich der Zyklus von einem Monat zum anderen verändern kann, ebenso können Krankheit und vaginale Infektionen den Zervix-Schleim verändern.

2. Mechanische Hilfsmittel zur Schwangerschaftsverhütung:

Kondom für den Mann
Diese Methode ist verhältnismäßig einfach, da der Gummischutz lediglich über den erregten Penis gezogen werden muss; sie ist jedoch nicht ganz zuverlässig, durch evtl. vorkommende Materialschäden oder Heraustreten der Samen über den oberen Rand des Kondoms (Zuverlässigkeit 88 % lt. FDA Consumer 1998-2001, Med. Strategies, Inc.). Latex-Kondome sind ein guter Schutz gegen Übertragung von Geschlechtskrankheiten, einschließlich Herpes und Aids.

Intrauterin-Spirale (IUD)
Diese Spirale wird durch den Arzt in den Uterus eingeführt, um hier eine lokale entzündliche Reaktion in der Gebärmutter auszulösen, womit die Einnistung eines befruchteten Eis verhindert wird. Wenn ein unbemerktes Verschieben der Spirale ausgeschlossen werden kann, ist die Sicherheit einer Empfängnisverhütung relativ groß (98-99 %), jedoch sind einige Nebenwirkungen zu erwarten. Im Vordergrund stehen Menstruationsstörungen wie Zwischenblutungen oder Entzündungen, die den Eileiter schädigen und eine bleibende Unfruchtbarkeit zurücklassen können. Durch diese Methode kann auch eine Eileiterschwangerschaft begünstigt werden.

Scheidendiaphragma (Pessar)
Dieses wird – zumeist mit einer spermientötenden Creme zusammen – in die Scheide unmittelbar vor dem Geschlechtsverkehr eingeführt. Diese Methode wird als sehr lästig empfunden und hat daher keine große Akzeptanz

gefunden. Außerdem besteht die Gefahr einer allergischen Reaktion und Entzündung der Harnwege.

3. Chemische Hilfsmittel:

Orale Kontrazeptiva
Kombinierte Pillen geben eine Sicherheit von mehr als 99 %. Doch treten vereinzelt erhebliche Nebenwirkungen auf, wie beispielsweise Depressionen, erhöhter Blutdruck, Blutgerinnsel, Herzinfarkt, Schlaganfall, Gewichtszunahme.

Die so genannte Minipille enthält nur Gestagene. Es besteht eine Sicherheit von mehr als 99 %, jedoch sind auch hier einige Nebenwirkungen zu erwarten wie Gewichtszunahme, unregelmäßige Blutungen, Empfindlichkeit der Brust u.a.

Eine *Depot-Provera-Injektion* verspricht eine hohe Sicherheit, Nebenwirkungen sind jedoch auch hier nicht auszuschließen.

Norplant Implantation
Sie hat ebenfalls eine über 99 %ige Sicherheit. Norplant besteht aus 6 flexiblen Kapseln, die unter der Haut des Oberarms implantiert werden und ein Gestagen abgeben, das langsam in die Blutbahn gelangt und dem Körper Tag um Tag eine geringe Dosis zuführt. Es hat einige der Nebeneffekte, die auch bei der so genannten Antibaby-Pille auftreten: unregelmäßige Blutungen, Gewichtszunahme, Kopfschmerzen. Der Vorteil dieser Methode aber ist, dass keine tägliche Tabletteneinnahme zu beachten ist.

Operative Eingriffe können sowohl beim Mann als auch bei der Frau vorgenommen werden.

Beim Mann wird der Samenleiter (Ductus deferens) operativ durchtrennt, so dass er zwar ejakulieren kann, jedoch werden keine Spermien mehr freigesetzt. Diese Operation ist technisch einfach und in der Regel gefahrlos ambulant unter Lokalanästhesie durchführbar, jedoch sind auf lange Sicht Komplikationen nicht auszuschließen. Vor allem wird eine Bildung von Antikörpern gegen eigene Spermien vermutet. Einige Fachärzte nehmen zwar eine Operation vor, um den durchtrennten Samenleiter erneut zu verbinden, damit die Samen wieder auf natürliche Wege ausgestoßen werden können; es wurde aber festgestellt, dass diese Samen oft nicht in der Lage sind, das Ei zu befruchten. Hier vermutet man, dass die Bildung von Antikörpern dafür verantwortlich ist.

Bei der Frau wird eine Operation in dem Sinne durchgeführt, dass der Eileiter durchtrennt wird. Häufig wird eine laparoskopische Tubenkoagulation vorgenommen. Diese Operation macht jedoch die Sterilität praktisch endgültig.

Das sind die bekanntesten Methoden einer Schwangerschaftsverhütung. Um die jeweils geeignete herauszufinden, sollte sich das Paar von seinem Hausarzt oder Gynäkologen beraten lassen.

Zusammenfassung

- Um miteinander Ehe zu bauen, werden Mann und Frau sich immer besser kennen lernen und damit erfahren, wer der andere ist und was er braucht.
- Der Umgang im Alltag ist entscheidend, ob die sexuelle Vereinigung am Abend gelingt oder nicht. Je liebevoller sich die Partner im Alltag begegnen, desto beglückender wird die sexuelle Beziehung.
- Für manch eine Frau ist die Sexualität am Anfang reizvoll, doch im Lauf der Zeit wird nicht selten Sexualität zu einer lästigen Pflicht, der sie sich auf alle nur denkbare Weise zu entziehen sucht.
- Um Konflikten vorzubeugen, ist es wichtig, dass beide Partner offen über ihre Erwartungen miteinander sprechen und sich bemühen, den Standpunkt des anderen zu verstehen. Wobei der Mann erkennen muss, dass die Sexualität bei der Frau einen anderen Stellenwert hat. Für die Frau gilt es zu erkennen, dass der Mann stärker von der Sexualität bestimmt wird als sie selbst.
- Wenn es beiden Partnern gelingt, die Sexualität in ihr Leben zu integrieren, kann diese in ihrer Ehe zu einer großen Kraftquelle werden. Andernfalls wird sie zu einem Sprengstoff, der allmählich die Ehe zerstört.
- Da Mann und Frau unterschiedlich geprägt sind, bedeutet das gegenseitiges Einfühlungsvermögen. Darum besteht die Kunst des Liebens letztlich darin, das Glück des anderen im Auge zu behalten und nichts zu tun, was den anderen verletzt.

3. Der Innenausbau oder: Gemeinsam unterwegs

Der Alltag kehrt ein

Wenn nun die Grundmauern hochgezogen sind und das Dach gedeckt ist, ist die Zeit gekommen, den Innenausbau vorzunehmen.

Ähnlich ist es bei der Ehe-Beziehung. Es war ein langer Weg bis zur Eheschließung. Diese Zeit war angefüllt mit Überlegungen und Planungen. Es gab ja so vieles zu bedenken und miteinander zu besprechen. Diese gemeinsame Aufgabe, die vor einem lag, nahm alle Kräfte in Anspruch. Man hatte ein gemeinsames Ziel, auf das man hinlebte. Dieses gemeinsame Ziel schmiedete die beiden fest zusammen. Sie waren behutsam in ihren Äußerungen, um dieses Ziel möglichst nicht zu gefährden. Jeder bemühte sich, dem anderen entgegenzukommen.

Doch noch lebte jeder in seiner Welt und war verwurzelt in dem ihm Vertrauten. Zumeist hatten beide an ihrem Platz Verantwortung übernommen – in Beruf oder Studium. So waren die Tage ausgefüllt mit Arbeit und Pflichten. Desto mehr freuten sie sich auf die Stunden des Zusammenseins.

Die Arbeit war nicht immer leicht. Aber der Gedanke an den anderen gab immer wieder neue Kraft und verlieh dem ganzen Tag einen neuen Glanz. Und wie würde es erst in Zukunft sein! Es musste beglückend sein, den Geliebten stets um sich zu haben. Immer in seiner Nähe zu sein. Man konnte es kaum abwarten, bis dieser Traum Wirklichkeit wurde.

Endlich war es dann soweit. Es fiel gar nicht schwer, das einem Vertraute zurückzulassen. Es galt ja, das Bisherige gegen etwas Besseres einzutauschen: das Leben allein gegen ein Leben zu zweit.

So brachte jeder mit, was er besaß, um damit das Neue einzurichten. Es war Freude. Beide waren ganz mit dieser Aufgabe beschäftigt. Sie lachten miteinander. Sie spornten sich gegenseitig an. Sie kamen sich entgegen. Gingen auf die Wünsche des anderen ein. Und brachten eigene Ideen mit. Es war so leicht, als hätte man Flügel.

In der ersten Phase der Ehe ist alles neu, romantisch und interessant. Nichts erscheint zu schwer, nichts unmöglich. Aber diese Hochstimmung hält in der Regel nicht an. Irgendwann kehrt der Alltag ein. Da kommen erste Auseinandersetzungen und Verstimmungen, Enttäuschungen. Plötzlich sieht man etwas am anderen, was man zuvor nicht wahrgenommen hatte. Vielleicht eine Eigenart. Irgendetwas, das einen stört. Man wird ungeduldig miteinander, kritisiert einander, macht dem anderen Vorwürfe, klagt an. Kurz: Man zeigt seine Unzufriedenheit und lässt es den anderen spüren, dass man nicht mit ihm einverstanden ist.

Das wiederum ruft eine Reaktion hervor. Der andere wehrt sich dagegen und wirft den Ball zurück, indem er nun seinerseits anklagt, den anderen beschuldigt usw. Es muss nicht zu einer offenen Auseinandersetzung kommen – der Streit kann auch im Geheimen ausgefochten werden. Aber es ist eine Spannung entstanden, eine Disharmonie, die nicht so leicht greifbar ist. Daher weiß der Einzelne auch oft nicht recht, wie er damit umgehen kann.

Doch weil im Hintergrund diese Missstimmung weiter schwelt, kommt es dann früher oder später zu einem Ausbruch.

Wie aber konnte es soweit kommen? Mann und Frau hatten sich doch auf dieses Miteinander gefreut, und alles, was sie unternahmen, zielte darauf hin.

Es war eine neue Erfahrung, alles teilen, gemeinsam planen zu können, miteinander aufzubauen.

Aber jetzt war dieses Ziel erreicht. Und dann?

Plötzlich ist da eine Leere.

Sobald ein festgelegtes Ziel erreicht ist, kommt es nicht selten zu einer Stagnation. Als müsste man sich neu orientieren, sich ein neues Ziel setzen.

Ist es Ratlosigkeit? Unsicherheit?

Erste Ungeduld kommt auf. Noch ehe es einem recht bewusst geworden ist, fällt man wieder zurück in das längst Vertraute. Das muss nicht sein. Aber es ist doch die Erfahrung vieler.

Verschiedene Gründe mögen dabei eine Rolle spielen. Vor allem jedoch sind es zwei Schwerpunkte, die zu Spannungen führen: Das alte Muster, das so prägend geworden ist, und die Anpassung an die neue Situation, die Zeit braucht und nicht von heute auf morgen gelingt.

Das alte Modell

Wenn zwei Menschen eine Ehe eingehen, bringt jeder sich selbst und seine Eigenheiten, seine Erwartungen, seine ganz bestimmten Vorstellungen mit.

Da trägt vielleicht einer unbewusst das Modell seiner Eltern in sich und fängt an zu vergleichen: Meine Eltern haben das so gemacht und bei meinen Eltern war das anders. Schon reagiert der andere verletzt. Es kommt zur ersten Auseinandersetzung, die nicht selten in Tränen und Enttäuschung endet.

Auch dann, wenn ein junger Mensch aus einem zerrütteten Elternhaus gekommen ist und selbst darunter gelitten hat, übernimmt er nur zu leicht das gleiche Verhalten, als wäre das Leben in einer bestimmten Richtung kanalisiert. Es ist zu einem Muster geworden, das man unbewusst übernommen hat und jetzt beibehält.

Da ist das Modell des Elternhauses. Aber der Einzelne hat auch bereits selbst seinen Lebensstil geschaffen, zusammengesetzt aus mancherlei Faktoren, doch stark genug, um das Leben zu prägen.

Wenn beispielsweise die jung verheiratete Frau als ältestes Mädchen einer größeren Geschwisterschar aufgewachsen ist, so war sie es gewohnt, Verantwortung für die jüngeren Geschwister zu übernehmen. Diese Verantwortung prägte ihr Verhalten. Sie war es gewohnt, dass andere auf sie hörten und sich nach ihr richteten. Sie war gewohnt, den anderen stets voranzugehen. Aber wenn sie jetzt dieses Verhalten im Umgang mit ihrem Ehemann beibehält, kann es verständlicherweise zu Schwierigkeiten kommen – es sei denn, dass der Mann sich diese Bevormundung gerne gefallen lässt, weil er als jüngster Sohn stets bemuttert wurde. So ist es für ihn angenehm, nicht selbst Verantwortung übernehmen zu müssen.

Aber zugleich ahnen wir, dass etwas nicht in Ordnung ist. Denn eine Ehe ist ja nicht einfach eine Fortsetzung einer vertrauten Beziehung. Eine Ehe ist eine neue Beziehung.

Wenn jetzt der junge Mann aber von zu Hause aus gewohnt war, als ältester Sohn die Verantwortung zu übernehmen und auch die Frau ihre Vorrangstellung nicht aufgeben will, dann kommt es zu Rivalitäten. Wenn der Mann als ältester Sohn eine Frau heiratet, die sich als Nesthäkchen verwöhnen ließ, dann werden die Reibungsflächen nicht zu deutlich werden. Aber soll das alte Muster fortgesetzt werden? Es geht doch darum, dass beide miteinander etwas Neues aufbauen. Aber das ist gar nicht leicht; denn immer wieder kehrt der Einzelne zu dem vertrauten Verhalten zurück.

Das ist die eine Gefahr. Aber die andere wirkt sich nicht weniger verhängnisvoll aus: das Festhalten an der eigenen Unabhängigkeit.

Man war es gewohnt, selbstständig zu denken, zu entscheiden, zu handeln. Doch plötzlich ist man einem anderen Rechenschaft schuldig. Als hätte der andere ein Recht auf mich und meine Welt. Das führt häufig zu Konflikten. Hieß es bis dahin »mein«, so soll mit einem Male alles geteilt werden, und zwar zu gleichen Teilen, damit ein »unser« daraus wird. Alles, ohne Ausnahme. Denn was der eine erlebt, betrifft auch den anderen.

Das ist zunächst eine Umstellung und erfordert ein gewisses Einspielen. Zumal wenn jemand im Berufsleben anerkannt war. Diese Anerkennung verleiht ein gewisses Selbstbewusstsein. Es gibt Sicherheit. Diese Vorteile möchte man verständlicherweise nicht riskieren, aber die anderen Vorzüge, die die Ehe mit sich bringt, auch nicht verlieren. Man möchte beides: Beruf und Ehe. Doch das ist nicht immer leicht. Denn von beiden Seiten werden Forderungen gestellt. Ehe und Beruf fordern ihren Tribut.

Besonders ein Mann gerät durch diese doppelten Erwartungen oft in ein verhängnisvolles Netz, aus dem er sich nicht befreien kann. Er versteht sich ja als Haupt seiner

Familie und hat die letzte Verantwortung übernommen, Familie zu bauen. Natürlich tragen sie beide zu gleichen Teilen, doch ist es primär der Mann, der die Familie nach außen repräsentiert. Seine Aufgabe ist es, zu schützen, abzuschirmen und zu verteidigen.

Aber wenn jetzt die Frau merkt, wie die Arbeit ihn gefangen nimmt, dass er kaum Zeit hat, auf ihre Bedürfnisse einzugehen, reagiert sie enttäuscht, wird bitter, aggressiv. Vielleicht zieht sie sich zurück, um nun auch ihrerseits draußen im Beruf Anerkennung zu finden. Aber dann bleibt kaum Zeit, gemeinsam Zukunft zu bauen. Denn jeder ist den größten Teil des Tages mit seinem Beruf beschäftigt, der viel Kraft erfordert.

Auch für die Frau ist es nicht leicht. Sie trägt oft eine doppelte Last; ist schon die Arbeit im Beruf ermüdend und zehrt an ihren Kräften, so muss sie sich nach einem arbeitsreichen Tag noch zusätzlich um den Haushalt kümmern. Das mag eine Zeit lang erträglich sein; aber irgendwann kommt der Zeitpunkt, an dem ihre Reserven aufgebraucht sind. Sie ist erschöpft und aufgrund dieser Erschöpfung leichter gereizt, verletzbar, einfach nicht widerstandsfähig gegen Schwierigkeiten. Die kleinsten Hindernisse bringen sie aus dem Gleichgewicht.

Natürlich braucht das junge Paar Geld zum Aufbau. Da liegt es nah, dass beide arbeiten. Dennoch müssen Prioritäten gesetzt und die Kräfte weise verwaltet werden.

Wir greifen nun einige dieser kritischen Punkte heraus, um sie näher zu betrachten.

Das liebe Geld

Geld ist offensichtlich Zeichen der Macht. Wer Geld hat, der hat zugleich eine gewisse Machtposition. Weil das Gefühl, Macht zu haben, etwas Besonderes ist, übt das Geld eine große Anziehungskraft aus. Zudem trägt es einen geheimnisvollen Zauber: Als wäre es so kodiert, dass es niemals reicht, verlangt jeder Pfennig nach mehr. Ein unheimliches Gesetz, das den Menschen in seine Gefangenschaft bringt. Es gelingt nur wenigen, sich davon zu befreien.

Nun brauchen wir Geld – aber es darf nicht zur Droge werden, die nach mehr verlangt. Sich von dieser Abhängigkeit nicht gefangen nehmen zu lassen, liegt in der Verantwortlichkeit des Einzelnen.

Geld ist nicht Ziel. Es ist ein Mittel, um ein Ziel zu erreichen. Aber was ist dann Ziel? Darüber müssen beide Partner miteinander sprechen. Denn das gemeinsame Ziel ist entscheidend für das gemeinsame Leben.

Wenn zwei Menschen ein gemeinsames Ziel haben, dann werden sie auch gemeinsam jedes Mittel in den Dienst dieses Ziels stellen. Wenn das Ziel ist, das Leben miteinander zu gestalten, dann werden auch beide für den Preis aufkommen. Jeder so viel er vermag.

Weil Geld eine Machtstellung einnimmt, kann ich einen anderen damit beherrschen und zwingen. Aber das gilt nicht in einer Ehe. In einer Ehe sollte es keinen Zwang geben. Da sollte auch niemand den anderen beherrschen. Denn Ehe ist auf Liebe gegründet. Und Liebe beherrscht nicht. Sie kennt keinen Zwang. Sie verschwendet sich. Liebe rechnet nicht, sie kalkuliert nicht.

Das heißt nicht, dass Mann und Frau sich nicht zusammensetzen und nüchtern rechnen sollen. Natürlich werden sie die Kosten überschlagen. Sie müssen ja wissen, wie viel sie zum Leben und Aufbau benötigen. Das ist selbstverständlich. Aber Geld darf nicht wie ein Keil werden, der die beiden auseinander treibt.

Wenn jetzt beispielsweise der Mann sein Geld festhält in der Meinung, er habe es verdient und daher ein Recht, darüber zu verfügen, so wird das Geld zu einem Keil, der sich zwischen ihn und seine Frau drängt. Sie reagiert verletzt, wird bitter.

Wenn die Frau ihr Geld zurückhält, um es für sich zu gebrauchen, ohne ihren Mann daran teilhaben zu lassen, so kann auch das Unfrieden stiften.

Wer seinen Leib mit einem anderen teilt, wie viel mehr wird er sein Geld teilen mit dem, den er liebt! Wer sein Geld festhält oder gar vor dem anderen versteckt, um ihn nicht wissen zu lassen, wie viel er hat, der begeht Verrat an der Liebe. Wenn ein Mann seiner Frau Taschengeld abzählt, so fühlt sich die Frau wie eine Bedienstete, die ausgezahlt wird, aber nicht als Partnerin, die alle Lasten und Freuden ihres Partners teilt. Dann ist es nicht verwunderlich, wenn auch sie darauf besteht, ihr eigenes Geld zu verdienen, um ihrem Mann zu beweisen, nicht von ihm abhängig zu sein.

So wird die Stellung zum Geld ein Gradmesser gegenseitigen Vertrauens.

In Japan war es seit je Brauch, dass der Mann seinen gesamten Verdienst seiner Frau übergab, die diesen dann verwaltete. Nun ist das kein Gesetz, jeder wird für sich selbst entscheiden, wie er das Geld verwaltet. Doch es ist um der Beziehung willen gut, wenn beide Zugang zu dem Geld des anderen haben; dabei können Mann und Frau durchaus einen gewissen Betrag zurückhalten, über den sie frei verfügen, um kleine Extras damit zu bestreiten. Aber es sollte im gegenseitigen Einverständnis geschehen. Allgemein gesehen ist es für eine Ehebeziehung beglückender, wenn auch das Geld dem anderen ganz zur Verfügung steht.

Für viele Männer ist dieser Gedanke nicht nur fremd, sondern unakzeptabel. Geld ist ihr Verdienst und wird mit persönlicher Ehre gleichgesetzt. Ein Gradmesser des Erfolgs. Aber wie beglückend ist es, diesen Erfolg mit einem anderen teilen zu können! Das erhöht die Liebesbereitschaft einer Frau. Wenn sie sieht, dass der Mann ihr nichts vorenthält und bereit ist, auch das Letzte mit ihr zu teilen, was könnte sie dann noch zurückhalten? Dann hat sie nur den einen Wunsch, ihm wohl zu tun, ihn zu beglücken – auch mit der Bereitschaft, die finanzielle Verantwortung voll mitzutragen.

Aufteilung der Verantwortung

Wenn das gemeinsame Leben beginnt, braucht es in der Regel Zeit. Auch wenn zwei Menschen aus Liebe geheiratet haben, brauchen sie Zeit, sich aneinander zu gewöhnen. Das bedeutet eine Umstellung, eine Neuanpassung. Es ist ja Neuland, das die beiden betreten. Dem einen gelingt eine Anpassung schneller als dem anderen. Wenn sie beide in eine andere Stadt umgezogen sind, kommt noch die Anpassung an die Umwelt hinzu. Neue Nachbarn, neue Gesichter. Das betrifft vermutlich in erster Linie wieder die Frau, die sich neu einstellen muss. Bis dahin, dass sie herauszufinden versucht, wo sie am besten was einkaufen kann usw.

Dann taucht die Frage auf, wer welche Aufgabe übernimmt. Für den einen ist diese Frage längst gelöst: Der Mann geht ins Büro, die Frau bleibt zu Hause.

Aber so einfach ist das in der Regel heute nicht mehr. Da wird auch die Frau ihrem Beruf nachgehen, zumindest solange keine kleinen Kinder da sind.

Aber es geht nun nicht darum, dass hier irgendein Prinzip aufgestellt wird, vielmehr geht es um die gesunde Zweierbeziehung. Was ist für die junge Ehe am besten? Es ist ja ihr Leben, was sie jetzt miteinander gestalten können. Das ist ein Vorrecht, das für beide gilt.

Wenn die Bibel davon spricht, dass der Mann das Haupt der Frau ist, so ist damit die Frau nicht zur Seite gedrängt, vielmehr ist ihr ein Schutz gegeben, damit sie sich geborgen wissen darf. Würde ein Haupt seine Position nutzen, um etwa das Herz zu unterdrücken und so sich selbst schädigen? Wenn sich nun der Mann als Haupt versteht und die Frau als Herz, so kann man die beiden nicht gegeneinander abwägen, um herauszufinden, wessen Position wichtiger ist. Mann und Frau sind eine Einheit. Aber in dieser Einheit übernehmen sie unterschiedliche Aufgaben. Diese Aufgaben können durchaus auch auswechselbar sein, so dass der Mann eine Aufgabe übernimmt, die sonst der Frau vorbehalten war, und die Frau übernimmt eine Arbeit, um den Mann zu entlasten. So ist diese Rollenverteilung nicht statisch. Warum auch sollte der Mann nicht kochen, wenn seine Frau gerade mit dem Baby beschäftigt ist. Und warum sollte eine Frau nicht das Auto zur Werkstatt bringen, wenn der Mann mit den Kindern unterwegs ist. Wenn eine Ehe auf starren Prinzipien aufgebaut ist, kann sie leicht zerbrechen. Wenn die Frau dominierend ist und nun glaubt, den Mann beherrschen zu können, ist das genauso verkehrt, wie wenn der Mann seine Frau beherrscht und unterdrückt.

Die Aufgabe des Mannes ist es, seine Frau zu lieben, wie Christus seine Gemeinde liebt. Einer Frau, die sich so von ihrem Mann geliebt weiß, wird wohl nichts zu viel, um ihn zu beglücken. Diese Liebe ruft all die guten Qualitäten in ihr wach, die sie dann einsetzen wird, damit es in ihrer Umgebung warm und hell ist, so dass sich alle bei ihr wohl fühlen – und zwar zuerst der eigene Ehemann.

Hobby

Ein Hobby ist etwas Schönes. Es ist gut, etwas zu haben, was einem Freude bereitet, womit man sich gerne beschäftigt. Aber wenn dieses Hobby einen zu großen Raum einnimmt, bringt das Schwierigkeiten mit sich. Da fühlt sich der andere ausgeschlossen. Er möchte ja an dem Leben des anderen teilnehmen.

Es ist für die Ehebeziehung gut und wichtig, wenn beide ihre Interessen haben. Das bewahrt die Partner davor, zu stark aneinander zu kleben. Wenn Mann und Frau ausschließlich auf sich selbst fixiert sind, bedeutet das eine Einengung. Am besten gelingt eine Ehe, in der beide Partner ein Hobby haben, mit dem sie sich beschäftigen. Das muss nicht das gleiche Interessengebiet sein. Aber irgendeine Aufgabe, die ihnen Freude bereitet. Es mag sein, dass der Mann in seiner Freizeit gerne bastelt. Wie viel gibt es im Haus oder am Auto zu tun: zu reparieren, zu verbessern. Es bedeutet für ihn eine große Befriedigung, selbst herauszufinden, wo der Fehler liegt, um ihn dann zu beheben. Es gibt so viele interessante Dinge, die er lernen möchte, um sich weiterzubilden: Musik, Literatur, Computertechnik ...

Oder die Frau probiert mit Vorliebe neue Rezepte aus, vielleicht entwirft sie auch neue Modelle, die sie dann selbst schneidert. Oder sie hat eine besondere Begabung für Sprachen und nutzt jeden Augenblick, um sich darin weiterzubilden. So verschieden wie die Menschen sind auch ihre Begabungen und damit ihre Interessen. Wenn diese Interessen erstickt werden, kann ein Mensch verdrießlich werden und manchmal ungenießbar wie das Wasser eines angestauten Baches, der weiterdrängt.

Aber diese Interessen dürfen nicht das gemeinsame Interesse in den Hintergrund drängen. Die Ehebeziehung rangiert vor dem Hobby. Am Anfang der Ehe ist das selbstverständlich. Da käme wohl kein Mann auf die Idee, seine Braut warten zu lassen, weil er gerade mit seinem Hobby beschäftigt ist. Doch kaum ist der Alltag eingekehrt, können sich hier die Schwerpunkte verschieben. Da wird das Hobby gepflegt; denn die Frau glaubt man ohnehin zu besitzen. Meistens sind es die Frauen, die auf ihre Männer warten. Solch ein Warten wirkt sich dann sehr frustrierend aus. Vielleicht wird sie verunsichert und fragt sich: Bin ich nicht mehr attraktiv genug? Versucht er, mir auszuweichen? Wenn dann der Mann endlich nach Hause kommt, wird er von seiner Frau mit Vorwürfen empfangen. Das wiederum erregt seinen Unwillen. Er wird nun seinerseits aggressiv. Da sagt ein Mann, der Sonntag für Sonntag auf dem Fußballplatz zubringt, seine Frau könne ja mitkommen, wenn sie wolle. Aber wenn sie nicht will? Wir sehen, dass dann Konflikte nicht ausbleiben.

Es gilt, einen Kompromiss zu schließen. Das Hobby darf niemals die Gemeinschaft zurückdrängen. Es soll die

Beziehung inspirieren und befruchten, aber nicht belasten.

Als Junggeselle konnte jeder mehr oder weniger über seine Zeit frei verfügen. Aber jetzt ist das anders. Da ist jemand, der wartet und Ansprüche hat – nicht nur auf das Geld, auch auf die Zeit. Und wieder heißt es: teilen.

Liebe im Alltag

Während der Zeit der ersten Liebe wird es den beiden kaum schwer gefallen sein, miteinander zu reden. Auch dann, wenn sie keine Worte mehr hatten, um ihr innerstes Fühlen auszudrücken, sprach doch ihr Schweigen noch Bände. Die Nähe des anderen wurde als tiefe Beglückung erlebt. Ja, selbst ein harmloses Wort gewann an Bedeutung. Alles, was der andere tat, und wie er es tat, wurde mit Liebe aufgenommen. Ja, fast hatte man den Eindruck, als würde einer die Fehler des anderen nicht wahrnehmen. Als seien ihre Augen gehalten. Nur das Gute zählte und war aufregend und schön.

Aber es kommt die Zeit – und sie kommt in der Regel schon sehr bald –, da sind es nicht mehr die romantischen Gefühle, die einen zum anderen treiben; da ist Kritik, Unwillen. Manchmal sind es Kleinigkeiten, an denen man sich reibt. Da wird der Alltag grau.

Was aber können nun Mann und Frau tun, um ihre Ehe frisch und dynamisch zu erhalten? Das Rezept ist ganz einfach: Tu, was den anderen erfreut. Das mag für den Mann heißen: den tropfenden Wasserhahn zu reparieren oder den Mülleimer auszuleeren, bevor er überquillt.

Das mag für die Frau heißen: den Mann schön gekleidet zu empfangen, wenn er von der Arbeit nach Hause kommt, den Tisch nett gedeckt und alles sauber geordnet zu haben, damit ihr Mann sich an seinem Zuhause erfreut.

Wenn die Frau den Mann mit ungekämmtem Haar oder Lockenwicklern empfängt oder der Mann im Schlafanzug an den festlich gedeckten Frühstückstisch kommt, um seinen Kaffee hinunterzuschlürfen, und kaum hinter seiner Zeitung hervorsieht – so wirkt das nicht gerade belebend auf die Ehe.

Kleine Aufmerksamkeiten im Alltag sind es, die den anderen erfreuen.

Addieren wir dann all diese Punkte, so ist das Ergebnis jeweils: *Liebe*, die das Glück des anderen sucht. Das ist es, was der Mann braucht. Das ist es, was die Frau braucht. Und das ist es, was die Ehe auch im Alltag dynamisch erhält. Manchmal bedeutet es, ein wenig Trägheit zu überwinden, alte Gewohnheiten aufzugeben. Einmal darauf zu verzichten, als Sieger hervorzugehen. Solch ein Entgegenkommen im Alltag erhöht die Liebesbereitschaft und Hingabefreudigkeit am Abend.

Das sollte auch das Modell sein, an dem sich die Kinder später einmal orientieren.

Wie wir schon gesagt haben, beginnt Liebe nicht erst am Abend im Bett. Liebe ist Ausdruck des Seins und betrifft den ganzen Menschen. Sie kann nicht isoliert funktionieren. Diese Einheit wird vor allem bei der Frau sichtbar; denn Liebe bedeutet für sie mehr als Sexualität. Es ist eine Qualität, die das ganze Sein durchdringt und ihr Wesen prägt. Ist die Liebe des Mannes vorwiegend aggressiv, d. h. erobernd, so äußert sich Liebe bei der Frau primär im Empfangen. Aber indem sie empfängt, umhüllt sie ihren Mann, wie wir bei der Anatomie festgestellt haben. Als die Geborgene birgt sie ihren Mann. Das bedeutet für ihn Frieden, Entspannung, Erquickung. Und genauso für sie. Jetzt gilt es, dass beide sich aufeinander einspielen.

Ein Mann ist in der ersten Zeit des Verliebtseins aufmerksam, ständig auf der Suche, die Geliebte zu erfreuen. Er würde jedes nur erdenkliche Opfer bringen, um Zeit mit seiner Freundin zu verbringen. Nichts scheint zu schwer. Und immer wieder sind seine Gedanken darauf gerichtet, wie er seine Angebetete erfreuen und überraschen könnte.

Eine Frau lässt sich das gerne gefallen. Es ist schön für sie, begehrt zu werden. Es ist schön, geliebt zu sein. Es ist schön, umworben zu sein. Vielleicht hat sie geradezu märchenhafte Beteuerungen vernommen, so dass sie diesem Werben schließlich nicht mehr widerstehen kann. Aber dann tritt oft eine Phase der Ernüchterung ein. Kaum hat der junge Ehemann erlangt, was er begehrte, zieht er sich zurück. Als hätte er das Interesse an ihr verloren. Da gibt es keine Blumen, keine Schmeichelworte mehr. Nicht einmal ein Dankeschön. Die Frau ist zum Besitz geworden, der ihm jetzt gehört.

Aber mit der Heirat darf das Werben nicht enden. Es muss fortgesetzt, immer wieder durch kleine Überraschungen wach gehalten werden. Da beginnt jetzt die »Kunst« zu lieben, von der wir im 2. Kapitel bereits schrieben. Diese Kunst zeigt sich nicht nur in der sexuellen Vereinigung, sondern vielmehr im alltäglichen Umgang miteinander: wie der Mann mit seiner Frau spricht und die Frau mit ihrem Mann; wie der Mann bemüht ist, seine Frau zu erfreuen und die Frau ihren Mann. Das zeigt sich in Kleinigkeiten.

Es geht nicht darum, dass der Mann seiner Frau eine kostspielige Weltreise schenkt oder sie ihm ein neues Automodell verschafft. Es sind die kleinen »Gänseblümchen«, die am Wegrand blühen, auf die man sonst achtlos tritt: Danke, dass du es mir so schön machst. Danke, dass ich bei dir immer willkommen bin. Danke, dass du auf mich eingegangen bist. Danke, dass du mich verstehst. Danke, dass du die Betten frisch überzogen hast. Danke für das gute Essen. Danke, dass du die Fenster geputzt hast. – Danke, dass du den Rasen gemäht hast …

Da muss es der andere nicht nur mit Worten hören, sondern es auch im Verhalten spüren:

Ich liebe dich.

Du bist mir wertvoll.

Du bist einmalig.

Du bist für mich die wichtigste Person.

Du bist nicht auswechselbar.

Es ist nicht genug, dies nur vor der Ehe zu beteuern, sondern auch danach. Immer wieder.

Für manch einen mag das ganz ungewohnt sein. Das hat ein Mann vielleicht nie in seinem Elternhaus erlebt, weil er ohne Vater aufgewachsen ist und einfach nicht gelernt hat, wie ein Mann auch im Alltag um seine Frau wirbt. Oder er hat vielleicht – was noch viel schlimmer ist – ein falsches Modell und übernimmt jetzt unbewusst den mürrischen, fordernden Ton, den er bei seinem Vater so abgelehnt hat.

Dasselbe gilt für die Frau. Vielleicht ist es das Modell ihrer Mutter, die sich heimlich über ihren Mann beschwerte oder ihn sogar beschimpfte. Eine Mutter, die das sexuelle Erleben verachtete und zynisch darauf reagierte. Hier muss ein neues Muster eingeübt werden.

Zur Liebe im Alltag gehören auch Feste und Feiern, ein bisschen Romantik. Die Zeit des Verliebtseins hat mit der Ehe noch kein Ende. Es geht ja weiter. Es wird sogar schöner. Immer schöner, weil man sich besser kennen lernt, mehr miteinander erlebt. Das verbindet und schmiedet noch inniger zusammen.

Mann und Frau miteinander im Gespräch

Die Sprache gehört zu den größten Geschenken, die Gott dem Menschen gegeben hat: die Fähigkeit, sich auszudrücken. Ein Gespräch ist mehr als Worte, die aneinander gereiht werden. Zu einem Gespräch gehört ein Gegenüber.

Es gehört zum Wesen des Menschen, sich mitteilen zu wollen, mit seinesgleichen zu kommunizieren. Trotzdem ist es oft so schwierig, sich zu verstehen. Selbst dann, wenn zwei Menschen dieselbe Sprache sprechen, ist es manchmal, als würden sie auf verschiedenen Ebenen kommunizieren. Darum ist es vor allem für die Ehebeziehung wichtig, dass Mann und Frau an dieser Verständigung miteinander arbeiten. Kommunikation ist erlernbar.

Vielleicht war es einer nicht gewohnt, über seine innersten Gefühle zu sprechen. Oder man glaubte, aus einem falsch verstandenen Stolz heraus, sich nach außen anders geben zu müssen, als man in Wirklichkeit ist.

Das mag in gewissen Situationen seine Richtigkeit haben; in einer Ehe aber darf einer dem anderen auch ungeschützt begegnen. Auch das ist ein Zeichen der Nacktheit, in der ja Mann und Frau einander begegnen. Sie begegnen sich unverhüllt und machen sich selbst damit verwundbar.

Aber wenn die Liebe diese beiden verbindet, wird der andere nichts tun, was beschämt und erniedrigt. Er wird das Vertrauen empfangen und mit Vertrauen reagieren.

Aber solch ein Vertrauen will gelernt werden. Es ist nicht gleich von Anfang an da. Vielleicht ansatzweise. Aber dann muss dieses Vertrauen wachsen. Oft beobachtet man, dass auch in der Ehebeziehung einer vor dem anderen Angst hat: Angst, sich bloßzustellen. Angst, in seiner Nacktheit zurückgewiesen zu werden. Angst, belächelt zu werden. Ja, manchmal genügt schon eine verblüffte Rückfrage, um den Partner wieder verstummen zu lassen. Auch Vertrauen muss geübt werden.

Wenn in einer Ehe das Gespräch zwischen den Partnern nicht recht gelingt, steckt dahinter häufig Angst.

Aus einem Schutzbedürfnis heraus wählt ein Mensch die eine oder andere Kommunikationsform, sei es Angriff oder Widerstand. Sowohl hinter dem Angriff als auch hinter dem Widerstand kann das Bedürfnis stecken, sich in Sicherheit zu bringen. Diese versteckte Angst zeigt sich dann in einer bestimmten Ausdrucksweise.

Der eine neigt dazu, sofort ja zu sagen, noch bevor er sachlich die Konsequenzen überschlagen hat. Er gibt sich stets unterwürfig. Daher sprechen wir von einer *unterwürfigen Kommunikation.* Jeder persönliche Ärger wird unterdrückt und schon die kleinste Meinungsverschiedenheit verschleiert, um nur ja keine Feinde zu schaffen. Man möchte es jedem recht machen. Dahinter aber steckt die Angst, nicht geliebt oder nicht anerkannt zu werden. Anerkennung und Liebe werden von Leistung abhängig gemacht.

Ein anderer verhält sich gerade gegenteilig. Er schlägt von vornherein jede Bitte ab. Das ist der Nein-Sager, der durch die *unterwerfende Kommunikation* seine Überlegenheit demonstrieren will. Aber auch dahinter kann sich Angst verbergen. Die Angst, selbst unterworfen zu werden. Da will man einander zuvorkommen nach dem Motto: Angriff ist die beste Verteidigung.

Wer solch eine Kommunikationsform praktiziert, hat häufig selbst unter einem autoritären Vater oder einer überstarken Mutter gelitten. Aus Angst, wieder unterlegen zu sein, wird jetzt der andere unterworfen.

Wieder ein anderer geht auf kühle Distanz und praktiziert eine *rationale Verständigung*. Dieser Mensch hält zu jedem Abstand und lässt keinen an sich heran. Er möchte unerreichbar bleiben, um nicht verletzt oder vereinnahmt zu werden.

Ständig wirbt er um Anerkennung, Anerkennung um jeden Preis. Auch solch eine *geltungsheischende Kommunikation* kann letztlich auf Angst basieren. Da möchte der eine geliebt werden und hat Angst, diese Liebe nicht zu verdienen; so bemüht er sich verzweifelt, glaubt, überall eine Rolle spielen zu müssen. Er will imponieren, bewundert werden. In einer Ehebeziehung kann solch ein Sich-zur-Schau-Stellen sehr belastend sein. Da wird der andere benutzt, um Anerkennung zu erpressen.

Auch *Schweigen* kann Angst ausdrücken. Ein Schweigen kann verschiedene Gründe haben. Es kann Verlegenheit sein. Da fehlen einem ganz einfach die Worte, man ist sprach-los. Diese Sprachlosigkeit ist dann Zeichen der Ohnmacht. Wenn jedoch jemand einen ganzen Tag schweigt oder sogar zwei, dann wird aus dieser Ohnmacht eine Macht. An dieser Machtdemonstration prallen alle Verständigungsversuche ab. Aber dahinter kann sich die Angst verbergen, verletzt zu werden. Man möchte sich keine Blöße geben.

So bedient sich jeder irgendeiner bevorzugten Kommunikationsform, oft ohne es zu wissen. Vielleicht auch benutzt er mal die eine, mal eine andere, um sich nicht fangen zu lassen. Vielleicht sogar kann er in einem Satz mehrere Formen anwenden, wie beispielsweise in der so genannten *verschobenen Kommunikation*, in der heiß nicht heiß und kalt nicht kalt ist.

Wir verständigen uns mit Worten, also verbal, und dem Gefühl, das durch Stimme und Gestik zum Ausdruck gebracht wird, wobei unsere Gestik beredter sein kann als viele Worte. Es heißt: Der Ton macht die Musik; so kann mit dem Ton der Stimme eine Kritik abgeschwächt oder unterstrichen werden.

In einer *gesunden Kommunikation* stimmen gesprochenes Wort, das wir akustisch vernehmen, und das Gefühl, das uns vermittelt wird, überein. Widersprechen sich nun Wort und Gefühl, wissen wir nicht, ob wir uns für das Wort oder für das Gefühl entscheiden sollen. Vor allem unsichere Persönlichkeiten wählen solch eine Kommunikationsform, um sich keiner Kritik aussetzen zu müssen.

Diese Kommunikationsformen führen früher oder später zu einer gestörten Beziehung. Daher ist es gut, wenn Mann und Frau miteinander lernen, sich auszutauschen. Das ist ein Spiel.

Das, was wir reden, ist letztlich Ausdruck dessen, was wir sind. Denken, Reden und Sein stehen in einer engen Wechselbeziehung miteinander. Wenn wir Wert auf eine gute Kommunikation legen, muss sich das, was wir reden, mit dem decken, was wir sind, wobei unser Sein stärker spricht als unsere Worte.

Es kommt also nicht nur darauf an, was wir reden, sondern mehr noch darauf, was wir sind.

- Wer aus Angst, einem anderen ausgeliefert zu sein, den anderen unterwirft, muss lernen, sich verwundbar zu machen.
- Wer aus Angst, nicht geliebt zu werden, sich stets unterwürfig gibt, muss lernen, aus seinem Versteck herauszukommen.
- Wer sich aus seinem starken Sicherungsbedürfnis heraus an den anderen klammert und ihm zur Fessel wird, muss lernen, auf eigenen Füßen zu stehen.
- Wer durch eine überbetonte Fürsorge von dem anderen Besitz ergreift, muss lernen, dem andern zu vertrauen.
- Wer in narzisstischer Selbstreflexion auf sich fixiert ist und den anderen für eigene Zwecke missbraucht, muss lernen, den anderen höher zu achten als sich selbst.
- Wer aus Angst, die Zustimmung des anderen zu verlieren, eine doppeldeutige Verständigungsform wählt, um sich stets einen Fluchtweg offen zu halten, so dass niemand ihn zu stellen vermag, der muss lernen, eine eindeutige Botschaft auszusenden.

Eine Ehe ist die tiefste Gemeinschaft, die ein Mensch haben kann. Darum ist es so wichtig, dass Mann und Frau lernen, wie sie sich am besten miteinander verständigen können.

Eine kleine Kommunikationsschule[1]

Eine Kommunikation ist einem Instrument mit verschiedenen Saiten, die zum Klingen gebracht werden, vergleichbar. Wer ein Instrument beherrschen will, muss wissen,

[1] Horie, Verstehen und Verstandenwerden, Brockhaus Verlag, 1998; Schulz v. Thun, Miteinander reden, Rowohlt, 1986

wie er damit umzugehen hat, d. h., er muss sich mit dem Instrument vertraut machen.

In der Musik erscheint uns dieser Gedanke selbstverständlich; aber das Gleiche gilt auch für die zwischenmenschliche Beziehung. Wir müssen das Instrument der Verständigung kennen lernen, um zu wissen, wie wir darauf spielen können, und dann auch lernen, welche Saiten durch unser Spiel in dem anderen zum Schwingen gebracht werden. Erst dann, wenn wir wissen, wie die Töne erzeugt werden und welchen Part der Mitspieler dabei übernimmt, können wir beginnen, miteinander zu musizieren.

Bleiben wir bei dem Bild des Instrumentes, so können wir von vier verschiedenen Saiten sprechen, die jeweils zum Klingen gebracht werden:

Die erste Saite ist *das gesprochene Wort*, also die verbale Botschaft, die zum Ausdruck gebracht wird.

Die zweite Saite *offenbart* etwas von dem Spieler selbst, dem *Wesen des Spielers.* Ob er unsicher ist und sich versteckt oder ob er aggressiv vorgeht und den anderen zum Zweikampf herausfordert.

Die dritte Saite verrät die *Beziehung*, also wie einer zum anderen steht. Hier können wir uns leicht im »Ton vergreifen«: Da benutzt vielleicht die Frau ihren Mann wie einen Handlanger, und der Mann behandelt seine Frau wie eine Bedienstete.

Die vierte Saite ist ein *Appell*, der eine geheime Erwartung ausstrahlt. Dieser Appell kann sogar im Gegensatz zum gesprochenen Wort stehen. Da muss sich der andere entscheiden, ob er das Spiel mitspielt oder ob er sich dem heimlichen Appell verweigert.

Diese vier Saiten bringen nun jedes Mal auch die Saiten des Mitspielers zum Schwingen; denn all diese Saiten sprechen das Gefühl an. Um nun zu vermeiden, dass unnötig Misstöne hervorgebracht werden, müssen sowohl die vier Saiten als auch die beiden Instrumente aufeinander abgestimmt werden.

Das Stimmen erfolgt mit Fingerspitzengefühl, sonst reißt die Saite. Auch dieses Bild können wir auf die Ehebeziehung übertragen. Sich selbst um jeden Preis dem anderen zu offenbaren oder die Fassade des anderen herunterreißen zu wollen, fördert keine gesunde Kommunikation, sondern belastet nur unnötig. Wir sollen offen sein wie ein aufgeschlagenes Buch. Aber diese Offenheit bedeutet nicht, nun jeden Gedanken, der einem durch den Kopf geht, dem anderen bekennen zu müssen. Ich muss sortieren, was ich sagen kann und was ich nicht sage, um den anderen nicht unnötig zu verletzen. Aber was ich sage, muss klar und durchsichtig sein.

Eine gute Kommunikation ruht auf zwei Säulen: *Wahrheit* und *Liebe*. Diese beiden gehören zusammen. Wahrheit allein genügt nicht. Denn Wahrheit ohne Liebe wäre grausam. Aber Liebe ohne Wahrheit ist keine Liebe. Darum gehören Wahrheit und Liebe zusammen. Wenn wir uns zur Wahrhaftigkeit entschlossen haben, bedeutet das, dass unsere Aussage schlichter wird, unmissverständlicher und durchschaubarer. Hier können wir systematisch trainieren, denn: Wahrhaftigkeit ist erlernbar.

Ich kenne Menschen, deren versteckte Botschaften ständig entschlüsselt werden müssen. Spricht man sie auf ihre geheime Botschaft an, verteidigen sie sich entrüstet. Aber Unwahrhaftigkeit – ganz gleich in welcher Form – ist keine Basis für eine gesunde Kommunikation. Hier muss ein Training zur Wahrhaftigkeit einsetzen. Dazu brauchen wir den anderen, der immer wieder auf diesen Punkt hinweist, damit wir erkennen, wo wir uns wieder in das alte Verhaltensmuster verstrickt haben. Aber wir müssen auch bereit sein, uns korrigieren zu lassen.

Nehmen wir ein ganz alltägliches Beispiel: Der Mann hat seine Autoschlüssel verlegt. Er ist in Eile und will wegfahren, findet aber nirgends seine Schlüssel. Die erste Reaktion ist, dass er seine Frau beschuldigt und sie mit den Worten anklagt: »Wo hast du wieder meine Schlüssel hingelegt?« Die Frau verteidigt sich. Sie will diese Anklage nicht auf sich sitzen lassen. Sie wird ärgerlich. Und schon kann sich ein Streit entfachen.

Oder der Mann kommt müde von der Arbeit. Er hat sich verspätet. Und je später es wurde, desto wütender wurde seine Frau. Jetzt empfängt sie ihn mit einem Zornausbruch und klagt ihn an: »Du kommst immer zu spät.«

Wenn jetzt Mann und Frau bereit sind, an ihrer Kommunikation zu arbeiten, dann heißt das für den Mann: die Schuld nicht abschieben, sondern dazu stehen. Und für die Frau: Verallgemeinerungen vermeiden, stattdessen konkret ihre Enttäuschung zum Ausdruck bringen, ohne alte Versäumnisse aufzulisten.

Es sind oft ganz alltägliche Übungen, auf die wir uns gegenseitig hinweisen können. Um solche Übungen durchzuführen, müssen wir bereit sein, uns preiszugeben. Wenn dieses Sich-Preisgeben von beiden Seiten erfolgt, ist das ein großer Sieg. Wenn ich einfach losschlage, werde ich nur unnötig verletzen. Kritik allein motiviert nicht zur Veränderung.

In einer guten Ehebeziehung kann ich mich verletzbar geben. Viele Ehepaare gehen davon aus, der andere müsse die geheimen Wünsche erraten oder kennen, und sind dann enttäuscht, wenn das nicht so ist. Aber es ist für den

Partner viel leichter, wenn er ganz konkret erfährt, was von ihm erwartet wird. Nicht als Forderung, sondern als Bitte! Es gibt wohl kaum einen Ehepartner, der nicht bereit wäre, auf die Bitte des anderen einzugehen.

Das gilt auch für die sexuellen Wünsche. Es mag sein, dass es für den Mann oder auch für die Frau zunächst Überwindung kostet, eine heimliche Sehnsucht zu formulieren und dem Partner zu sagen, wie er dazu beitragen kann, dass eine sexuelle Befriedigung zustande kommt.

Aber nicht nur im sexuellen Bereich: So möchte etwa der Mann genaue Anweisungen erhalten, womit er seiner Frau helfen kann, wenn sie niedergeschlagen ist; was er tun kann, um ihre Verstimmung aufzuhellen. Und auch umgekehrt: Die Frau möchte wissen, was der Mann von ihr erwartet. Wenn er in sich gekehrt von der Arbeit nach Hause zurückkommt, dann weiß sie nicht, wie sie ihm begegnen soll. Will er, dass sie schweigt? Will er auf seine Schwierigkeiten angesprochen werden? Wie soll sie sich verhalten?

Mann und Frau können miteinander reden. Eine Frau kann nicht erfühlen, was ihren Mann beschwert, und ein Mann kann nicht erahnen, was seine Frau im Tiefsten bewegt.

Zusätzlich ist es wichtig, *wie* Mann und Frau miteinander reden. Manch einer würde erschrecken, wenn seine alltägliche Kommunikation aufgenommen und später abgespielt würde.

Es gibt kleine Tipps, die Wunder wirken, z. B.: Wenn wir das Gute aussprechen und den nörgelnden Ton vermeiden.

Miteinander umgehen ohne diese kleinen verletzenden Spitzen. Ja, schon die Art, wie wir zuhören, ist entscheidend. Wenn der Mann hinter der vorgehaltenen Zeitung brummend seine Frau auffordert, sie solle ruhig weiterreden, er könne beides, lesen und hören – dann fühlt sich eine Frau nicht ernst genommen. Sie braucht die ganze Zuwendung ihres Mannes.

Wenn eine Frau ein sachliches Argument ihres Mannes von vornherein abtut und verärgert den Raum verlässt, so ist das keine Basis für ein gemeinsames Gespräch. Solch ein Verhalten ist für beide Teile sehr frustrierend.

Außerdem gibt es dieses kleine Wörtchen, das einen festen Platz im Alltag haben muss: Danke!

Ehe in der Wandlung

Haben Sie schon einmal versucht, nach langen Jahren in der Fremde die Stätten Ihrer Kindheit wieder zu finden und alte Plätze aufzusuchen, an denen Sie als Kind gespielt haben? Wie viel hat sich verändert! Die Hecke ist höher geworden, vielleicht sind die Bäume gefällt, und dort, wo sich eine große Wiese erstreckte, ist eine Wohnsiedlung entstanden. Der breite Weg, der oft voller Pfützen stand – erinnern Sie sich? Sie haben versucht, ob Sie es schaffen, darüber zu springen. Vielleicht mit Anlauf. Aber dann waren die Beine doch nicht lang genug. Jetzt gibt es diesen Weg nicht mehr. Stattdessen führt eine breite Asphaltstraße den Hang hinauf und Autos säumen rechts und links den Weg. Sie sind traurig. Als sei Ihnen die Kindheit für immer entglitten. Nein, Sie möchten nicht mehr zurück. Fast bereuen Sie, überhaupt hierher gekommen zu sein. Ja, wäre es nicht besser gewesen, den Traum Ihrer Kindheit unberührt schlummern zu lassen? Aber das ist die Realität. Das ist das Leben. Da ist Bewegung, kein Stillstand. Alles ist der Wandlung unterworfen, immer wieder neu.

Auch die Ehe ist der Wandlung unterworfen. Da ist kein Stillstand, denn der Mensch verändert sich, der Partner, aber auch wir selbst. Wir können die Vergangenheit nicht festhalten. Die blonden Haare bleiben nicht blond. Eines Tages werden sie grau, auch wenn jemand versucht, durch Farbe die alte Schönheit festzuhalten. Auch die Geschmeidigkeit der Jugend hört auf. Der Klang der Stimme, der uns vielleicht einmal betörte, verändert sich.

Aber was bleibt?

Wir können eine Veränderung nicht verhindern; denn wir können die Zeit nicht anhalten. Aber einer Entfremdung können wir entgegenwirken.

Wer das Haus nie verlässt, in dem er aufgewachsen ist, dem bleibt alles vertraut; denn er wächst mit den Veränderungen seiner Umgebung mit. Die Entfremdung entsteht durch die Trennung.

Nun ist es für das Wachstum eines jungen Menschen gut, einmal sein heimatliches Dorf zu verlassen, um eine neue Lebensperspektive zu erhalten. Das gehört zur Reifung.

Aber in der Ehe sollen ja gerade zwei Fremde zusammenfinden, um zusammenzuwachsen. Dazu ist Nähe erforderlich. Denn was zusammenwachsen soll, wird an der Schnittfläche eng zusammengebunden, damit eine ständige Berührung vorhanden ist und ein gemeinsamer »Blutaustausch« entsteht.

Durch die Trennung der bisherigen Bindung ist ein Einschnitt im Leben von Mann und Frau entstanden. Jetzt entsteht eine neue Verbindung, indem beide Teile zusammengefügt werden. Kommt es jetzt erneut zur Trennung, können beide nur schwer zusammenwachsen.

Um in einer Ehe eine Entfremdung zu vermeiden, sind drei Faktoren wichtig:

- *Zeit*, die beide Partner miteinander verbringen;
- *Erfahrungen*, die sie miteinander teilen;
- und das *gemeinsame Ziel*.

Es ist das Gesetz der Liebe, dass zwei Liebende *Zeit miteinander verbringen* müssen, um ihre Liebe dynamisch zu erhalten. Dazu gehört auch Zeit für die sexuelle Intimität. Wenn die Begegnungen von Mann und Frau immer seltener werden, so kommt Fremdheit auf. Wo immer jedoch die Sexualität aufgrund einer liebevollen Hingabe praktiziert wird, kann Liebe nicht sterben.

Solange diese Liebe zwei Menschen verbindet, können sie einander nicht fremd werden. Im Gegenteil: Sie werden einander immer vertrauter.

Andererseits jedoch kann eine kurze Trennung für beide erfrischend sein, so dass beide mit neuer Freude zusammenfinden. Doch wenn diese Trennung chronisch verläuft, wobei beispielsweise der Mann Woche um Woche auswärts verbringt und seine Frau allein zurückbleibt, so entsteht zwangsläufig eine Entfremdung.

Der zweite Faktor, der eine Entfremdung verhindert, sind die *gemeinsamen Erfahrungen*, das, was beide miteinander erleben. Über dieses gemeinsame Erleben können sie sich austauschen. Dieses Gespräch wiederum verbindet – auch dann, wenn sie nicht unbedingt die gleiche Meinung teilen und ein und dieselbe Sache vielleicht von zwei verschiedenen Gesichtspunkten betrachten.

Aber selbst das bringt sie einander näher.

In der Regel ist es ja so, dass Mann und Frau tagsüber

durch die Arbeit ohnehin getrennt sind. Wenn nun aber beide auch noch die knapp bemessene Freizeit nicht miteinander verbringen, sondern jeder seinen Junggesellenstil beibehält, so wird die Ehe mehr und mehr zu einem Nebeneinander. Man teilt Tisch und Bett – aber nicht das Leben. Selbst dann, wenn der Mann seine Stammtischtreffen reduziert und auch die Frau ihre Freizeit vorwiegend zu Hause verbringt, kann es dennoch zu einer Entfremdung kommen, wenn beispielsweise der Mann – kaum von der Arbeit nach Hause zurückgekehrt – sich sogleich seinem Hobby im Keller widmet oder das Fernsehen die Programmgestaltung des ganzen Abends übernimmt. Es ist gut, wenn beide miteinander das eine oder andere Programm anschauen und dann darüber miteinander sprechen; aber wenn das Fernsehen dieses Gespräch verdrängt und zum Alleinunterhalter wird, so wirkt sich das auf das Wachstum der Ehe negativ aus.

Je mehr also jeder Partner seine Hauptinteressen im jeweils eigenen Lebensbereich sucht und pflegt, desto fremder werden sie einander. Es geht darum, dass dieses Leben mit dem anderen geteilt wird.

Der dritte Faktor, der eine Entfremdung verhindert, ist das *gemeinsame Ziel.* Was aber ist unser Ziel? Ist es dieses Ziel wert, ein Leben daran zu verschwenden?

Wenn mein Ziel ist, glücklich zu werden, dann muss ich dieses Glück näher definieren. Vielleicht stellt es sich eines Tages heraus, dass ich mich geirrt habe. Dass ich das Ziel, das ich mir steckte, zwar erreicht habe – aber doch nicht glücklich geworden bin.

Vielleicht war es mein Ziel, reich zu werden. So habe ich alles diesem Ziel untergeordnet. Auch die Beziehung zu meinem Partner. Ich habe mich (und andere) nicht geschont, um dieses Ziel zu erreichen. Ich habe verbissen darauf hingearbeitet. Vielleicht sogar mit fragwürdigen Mitteln.

Jetzt bin ich erfolgreicher Geschäftsmann, von vielen beneidet. Oder eine von allen bewunderte Politikerin. Ich kann mir leisten, was ich nur will. Meinen Wünschen sind kaum noch Grenzen gesetzt. Ob es heute eine Weltreise ist oder morgen eine Vergnügungsfahrt auf meiner eigenen Yacht. Aber wie, wenn ich durch all diesen Einsatz für mein persönliches Glück meinen Partner verloren habe? Glück kann man nicht kaufen.

Vielleicht war es mein Ziel, berühmt zu werden. Ich habe alles diesem Ziel untergeordnet, auch meine Freunde. Ja, selbst meinen Partner. Ich habe letztlich alle nur benutzt, um mich selbst weiterzubringen. Und jetzt wird mein Name neben den Namen der Großen genannt. Man fühlt sich geehrt, mein Gast zu sein. Aber ich bin einsam. Denn ich traue meinen besten Freunden nicht. Wollen nicht auch sie mich nur benutzen, um selbst Karriere zu machen (wie ich)? Ich habe mich emporgespielt, um mich interessant zu machen. Suchte einer Sex, so habe ich auf Sex gespielt; suchte ein anderer den scharfen Geist, so habe ich mich bemüht, mit meinem angelesenen Wissen zu glänzen. Galt es, den Edlen und Selbstlosen zu kopieren, so versuchte ich, auch darin den anderen noch zu übertreffen. Mein ganzes Streben war auf mein persönliches Glück gerichtet. Auch der Partner wurde letztlich nur dazu benutzt, mein Ziel zu erreichen.

In der Ehebeziehung aber geht es um das gemeinsame Ziel.

Aber vielleicht war es das Ziel beider Partner, dem Ewigen zu begegnen; denn sie wissen, dass diese Zeit von der

Ewigkeit umschlossen ist. Und dieses Sehnen können beide Partner miteinander teilen. Es ist ihr gemeinsames Ziel, den tiefen Sinn ihres Lebens zu erkennen. Wenn beide Partner diese Sehnsucht in sich tragen, wird ihr Heute eine neue Bedeutung gewinnen.

Da können Schwierigkeiten von der Ewigkeit her gesehen werden, ohne sich daran wund zu reiben. Da werden Probleme nicht verdrängt, sondern vielmehr als Durchgang verstanden, gemeinsam angegangen – ein Übungsfeld, ein Training für etwas Größeres. Denn bringt uns nicht jeder Tag dem einen gemeinsamen Ziel näher? Wenn daher Zeit und Erfahrungen dem gemeinsamen Ziel dienen, wird die Ehe von Tag zu Tag erneuert.

Nehmt einander an!

Im Brief an die Römer schreibt der Apostel Paulus: »Nehmt einander an, wie Christus euch angenommen hat« (Röm 15,7).

Nichts ist so schmerzhaft in einer Ehe wie das Bewusstsein, vom anderen nicht angenommen, sondern abgelehnt zu werden. Da wird der andere gemessen, an seinem Bild wird herumpoliert, bis es der eigenen Vorstellung oder einem Klischee entspricht.

Da hat der Mann als Phantombild die hübsche Figur einer Schauspielerin im Kopf und vergleicht nun seine Frau mit diesem Bild. Natürlich passt sie nicht ganz da rein. So macht er ihr Vorschläge, wie ihre Diät aussehen soll, damit sie diesem Bild entspricht. Wie sie sich kleiden soll, wie sie sich verhalten soll. Aber indem er seine Frau vergleicht, nimmt er sie nicht an als den Menschen, der sie ist.

Oder eine Frau misst ihren Mann an ihrem Idealbild. Da steht ihr der starke Held vor Augen, der so gar keine Ähnlichkeit hat mit dem Helden, den sie geheiratet hat – dem es so schwer fällt, morgens das Bett zu verlassen; der sich von seinen Kollegen einschüchtern lässt und aus Verlegenheit nichts mehr zu antworten weiß usw. Da heißt es: »Wenn du so wärst wie jener ...« Das verletzt den anderen zutiefst. Er ist ja keine Kopie. Er ist ein Original. Mit seinen schwachen – aber auch mit seinen starken Seiten.

Mit der Eheschließung habe ich mich für meinen Partner entschieden. Das heißt doch: Ich stehe zu ihm. Diese Entscheidung gilt es auch im Lauf der Jahre immer wieder erneut zu treffen, vor allem in Krisensituationen. Sooft Schwierigkeiten aufkommen, gilt es, sich bewusst zu machen: Ich sage ja zu dir. Ob du schwach bist oder stark, jung oder alt, gesund oder krank.

Diese Verlässlichkeit ist eine wichtige Voraussetzung für das Gelingen einer Ehe.

Wenn Auseinandersetzungen oder Enttäuschungen kommen, können Probleme unter dieser Voraussetzung besser gelöst werden, weil dann beide Partner bereit sind, an der Beziehung zu arbeiten, anstatt auszuweichen.

Vielleicht gehen Mann und Frau davon aus, dass sie einander angenommen haben – auch in der jeweiligen Eigenart. Aber wenn es dann schwierig wird, stellen sie fest, dass dieses Annehmen doch nicht so vollständig war, wie sie selbst dachten.

Wir müssen es lernen, die Meinung eines anderen gelten zu lassen, ohne ihn sogleich von unserer eigenen Anschauung überzeugen zu wollen. Wie viel Streit entzündet sich hier, wie viel Bitterkeit und Verletzungen entstehen dadurch, dass wir den anderen zu unserer eigenen

Anschauung umerziehen wollen, bis er in unsere Form passt, anstatt ihn in seiner jeweiligen Eigenart und Eigenprägung anzunehmen.

Den anderen in seinem Anderssein akzeptieren, ohne zu versuchen, ihn in mein eigenes Bild umzuprägen, das heißt: einander annehmen; entgegenkommen; hören, was der andere zu sagen hat, und erfahren, warum er so reagiert, wie er reagiert.

Dem eigenen Verletztsein einen Namen geben und sich dann der Wahrheit stellen, ohne beschönigen zu wollen – das will gelernt sein! Keine versteckten Appelle. Dem anderen den Vortritt lassen. Du zuerst – das alles sind Stufen, die dazu führen, dass sich der andere von uns angenommen fühlt.

All diese Stufen sind Appelle an unseren Willen.

Oft beginnt ja eine Entzweiung mit ganz geringfügigen Missverständnissen, die dann zu einem scheinbar unlösbaren Problem anwachsen. Aber wenn sich der eine vom anderen angenommen weiß, wird es leichter werden, auch mit Schwierigkeiten umzugehen und eine gemeinsame Lösung zu finden.

Die Raupe und der Schmetterling

»Nein«, sagte die kleine Raupe, noch immer kauend, »ich will nicht.« Sie streckte sich und schob dann von hinten ihren langen behaarten Leib an dem Kohlblatt hoch. Sie fraß ununterbrochen. Sie hatte keine Zeit für das, was um sie herum vor sich ging. Nur ab und zu blinzelte sie sehnsüchtig in den blauen Himmel.

»Komm!«, hörte sie wieder die Stimme ihrer Cousine.

»Nein«, sagte die kleine Raupe entschlossen, »ich nicht. Ich bleibe, wie ich bin.« Doch während sie das sagte, blickte sie verstohlen ihrer Verwandten nach, wie sie taumelnd vor Lust von einer Blüte zur anderen tanzte. Aber sogleich wandte sich die kleine Raupe ab und sagte zu sich selbst: »Ich kann das nicht mit ansehen, sie wird noch abstürzen und zu Tode kommen!« Und damit verkroch sie sich wieder unter ein Blatt.

»Immer diese neuen Ideen«, dachte sie verärgert. »Ich bleibe, wie ich bin, da weiß ich, was mich erwartet.«

Sie streckte sich und schob sich wieder ein Stück nach vorn – und fraß weiter.

»Es gibt mehr als dieses Kohlblatt. Komm!«

»Ist das nicht die Stimme des Versuchers?«, überlegte die kleine Raupe. Sie streckte sich empört und sagte verärgert:

»Ich bleibe, wie ich bin!«

»Aber merkst du nicht, wie du dich veränderst?«

Misstrauisch blickte die kleine Raupe an sich herunter. Nein, ihr waren noch keine Flügel gewachsen, nichts als der raue, haarige Mantel. »Vielleicht hat sich die Farbe ein wenig geändert, ja, zugegeben, ein bisschen länger bin ich auch geworden, aber das ist auch alles. Das Leben ist noch immer berechenbar geblieben«, stellte sie erleichtert fest und schwor sich erneut, der Stimme der Versuchung zu widerstehen.

»Nein, ich werde mich nicht verändern. Solch ein Leben ist nichts für mich.«

Da erhob sich der Schmetterling und flog tanzend in den blauen Himmel, taumelte erneut auf einen Blütenkelch zu und zitterte vor Lust.

»Nein«, sagte die kleine Raupe. Und noch einmal: »Nein!«

Aber der Schmetterling beachtete die kleine Raupe nicht mehr. Er hatte jetzt Wichtigeres zu tun. Wieder beugte er sich über eine strahlend rote Blumenblüte und tauchte seine langen Arme tief hinein, während seine Flügel vor Erregung bebten.

Einen Augenblick überlegte die kleine Raupe, doch sogleich besann sie sich und bohrte ihre Zähne wieder in das Kohlblatt. »Es gibt nichts Schöneres auf dieser Welt als ein solides Kohlblatt. Hier weiß ich, was ich habe.«

Und dann rief sie noch immer kauend ihrer Cousine zu: »Du wirst noch abstürzen, und was hast du dann?«

Aber der kleine bunte Schmetterling hörte nicht, er war längst weitergeflogen. Die Welt war so groß, so unendlich groß.

Plötzlich war es, als hätte die kleine Raupe ihren Namen gehört. Jemand hatte gerufen. Oder hatte sie sich nur getäuscht? Sie hörte einen Augenblick auf zu kauen und blinzelte unter dem Blatt hervor, um zu sehen, wer da gerufen hatte. Aber da war niemand.

»Na endlich.«

Jetzt erkannte die kleine Raupe ihren Vetter. Verdutzt fragte sie: »Was? Du? Du auch?«

Er lachte nur und schlug elegant mit den Flügeln. »Es ist ein anderes Leben. Ganz anders!«

»So«, sagte die kleine Raupe gelangweilt und fraß weiter. Zugegeben, der Küchenzettel war etwas einseitig, und viel von der Welt gesehen hatte sie auch noch nicht.

»Trotzdem habe ich mehr Beine als du.«

»Wenn du Flügel hast, kannst du schon auf einige Beine verzichten. Denn was helfen dir die schönsten Beine, wenn du damit nicht in den Himmel steigen kannst!«

»Was soll ich da?«

»Es gibt eine Zeit zu kriechen. Und es gibt eine Zeit zu fliegen. Jetzt ist die Zeit zu fliegen.«

»Aber nicht für mich.«

Doch plötzlich erinnerte sie sich an einen alten Traum. Sie hatte ihn ganz vergessen. Es war ein schöner Traum. Ihr waren sechs Flügel gewachsen, oder waren es noch mehr? Große, bunte Flügel, die in der Sonne glitzerten. Auch trug sie eine rote schillernde Kappe. Die konnte sie drehen, wie immer sie wollte. »Ich werde ihm diesen Traum erzählen«, beschloss die kleine Raupe, »dann wird ihm das Prahlen vergehen.«

Doch als sie fertig war mit dem Erzählen, sagte ihr Vetter ganz sachlich: »Du wirst niemals so werden.«

»Woher willst du das wissen?« Die kleine Raupe spürte, wie eine Welle des Zorns in ihr aufstieg.

»Weil deine Bestimmung eine andere ist.«

»Was verstehst du schon davon«, sagte sie beleidigt. Sie war verstimmt. Warum ließ man sie nicht in Ruhe? Konnte sie nicht selbst ihr Leben bestimmen? »Nein«, sagte sie trotzig, und noch einmal: »Nein!«

Während sie das sagte, spürte sie ihren dicken, schweren Mantel. Sie hatte zuvor noch nie gemerkt, dass dieser Mantel eng war und sie an der Bewegung hinderte. Ja, es war, als fiele ihr jetzt selbst das Atmen schwer.

»Vielleicht wäre es gar nicht so übel«, dachte sie. Und dann blickte sie an ihrem langen Leib hinunter.

»Zugegeben, es wäre nicht schlecht, am Himmel tanzen zu können.« Aber kaum spürte sie diesen Gedanken, ärgerte sie sich über sich selbst. Nein, sie wusste, was sie hatte. Alles war ihr vertraut. Sie konnte zwar nicht fliegen; aber dafür konnte sie auch nicht abstürzen. Sie hatte doch immer noch etwas Festes unter ihren Füßen. »Und selbst wenn man nur an einem Faden hängt, ist das noch immer besser, als keinen Halt zu haben«, schrie sie ihrem Vetter nach. Aber wieder blinzelte die kleine Raupe halb bewundernd und halb neidisch nach *oben und sah soeben noch, wie ihr Vetter geradewegs in die Sonne flog.*

»Er wird verbrennen«, dachte sie, »und was nützen ihm dann seine schönen Flügel.«

Und während die kleine Raupe noch über diese Tragik nachdachte, wurde sie immer schläfriger. Sie träumte einen wunderschönen Traum. Schon tanzte sie im grellen Sonnenlicht, und als sie die weit geöffneten Blütenkelche sah, konnte sie der Versuchung nicht widerstehen. Da wachte sie auf und schüttelte sich.

»Ich werde widerstehen«, schwor sie sich. Sie blickte sich um und stellte erleichtert fest, dass sie nicht allein war. Da lag offensichtlich noch jemand, der genauso dachte wie sie.

»Wir sind die Hüter der alten Welt«, sagte die kleine Raupe. »Die Sonne ist unser Feind. Und Flügel können dem Wind nicht widerstehen. Wenn der Regen die Flügel durchweicht – nicht auszudenken, was dann passiert. Ich sage dir, das Neue bringt nur Verderben. Wir halten fest am Alten!«

Aber es kam keine Antwort.

»Die alte Welt …«, wiederholte die kleine Raupe noch einmal. Aber als noch immer keine Antwort kam, fühlte sich die kleine Raupe sehr einsam. Sie versuchte, die Raupe neben sich anzustoßen.

»Sie ist weg«, sagte sie erschrocken. »Weg. Nur der Mantel ist zurückgeblieben.« Plötzlich war es, als würde sie ein leises Kichern vernehmen. Sie blickte sich um, konnte aber niemanden sehen. Da kam ihr ein finsterer Verdacht. Es wurde ihr heiß und schwer. Nicht einmal das frische Blatt wollte mehr schmecken.

»Nein«, sagte sie, und noch einmal: »Nein, das kann nicht sein! Ich habe nicht geschlafen. Das ist nicht mein Mantel. Ich bin noch immer, wer ich war.«

In dem Augenblick verdunkelte sich die Sonne und die kleine Raupe sah zwei riesige große Flügel, die sich über sie spannten und ihr kleiner Leib erzitterte und bebte von dem Luftzug.

»Das ist das Ende«, dachte sie.

Der große schwarze Vogel hatte sich auf einem Ast niedergelassen und drehte den Kopf von einer Seite zur anderen.

»Er sucht mich«, dachte die kleine Raupe und hielt den Atem an. Jeden Augenblick erwartete sie den Todesstoß.

Plötzlich war es, als hörte sie von weitem wieder die Stimme der kleinen Cousine: »Komm! Bleib nicht, wo du bist, es gibt noch mehr!«

»Sterben muss ich so oder so«, dachte die kleine Raupe. »Warum also nicht?« Und ein leises Zittern lief durch ihren Körper und schon sah sie verwundert, wie ihr Flügel wuchsen.

»Ich? Bin ich das wirklich?« Sie konnte es nicht fassen. Sie versuchte, die Flügel zu strecken. Sie reckte sich und erhob sich, zunächst noch zögernd, fast schaukelnd, als überlege sie noch immer. Dann blickte sie zurück auf die alte Hülle. »Das?«, dachte sie. Und sie konnte es nicht begreifen, dass sie sich daran so lange festgeklammert hatte, als gäbe es nichts Schöneres in dieser Welt. Zum ersten Mal lächelte sie über sich selbst.

»Mag er nur den alten, zerschlissenen Mantel holen«, dachte sie vergnügt, »ich habe etwas Besseres gewählt.«

»Ich komme!«, rief sie ihrer Cousine zu und schlug erleichtert seufzend mit den Flügeln. Sie waren zwar nicht so bunt, wie sie es geträumt hatte, aber das war jetzt auch gar nicht mehr wichtig. Sie konnte fliegen. Taumelnd vor Glück trank sie das neue Leben.

Reifung

In der Reifung werden alle gegensätzlichen und unterschiedlichen Sehnsüchte eines Menschen integriert. Da ist der Mensch in der Lage, Beziehungen einzugehen und gleichzeitig ein Individuum zu sein. Der Mensch hört also nicht auf, er selbst zu sein, er behält seine Individualität – und ist zugleich gemeinschaftsfähig.

Von solch einem Menschen geht eine ruhige, vertrauenswürdige Beständigkeit aus. Er ist in der Lage, sich auf eine neue Situation einzustellen, wenn die Situation es erfordert. Er sehnt sich nicht nach dem Vertrauten zurück und klammert sich nicht an vermeintliche Sicherheit. Er kann, wie Paulus es ausdrückte, sowohl das eine als auch das andere sein (Phil 4, 11); denn er hat es gelernt, sich mit jeder Lage zufrieden zu geben.

Reife bedeutet, Spannung zu ertragen und sich in Schwierigkeiten zu bewähren. Sich zu bewähren, setzt aber Übung voraus. Übung jedoch ist kein einmaliges Tun, sondern eine Handlung, die immer wiederholt wird, bis sie selbstverständlich geworden ist.

So ist Reifung ein Prozess, die Krönung aber ist die Frucht.

Was würde aus einem Baum, der sich weigern würde, Frucht zu bringen? Die Blüten würden am Baum verfaulen. Denn es ist ja seine Bestimmung zu reifen, um Frucht zu bringen.

Auch wir Menschen sind zum Wachstum angelegt und diesem Prozess unterworfen. Wir werden in diese Welt hineingeboren, wachsen, erobern unsere kleine Welt, um schließlich zurückzutreten, bereit, sie wieder zu verlassen.

Dennoch klammert sich der Mensch gerne an Beständigkeit und täuscht sich selbst. Er will es nicht wahrhaben. Wie oft läuft er irgendeinem Versprechen nach in der Hoffnung, das Leben festhalten zu können. Aber all die Versprechungen werden ihn nur aufs Neue enttäuschen. Die Wunderdroge wird es auch in fünfzig oder hundert Jahren noch nicht geben, die die Zeit festhält oder gar rückwärts laufen lässt und ewige Jugend vermittelt. Ist es nicht besser, sich mit dem gesunden Wachstum und Reifen zu befassen, als sich verzweifelt an der Blüte festzuklammern?

Es gibt kaum etwas Deprimierenderes, als einem Menschen zu begegnen, der in seiner Persönlichkeit nicht wächst; der sich verzweifelt an die Blüte klammert, obwohl diese Blütezeit längst vorüber ist. Dieses Festhalten an dem Vergangenen, das Nicht-wahrhaben-Wollen. Besonders bei Frauen besteht die Gefahr, Blüte vortäuschen zu wollen, anstatt die Reifung zu bejahen und sich bewusst darauf einzustellen.

Oder ein Mensch versucht, Frucht künstlich zu produzieren, sie nachzuahmen, und vergisst dabei, dass eine Frucht wachsen muss. Sie braucht Zeit und entsprechende Voraussetzungen, damit sie wachsen kann. Der Boden muss bearbeitet werden und Sonne und Regen müssen im rechten Maß vorhanden sein.

Wie alles andere in der Natur, so drängt auch der Mensch zur Reife und damit zur Frucht hin.

Eine Frucht aber hat Gewicht. Sie wiegt schwer. Wenn wir sie in die Hand nehmen, spüren wir eine Last. Ist es das, wovor wir uns fürchten?

Die Blüte ist etwas Wunderschönes. Aber sie ist noch nicht alles. Jede Stufe innerhalb der Entwicklung hat ihre

Bedeutung. Je natürlicher eine Phase durchlaufen wird, desto selbstverständlicher geht sie in die nächste über.

Solange ich Kind bin, ist es angebracht, mich wie ein Kind zu verhalten. Aber wenn wir auf einer Stufe stehen bleiben, ist irgendetwas nicht in Ordnung. Da sind wir nicht mitgewachsen und können somit auch nicht zur Reife gelangen.

Wenn sich ein Dreißigjähriger noch immer wie ein Neunzehnjähriger verhält und eine Zwanzigjährige sich weigert, erwachsen zu werden, weil sie noch weiter Kind bleiben möchte, dann ist eine Störung vorhanden. Die Vorstellung, die dieser Mensch von sich selbst hat, ist nicht in die Zukunft gerichtet, sondern klammert sich an die Vergangenheit. Da will einer die Vorzüge des Kindseins nicht aufgeben oder glaubt, der Verantwortung der Gegenwart nicht gewachsen zu sein.

Wenn ein Kind sich wie ein Erwachsener verhält, empfinden wir solch ein Verhalten als fremd, nicht angebracht.

Aber umgekehrt ist es beinahe noch verhängnisvoller: Da äußert sich der Erwachsene wie ein Kind. Er ist zwar äußerlich gewachsen, doch innerlich auf der Stufe des Kindes geblieben. Er sucht noch immer die Bestätigung des anderen, ohne die er im Alltag einfach nicht »funktioniert«.

Da hat der Mann Angst, seine Potenz zu verlieren, und glaubt, seine sexuelle Fähigkeit unter Beweis stellen zu müssen, um Anerkennung zu finden. Da hat die Frau Angst, ihre Anziehungskraft einzubüßen. Sie möchte beachtet werden, bewundert sein. So kleidet sie sich wie ein Teenager und benimmt sich, als wäre sie noch immer in der Pubertät.

Solch ein Verhalten wird bei einem Heranwachsenden akzeptiert, denn es ist Ausdruck dieser bestimmten Entwicklungsphase. Doch wenn ein Mensch dreißig oder gar vierzig, ja, vielleicht fünfzig oder sechzig Jahre alt ist, dann wird von ihm ein anderes Verhalten erwartet. Da wird von ihm erwartet, dass er nicht mehr darauf aus ist, zu empfangen, sondern dass er fähig ist, zu geben.

In einer Ehe ist es wichtig, dass Mann und Frau – beide miteinander – zur Reife gelangen; dass sie sich in diesem Prozess gegenseitig unterstützen, anstatt diesem Prozess entgegenzuarbeiten. Das bedeutet, dass unser Verhalten unserem Alter angepasst sein sollte.

Wie aber gelangen wir zur Reifung?

Zur Reifung kommen wir, wenn wir das Wachstum und damit die Veränderung bejahen, ohne uns dagegen zu wehren. Wenn wir uns diesem Prozess hingeben, anstatt dagegen anzukämpfen. Aber zugleich auch gelassen sein können, weil wir um unseren eigentlichen Wert wissen.

Wenn mein Selbstwertgefühl davon abhängig ist, wie der andere mich sieht, würde das ja bedeuten, dass ich mich von dem Urteil eines anderen abhängig mache. Da solch ein Urteil sehr unterschiedlich ausfallen kann, würde mein Wertgefühl ständig schwanken wie der Kurs an der Börse.

Wir Menschen werden im Allgemeinen von unserer Umgebung nach dem eingestuft, was wir haben, und daher meinen wir oft, unser Wert würde durch das steigen, was wir an Leistung, Schönheit oder Reichtum vorweisen können. Aber nicht unser Besitz macht den Wert unserer Persönlichkeit aus, weder Titel noch Bankkonto. Entscheidend ist nicht das, was wir haben, sondern was wir sind.

Die Wandlung bejahen, weil mein Wert dadurch nicht herabgesetzt wird, entspannt. Diese Entspannung macht sich dann in meinem Wesen bemerkbar.

Wenn ich weiß, dass ich wertvoll bin, brauche ich mich nicht krampfhaft zu mühen, etwas zur Schau zu stellen, was ich im Grunde nicht bin, und etwas vorzutäuschen, was ich in Wirklichkeit nicht besitze. Sein, was man ist, ohne etwas anderes vortäuschen zu wollen, das ist Zeichen der Reife.

Es ist nicht immer leicht, der allgemeinen Lebensphilosophie entgegenzustehen. Fast fühlt sich der Einzelne verpflichtet, dieser Forderung des »man« zu entsprechen. »Man« glaubt, dieses oder jenes vorweisen, besitzen, so oder anders sein zu müssen usw. Aber das ist nicht Zeichen der Reife. Das ist Nachahmung.

Reife bedeutet, seiner Bestimmung gemäß zu leben, ohne nach rechts und links zu blicken, um dem Erfolg eines anderen nachzueifern. Jede Entwicklungsstufe bejahen und in jeder Phase das sein, was wir sind, das ist ein Geheimnis. Desto natürlicher kann dann ein Mensch zur nächsten Phase übergehen: ohne Bedauern. Da ist es vielmehr ein Bedürfnis, das Kindische abzutun, wie der Apostel Paulus in seinem Brief an die Korinther schrieb (1. Kor 13,11): »Als ich ein Kind war, da redete ich wie ein Kind und dachte wie ein Kind und war klug wie ein Kind; als ich aber ein Mann wurde, tat ich ab, was kindlich war.« Aber hinzu kommt, dass ich mit meiner Vergangenheit ausgesöhnt bin. Sonst ist es schwer, zu der nächsten Stufe zu gelangen, weil dann der Mensch stets zurückschaut und noch immer meint, eine Lösung für ein Problem finden zu müssen. Aussöhnen mit unserer Vergangenheit ist die erste Voraussetzung für Reife.

Schon in dem Kapitel der Selbstannahme haben wir darauf hingewiesen, wie wichtig es ist, dass wir uns selbst bejahen, ja sagen zu dem, was wir sind. Ja sagen zu unserem Menschsein und damit zu unserer Unvollkommenheit: ehrlich zu uns selbst, aufrichtig anderen gegenüber. Das heißt, die Fakten zu akzeptieren. Das, was gewesen ist, nicht leugnen. Vielmehr dazu stehen – ohne den Versuch einer Rechtfertigung. Das bedeutet: Ich übernehme die Verantwortung und schiebe die Last nicht ab, weder auf meine Herkunft noch auf die Umstände, weder auf die Eltern noch auf die Umwelt.

Die Gefahr, sich zu bemitleiden, ist groß. Aber Selbstmitleid führt nicht zur Reife. Wir müssen dahin kommen, die Gegenwart zu akzeptieren und das Vergangene vergangen sein zu lassen. Wir leben jetzt, hier und heute, und sind auf die Zukunft ausgerichtet. Trotzdem schleppen wir so oft unsere Vergangenheit wie Ketten mit uns herum, die uns an das Gestern binden.

Auch die Prägung durch familiäre Konstellation ist kein Schicksal, dem wir für unser ganzes Leben verfallen sein müssten. Sie ist vielmehr wie ein Baustein, den wir benutzen, um damit etwas zu bauen: unsere Persönlichkeit, unser Leben.

So mag es sein, dass die Voraussetzungen im Leben zweier Menschen sehr unterschiedlich sind. Vielleicht fühlt sich daher der eine dem anderen gegenüber benachteiligt. Es geht hier nicht darum, uns miteinander zu vergleichen; auch nicht darum, den anderen zu kopieren, sondern unsere jeweilige Individualität mit dem Material, das uns zur Verfügung steht, herauszuarbeiten: mit der Veranlagung, die wir mitbekommen haben, dem Elternhaus, in das wir hineingeboren wurden, und den Ereignissen, die uns geformt haben.

Das aber bedeutet zunächst: Ich sage ja zu mir selbst. Ich verstecke mich nicht länger. Ich habe nichts zu vertuschen. Ich lebe von der Vergebung. Darum kann ich auch anderen vergeben.

Wer in der Anklage verharrt, kann nicht reifen. Es wäre daher nicht gut, seine eigenen Fehler hinter dem Versagen der Eltern zu verstecken und sich damit zu rechtfertigen. Das Versagen der Eltern ist kein Freispruch für eigenes Fehlverhalten, sondern eine Chance, daraus zu lernen. Nicht, indem wir uns jetzt bemühen, es besser zu machen – vielleicht würde uns das nicht einmal gelingen! –, sondern indem wir uns darin üben zu vergeben, wie uns vergeben worden ist. Das ist Voraussetzung zur Reifung; denn erst dann können wir loslassen, um zur nächsten Stufe zu wachsen und das Neue aufzunehmen.

So wachse ich von einer Freiheit zur anderen. Da muss ich mich nicht mehr umsehen, was die anderen denken. Ich muss nicht mehr um meine Freiheit kämpfen. Ich bin frei. Frei von der Angst, ich könnte missverstanden werden. Frei von dem Bild, das ein anderer von mir hat. Frei von mir selbst und meiner Empfindlichkeit.

Das Alte ist vergangen. Etwas Neues ist geworden.

Das ist ein Glaubensbekenntnis, das wir ein Leben lang einüben müssen, bis es unser ganzes Sein durchdringt.

Dann kann ich auch von mir selbst frei werden.

Daraus wieder ergibt sich die nächste Phase: dass ich für den anderen da sein kann.

Vielleicht habe ich es bisher als selbstverständlich genommen, dass sich andere um mich kümmerten. Alles musste mir dienen. Ich meinte, es sei mein Recht. Aber jetzt gilt es, diese alte Erwartung aufzugeben und eine neue Einstellung anzunehmen. Auch ich habe Gaben von Gott erhalten, und diese Gaben kann ich jetzt einbringen. Das bedeutet Freude.

Mein Leben ist nicht mein Besitz, über den ich frei verfügen könnte. Es ist mir anvertraut worden, damit ich etwas daraus mache. Nicht, um mich selbst dadurch in den Vordergrund zu stellen, sondern damit ich Gott damit zur Verfügung stehe, ihm diene. Das ist ja letztlich meine Bestimmung, das Ziel meiner Reifung: die Frucht.

So wird der Schwerpunkt meines Denkens verlagert. Kreiste mein Denken zumeist um mich selbst und meine Schwierigkeiten und war meine Umwelt nur soweit für mich interessant, als ich selbst davon profitierte – dieses Denkmuster wird nun durchbrochen; denn so wie der Gefangene sich nach Freiheit sehnt, will der auf sich fixierte Mensch letztlich doch in die Weite vorstoßen. Denn er leidet ja unter dieser Gefangenschaft.

Zur Freiheit aber gehört es auch, dass ich lerne, mich selbst realistisch einzuschätzen. Vielleicht heißt das, mich nicht mehr länger Illusionen hinzugeben. Vielleicht heißt das, die eigene Begabung wertzuschätzen, um damit zu arbeiten.

Selbstverwirklichung durch Selbstaufgabe und Selbstentfaltung durch Hingabe. Das ist Leben, das aus dem Tod geboren wird.

So müssen wir uns immer wieder neu in Frage stellen und die Schwierigkeiten nutzen, um an uns zu arbeiten, sei es, dass wir von unserer Empfindlichkeit frei werden oder von dem hohen Ross unserer Selbstgerechtigkeit herabsteigen.

Reifung ist letztlich ein natürliches Resultat einer gesunden Entwicklung, setzt allerdings auch gesunde Bedingungen voraus. Ein Apfelbaum kommt dann zur Reife, wenn er den richtigen Boden und das Klima hat, das er braucht. Bekommt er zu viel Frost, wird er eingehen.

Wird er einer zu intensiven Sonneneinstrahlung ausgesetzt, wird er auch eingehen. Aber wenn die optimalen Bedingungen erfüllt sind, wird er Frucht bringen.

Dasselbe gilt für den Menschen. Wenn die Voraussetzungen für ein gesundes Wachstum nicht beachtet werden, können wir nicht erwarten, dass dieser Mensch sich gesund entwickelt. Da verkümmert er und wird zu einem Problem für die Gesellschaft.

Ein Baum aber braucht nicht nur den entsprechenden Boden, auf dem er wachsen kann, er braucht auch eine Korrektur, um mehr Frucht zu bringen.

So gehört auch das Schneiden dazu. Wenn alles nur gutgeheißen wird, was der andere tut, würden wir ihm keinen Dienst erweisen. Ja, selbst Konfrontationen können für das Wachstum notwendig werden. Dadurch wird der Einzelne gezwungen, sich in Frage zu stellen und notfalls neu zu besinnen.

Diese Neubesinnung geht dann wieder dahin, dass nicht mehr ich selbst Mittelpunkt bin, sondern dass ich auf ein Ziel hinlebe, das über mich selbst hinausweist.

Wer ein Ziel hat, wird nicht einfach in den Tag hineinleben. Er wird auswählen, Schwerpunkte setzen.

Es mag sein, dass dieses Ziel im Lauf des Lebens korrigiert wird. Aber wer planlos in den Tag hineinlebt, vergeudet Zeit und Kraft.

So gehört es zur positiven Persönlichkeitsentwicklung, dass wir uns ein Ziel setzen, für das es lohnt, sich einzusetzen. Für das es lohnt, auch Opfer zu bringen. Es mag ein Fernziel sein, das wir vorerst noch nicht erreichen können. Dann beginnen wir eben mit einem Nahziel, wobei wir das tun, was wir tun können: kleine Schritte Tag für Tag.

Wer nur von dem großen Lotto-Gewinn träumt und dabei versäumt, im Alltag Pflichten zu übernehmen, der betrügt sich selbst.

Wer ein Ziel hat, der kann seine Fähigkeiten positiv nützen. Er kann auch unangenehme Erfahrungen verarbeiten, als relativ, als Korrektur, als Durchgang zu neuen Erfahrungen betrachten, anstatt sich an ihnen wund zu reiben.

Wieder ist der eine Stein Voraussetzung für den nächsten. So wächst ein Bau. Wenn das Haus nicht einstürzen soll, muss alles gut ineinander gefügt und stabil verankert sein.

Wie aber kann ich von mir selbst frei werden? Ruft nicht selbst Paulus aus: »Ich elender Mensch! Wer wird mich erlösen von diesem todverfallenen Leibe?« (Röm 7,24). Doch schon im nächsten Atemzug fährt er fort: »Dank sei Gott durch Jesus Christus, unsern Herrn.«

So geschieht die Erlösung von mir selbst, von meinem Ich, durch die Identifikation mit dem, der mich geliebt hat; sich für mich hingegeben, meine Schuld auf sich genommen hat: Jesus Christus. Nicht mehr ich lebe mein Leben, sondern Christus in mir. Darin allein liegt Hoffnung für den Menschen. Nicht ich bin Ziel, sondern er, Jesus Christus, der uns geliebt hat. Durch seine Liebe sind wir frei. Frei zu lieben. Frei, uns zu verschwenden. Wer sich geliebt weiß, der braucht nicht mehr ängstlich zu messen, ob er auch das Maß an Liebe erhalten hat, das ihm seiner Rechnung nach zusteht, sondern der wird frei, nun auch seinerseits zu lieben.

Nur so wird der Mensch heil. Nur so kann er zur vollen Reife gelangen. Da wird er seine Bestimmung erfüllen. Und das ist Glück. Das ist Freude.

Die beste Hilfe, zur Reifung zu kommen, ist daher die Beziehung zu Jesus Christus, der den Platz in unserem Leben einnimmt, den wir für uns selbst reserviert hatten. Dann bin nicht mehr ich Zentrum meines Denkens, Redens und Handelns, sondern Christus in mir, dieses göttliche Du.

Bei der Reifung geht es also nicht um die Ich-Stärkung, vielmehr um dieses neue Ich. Wenn ich weiter auf mich selbst konzentriert lebe, kann ich nicht reifen. Da bleibe ich in meinem Kern infantil, kindisch. Da kann ich nicht wachsen.

Wer reifen will, muss daher von sich selbst befreit werden.

Aber es genügt noch nicht, dem intellektuell zuzustimmen. Jetzt gilt es, diese Erkenntnis an tausend Begebenheiten zu praktizieren.

Jesus Christus sagt, dass das Weizenkorn in die Erde gelegt werden muss, um zu sterben, bevor es Frucht bringt (Joh 12,24). In der Natur erscheint uns das selbstverständlich. Nur in Verbindung mit den Nährstoffen der Erde kann das Neue werden, das aus dem Alten erwächst, reicher und schöner, als es je zuvor gewesen ist.

Wenn wir jetzt ein Samenkorn davor bewahren wollten, in die Erde gelegt zu werden, und wir würden es isolieren, es von allem abschirmen, so dass weder Sonne noch Wasser ihm Nahrung geben – was würde geschehen? Es käme nicht zur Reife.

Genauso ist, wer auf sich selbst fixiert bleibt: Er verharrt in diesem unreifen Zustand und kann nicht zur Nahrung für andere werden. Sein Denken kreist um sich selbst und seine Schwierigkeiten.

Er ist mit dem beschäftigt, was ihm angetan wurde. Er ist verletzt und um den eigenen Ruf besorgt. All seine Interessen gelten dem eigenen Bild.

Wer reifen will, muss diesen Egozirkel durchbrechen und in die Weite vorstoßen. Wie? Indem er Schwierigkeiten annimmt und sie willkommen heißt, um daran zu wachsen. Denn Schwierigkeiten sind es ja, die uns die Gelegenheit bieten, über uns selbst hinauszuwachsen.

Aber es geht nicht darum, dass wir alle Schwierigkeiten kritiklos akzeptieren. Wir sollen vielmehr unterscheiden lernen, wie wir damit umgehen. Das kann heißen, dass ich eine Situation als Schicksal annehme. Es kann aber auch heißen, dass ich diese Schwierigkeiten überwinde und zu einer befriedigenden Lösung gelange. Ich muss also lernen, eine Situation und meine Fähigkeiten realistisch einzuschätzen. Dabei können Mann und Frau sich gegenseitig helfen.

Wer durch Schwierigkeiten und Enttäuschungen trainiert ist, hat eine ungeahnte Möglichkeit, sein Leben zu vertiefen und seine Erfahrungen mutmachend an andere weiterzugeben. Sein Leben kann somit zu einem aufgerichteten Zeichen der Hoffnung werden. Je tiefer ein Mensch unter seinen menschlichen Problemen und Schwierigkeiten gelitten hat, desto tiefer kann er herabsteigen, um einen anderen in seiner Grenzsituation abzuholen.

Jesus spricht davon, dass wir unser Kreuz auf uns nehmen und ihm folgen sollen (Mt 16,24). Dieses Wort wird oft missverstanden. Kreuz bedeutet nicht, dass jede Freude durchgestrichen wird und jedes menschliche Glück versagt bleibt. Vielmehr liegt in dem Kreuz Freude und Triumph; denn im Kreuz ist der Keim der Auferstehung. Ohne Tod keine Auferstehung.

So ist das Kreuz nicht eine Vergewaltigung unseres menschlichen Lebens, sondern Entfaltung des Lebens, das Gott in uns hineingegeben hat. Dieses Leben, das aus dem Tod geboren wird und ewig bleibt.

Wenn das Kreuz das in uns bewirkt hat, wozu es uns gegeben wurde, so wird am Ende der Tage das Tuch von unseren Augen genommen, so dass wir das Bild unverhüllt sehen können, das in uns herausgearbeitet wurde. Wir werden erkennen, dass auch das Widerwärtige in unserem Leben integriert wurde und letztlich dazu beitrug, den neuen Menschen in uns ausreifen zu lassen, der die Züge von Jesus Christus trägt, wie Paulus sagt (2. Kor 3,18): »Nun aber schauen wir alle mit aufgedecktem Angesicht die Herrlichkeit des Herrn wie in einem Spiegel, und wir werden verklärt in sein Bild von einer Herrlichkeit zur andern von dem Herrn, der der Geist ist.« So wird eine neue Blickrichtung eingeübt. Anstatt vom frühen Morgen bis in die Nacht hinein auf die eigenen Schwierigkeiten zu starren, die wir doch nicht lösen können, und im Selbstmitleid zu verharren, machen wir uns bewusst, dass unser Leben von den Händen eines liebenden Vaters umschlossen ist, dessen Möglichkeiten keine Grenzen gesetzt sind.

Je mehr wir uns damit befassen, desto mehr wächst auch unser Vertrauen. Solch ein Vertrauen entspannt.

Wenn ein Leben auf dieses Ziel hin gerichtet ist, wird es sich ganz natürlich entfalten können in diesem Wissen: Alles ist Durchgang; ich bin unterwegs; mein Leben ruht in den Händen des ewigen Vaters. Dann sind wir wie Reben am Weinstock. Wenn wir in dieser Verbindung bleiben, werden wir Frucht bringen, diese Frucht, die ja letztlich Zeichen der Reife ist.

Zusammenfassung

- Bei dem gemeinsamen Innenausbau sind Mann und Frau auf ein gemeinsames Ziel hin unterwegs. Da heißt es nicht mehr »mein«, sondern »unser«. Da wird alles miteinander geteilt, um einer Entfremdung vorzubeugen.
- Voraussetzung für diese Gemeinsamkeit ist das Bewusstsein, vom anderen angenommen zu sein. So können beide auf das gemeinsame Ziel hinwachsen.
- Der Weg dahin ist dem natürlichen Wachstumsprozess unterstellt und wird dann gesunde Frucht hervorbringen, wenn der Einzelne jede Phase bejaht und sich weder ans eigene »Blühen« klammert noch sich vom Werturteil anderer abhängig macht, vielmehr in die innere Freiheit hineinwächst, die aus der Vergebung gespeist wird. So geschieht der Übergang von einer Wachstumsphase zur anderen, bis endlich die Frucht der Reifung sichtbar wird, die neue Identität, durch die der Mensch nicht mehr sich selbst zum Ziel hat, sondern mit Freude sein Leben verschwendet.

4. Das Haus wird bewohnt oder: Die Familie

Die Schatztruhe Gottes

Die Familie ist wie eine Schatztruhe, in der Gott die kostbarsten Überraschungen für den Menschen aufbewahrt hat. Trotz aller Werteschwankungen spielt die Familie im Leben der meisten Menschen auch heute noch die wichtigste Rolle. Jedoch wird ihr Stellenwert unterschiedlich beurteilt.

So wird im Vergleich zwischen Asien und Europa eine unterschiedliche Priorität deutlich. Ist in Europa und Nordamerika der Individualismus stärker ausgeprägt, so wird in Asien auch heute noch der Einzelne seine Ansprüche den Forderungen der Gruppe unterordnen. In einigen asiatischen Ländern hat der Staat weithin die Rolle der Familie übernommen, so dass die Verantwortung einer Entscheidung nicht so sehr bei dem Einzelnen liegt, vielmehr die Gruppe die Entscheidung dem Einzelnen abnimmt. Das wiederum kann problematisch werden. Wenn nämlich die Verantwortung einer anonymen Macht übertragen wird, kann der Mensch zu größter Grausamkeit fähig sein.

Andererseits führt der ausgeprägte Individualismus des Westens in eine immer größer werdende Isolation und Einsamkeit.

In der westlichen Welt spricht man heute von einer Ich-Generation. Diese Selbstbezogenheit macht sich überall bemerkbar.

Aber weder das eine noch das andere Extrem ist gesund. Der Mensch braucht ein Zuhause. Er braucht eine Zugehörigkeit. Er braucht einen Rahmen, eine Beziehung. Eingebettet in eine Atmosphäre der Zugehörigkeit kann er sich entfalten. Das Bewusstsein, einem anderen zugeordnet zu sein, einem, dem man etwas wert ist, verleiht dem Einzelnen Stabilität und befähigt ihn, auch mit schwierigen Situationen umzugehen. Doch das ist Aufgabe der Familie.

Was ist nun eine Familie? Familie ist keine Erfindung der Menschen, sondern eine Idee Gottes. Am Anfang stehen da zwei Menschen. Zwei Menschen haben sich entschlossen, ein gemeinsames Leben aufzubauen. Doch erst durch die Ankunft eines Kindes wird eine Familie daraus.

Entscheidend für das Bild der Familie sind Vater und Mutter. Sie sind es, die diese Einheit prägen. An ihnen entscheidet es sich, ob diese Zelle gesund ist oder krank.

Eine gesunde Familie wird durch Liebe und Harmonie, die das Einssein deutlich werden lässt, gekennzeichnet. Hier ist Liebe nicht ausgezahlte Prämie für erbrachte Leistung, sondern wie der Sauerstoff, der das ganze Haus erfüllt. In solch einer Familie wissen sich die Einzelnen als Glieder angenommen, dazugehörig, geliebt. Eine kranke Familie zeichnet sich durch Aggression und Disharmonie aus. Da ist einer des anderen Feind.

Welch eine Herausforderung, aber auch welch eine Freude ist es, das Leben miteinander zu planen. Natürlich bleibt es ein Abenteuer. Wir können nicht im Voraus unser Leben bestimmen. Wie viele Situationen gibt es, die nicht geplant waren! Aber es geht ja auch gar nicht darum, dass wir das Leben festlegen, sondern dass wir positive Akzente setzen.

Wenn nun zwei Menschen sich darin einig sind, dass das Schwergewicht nicht auf materiellem Wert liegt, sondern in der Beziehung zueinander, so ist bereits die Richtung gewiesen, die eine große innere Freiheit gewährt. Denn wenn ich meine Kräfte nicht dafür einsetzen muss, etwas vorzuweisen, um einem anderen zu imponieren, so kann ich meine Kraft und Fantasie dafür verwenden, das Leben interessant zu gestalten.

Dabei ist für Kinder nicht die Größe des Hauses von Bedeutung, sondern die Beziehung zu Vater und Mutter.

Viele Eltern meinen, ihren Kindern mehr bieten zu müssen. Aber Kinder brauchen keinen materiellen Reichtum, sie brauchen ihre Eltern.

Wie der Einzelne Familie baut, ist sehr stark von seiner eigenen Erfahrung geprägt.

Vielleicht ist einer der Partner in Armut aufgewachsen und musste erleben, wie seine Eltern stets bemüht waren, etwas darzustellen. Mitzuhalten, um von anderen akzeptiert zu werden. Dieses Verhalten hat dann auch die Kinder geprägt, so dass sie meinen, eine bestimmte Leistung vorweisen und nun auch ihren eigenen Kindern Leistung abverlangen zu müssen.

Aber unser Glück ist nicht von unserem Besitz und nicht von unserer Leistung abhängig.

Es ist im Grunde so wenig, was ein Mensch braucht, um glücklich zu sein.

Aber wenn einer ständig um sich blickt und sich mit dem anderen vergleicht und dann anfängt zu messen, ob der andere mehr hat oder nicht, dann wird das Leben hektisch. Denn er ist darauf konzentriert, den anderen zu übertrumpfen, mehr zu haben, größer zu sein, bedeutungsvoller.

Welch eine Freiheit dagegen haben Menschen, die von diesem Sich-Vergleichen frei sind, die das alte Auto mit Humor immer wieder reparieren und sich nicht daran stören, dass der Nachbar mit dem neuesten Modell vorüberfährt.

War das nicht der Untergang Sodoms? Sie hatten »alles in Fülle«, sagt der Prophet Hesekiel (Hes 16, 49). Aus dieser Sattheit heraus wurden die Gräuel geboren, die schließlich zum Untergang führten.

Eine Familie hat verschiedene Funktionen. Zum einen ist es ihre Aufgabe, dem Einzelnen Schutz und Geborgenheit zu gewähren; zum anderen ist sie das Trainingsfeld für die kommende Generation. Ein Kind braucht diesen schützenden Rahmen. Erst dieser Rahmen gibt dem Kind Sicherheit.

Zugleich aber stellt die Familie das Modell für die Kinder dar. Denn Kinder lernen durch Beobachtung und Nachahmung. Hier, innerhalb der Familie, wird das Verhalten geprägt und werden Werte bestimmt. Hier wird der Maßstab festgelegt, sei es im Blick auf die »Obrigkeit«, sei es hinsichtlich der moralischen Werte.

Innerhalb der Familie lernt ein Kind, wie es sich einer Autorität gegenüber verhalten soll. Und in der Familie wird auch seine Einstellung zum Geld und zur Arbeit geprägt, zum Eigentum des anderen, zum Besitz ganz allgemein, ebenso das Verhältnis zur Religion. Selbst die Partnerwahl wird von der Familie mit beeinflusst. So kann die Familie als erste und wichtigste Lernquelle bezeichnet werden. Denn ein Kind lernt primär am Verhalten der Eltern. Da die Eltern die menschliche Gesellschaft ganz allgemein verkörpern, wird hier bereits der Grundstein für das spätere Verhalten der Gesellschaft gegenüber gelegt.

Wenn ein Kind sieht, dass seine Eltern ihre Entscheidungen nach rein egoistischen Motiven treffen, wird auch das Kind in späteren Jahren dieses Muster ganz selbstverständlich beibehalten. So haben die Eltern eine große Verantwortung, denn letztlich sind sie das Modell, das ihre Kinder prägt.

In der Familie wird das Kind für das Leben vorbereitet. Hier darf es stolpern, denn Vater und Mutter sind da, um es in Liebe zurechtzuweisen und ihm wieder aufzuhelfen, ihm beizustehen. Hier lernt das Kind auch, mit seiner Frustration umzugehen und erste Enttäuschungen richtig zu verarbeiten. Hier lernt es, auf den anderen zuzugehen, sich unterzuordnen, zu teilen, zurückzustehen, den anderen gelten zu lassen, ihn anzunehmen usw.

Heute gleichen viele Familien jedoch eher einem Kriegsschauplatz. Das Dilemma der heutigen Gesellschaft ist, dass die Familien krank sind.

Warum?

Weil der Mensch Gott ausgeklammert und ein eigenes Menschenbild entworfen hat: den autonomen Menschen, der frei ist, ohne Bindung, dem alles erlaubt ist, was ihm Spaß macht.

Der Mensch aber ist nicht zum Herrschen geboren, sondern zum Dienen; denn herrschen kann er nur, wenn er Gott Herr sein lässt und ihm dient. Nur in dieser Abhängigkeit kann er sein Amt ausüben.

Seit Jahren wird ein Trend beobachtet, der versucht, die Familie abzuschaffen. Vater und Mutter werden durch eine anonyme Macht ersetzt. Da ist der Vater nicht länger Vater, sondern Erzeuger. Die Mutter ist nicht mehr Mutter, sondern Bezugsperson, die durch eine x-beliebige Person abgelöst werden kann. Die Schutzfunktion der Familie – oder besser gesagt, was noch davon übrig geblieben ist – wird vom Staat übernommen, der jetzt die Erziehung bis hin zur sexuellen Aufklärung übernimmt.

In jedem Menschen lebt die Sehnsucht nach dem Du, dieser engen Beziehung, die Geborgenheit schafft. Früher war das Kind in die Großfamilie eingebettet. Heute ist es in Schulfabriken einem ständig wechselnden Lehrpersonal ausgeliefert. So wird in Schulen der Aufstand geprobt. Alles wird hinterfragt, das Kind zum Misstrauen erzogen anstatt zum Vertrauen.

Wenn in dieser Welt der Auflösung die Familie dem Kind keinen Rahmen geben kann, in dem es zu Hause ist, wird es versagen. Darum muss diese kleine Zelle Familie heil werden. Wenn unsere Familie heil geworden ist, wird der Segen auch auf andere übergehen.

Der Heilungsprozess aber muss in der Ehe seinen Anfang nehmen. Heilung beginnt, wo Mann und Frau sich dem Wort Gottes unterstellen, diesem Wort, das seine zeitlose Gültigkeit behält. Wenn Vater und Mutter ihre Verantwortung als Gottes Mitarbeiter neu erkennen, wird die Familie eine Zelle werden, aus der das Neue wachsen kann, eine neue Generation, die sich nun ihrerseits Gott gegenüber verantwortlich weiß.

Mann und Frau in der Familie

Die Beziehung zwischen Mann und Frau ist für die Beziehung innerhalb der Familie entscheidend. Wenn zwischen Vater und Mutter Spannungen sind, übertragen sich diese Spannungen auch auf die Familie.

Besonders negativ wirkt es sich aus, wenn Streitigkeiten in Gegenwart der Kinder ausgetragen werden oder gar der Vater die Mutter in Gegenwart der Kinder kritisiert und die Mutter vor ihren Kindern am Vater herumnörgelt.

Für Kinder sind Vater und Mutter eine Einheit. Sie sind ja aus beiden geworden. Sie tragen Erbteile des Vaters und der Mutter in sich. Wenn sich Vater und Mutter jetzt streiten, wird das Kind in sich gespalten. Mit solch einer Disharmonie weiß es nicht umzugehen. Es kann sich mit seinen Geschwistern streiten; aber wenn dieser Streit zwischen Vater und Mutter ausgetragen wird, fühlt sich ein Kind in seiner Substanz bedroht. Da reagiert es mit Angst. Und mit dieser Angst wiederum weiß es nicht wohin. So kann es aggressiv werden – oder psychisch erkranken.

Wenn Vater und Mutter sich eine stabile und gesunde Familie wünschen, ist es wichtig, dass die Beziehung zueinander an erster Stelle steht und dann die Beziehung zu den Kindern kommt. Das ist nicht immer ganz leicht durchführbar, vor allem, wenn die Kinder noch klein sind.

Mancher Mann fühlt sich gerade jetzt von seiner Frau vernachlässigt. Da tritt er in Konkurrenz mit seinem Kind, als müsste er um die Liebe seiner Frau kämpfen. Er wird eifersüchtig auf sein eigenes Kind. Es ist deshalb gut, wenn auch eine viel beschäftigte Mutter ihren Mann spüren lässt, dass er den ersten Platz in ihrem Leben einnimmt – nicht das Kind. Dass sie ihn bewundert, seine guten Eigenschaften hervorhebt und seine Begabungen erkennt. Dass sie sich für sein Hobby interessiert, anstatt ihm Vorhaltungen zu machen, dass er sich so wenig um sie und das Baby kümmert.

Ein Mann, der sich von seiner Frau akzeptiert weiß, ist viel eher bereit, sich in der Betreuung seiner Kinder mit einzusetzen. Aber auch der Vater kann dazu beitragen, dass die Mutter sich ihm gerne zuwendet. Wenn er sie spüren lässt: Du bist für mich die wichtigste Person – gibt dieses Wissen einer Frau Kraft, auch in manchen schwierigen Alltagssituationen durchzuhalten. Denn wer sich von seinem Partner geliebt weiß, dem wächst eine heimliche Kraft, so dass er fähig wird, auch manche schwierigen Probleme zu meistern. Wenn der Mann dann seiner Frau auch zeigt, dass er selbst sein Hobby zurückstellen kann, um für sie Zeit zu haben, stärkt das das Selbstbewusstsein einer Frau. Wenn er die kleinen, sonst so unscheinbaren Arbeiten lobend anerkennt, wird sie mit Freude selbst die lästigsten Pflichten übernehmen. Wenn er ihr dann noch sagt, wie attraktiv sie ist, wie schön, in seinen Augen hübsch, wird sie vor Freude aufblühen.

Wenn Kinder das erleben und Zeuge werden, wie Vater und Mutter miteinander umgehen, können sie zu gesunden Menschen heranwachsen.

Keine Panik

Wenn eine junge Frau merkt, dass sie schwanger geworden ist, tauchen viele Fragen auf. Diese Fragen lösen Unsicherheit in der jungen Mutter aus. Das ist verständlich. Es ist ja Neuland, das sie hier betritt. Sie spürt die Verantwortung. Sie möchte alles richtig machen. Sie liest ein Buch nach dem anderen. Aber je mehr sie liest, desto unsicherer wird sie. Da sind so viele Ratschläge, die sie unmöglich alle berücksichtigen kann. Überall lauern tödliche Gefahren. Das Abenteuer, auf das sie sich eingelassen hat, wird immer bedrohlicher, je mehr Informationen sie einholt.

Früher wuchs ein Kind in einer großen Familie auf und hatte manche Gelegenheit zu beobachten, wenn ein Baby geboren wurde. Vielleicht konnte es sogar selbst das kleine Geschwisterchen baden und wickeln.

Wenn dagegen heute ein junger Mensch von der Schulbank weg heiratet, ist er zwar sexuell aufgeklärt, aber häufig ohne emotionale Reife. Vielleicht ist dieser junge Mensch als Einzelkind aufgewachsen, wie konnte er sich da mit den ganz praktischen Fragen der Säuglingspflege auseinander setzen? Gleiches gilt für Paare, die lange Zeit beide berufstätig waren und nun – inzwischen Mitte dreißig – Eltern werden.

Wir würden daher jungen Müttern und Vätern raten, nicht nur gemeinsam einen Kurs für Schwangerschaftsgymnastik zu besuchen, sondern auch einen Kurs über Säuglingspflege zu belegen.

Gleichzeitig aber möchten wir die jungen Eltern ermutigen, all die Lehren und Meinungen nicht wie ein Evangelium in sich aufzunehmen, um schließlich ganz verunsichert zu werden und in ängstlicher Spannung dem kommenden Ereignis entgegenzusehen. Trauen Sie Ihrem gesunden Menschenverstand, ohne dabei ängstlich nach rechts und links zu blicken.

Was uns heute weithin fehlt, ist die selbstverständliche Natürlichkeit, dieser gesunde Instinkt. Wir meinen, dass es Zeit wird, dass vor allem junge Mütter wieder zu dieser Natürlichkeit zurückkehren. Was ist natürlicher als Schwangerschaft und Geburt und das Aufziehen der »jungen Brut«!

Oft ist es eine Hilfe für die junge Mutter, wenn ihr eine ältere Freundin zur Seite steht. Eine Mutter mehrerer Kinder, die selbst schon durch all die verschiedenen Phasen hindurchgegangen und zu einer gesunden Natürlichkeit gekommen ist. Denn das erste Kind wird in der Regel mit einer größeren Angst empfangen als das zweite und dritte. Die Angst, etwas falsch zu machen. Die Angst zu versagen. Aber je mehr eine Mutter in ihre Rolle hineinwächst, desto selbstverständlicher wird all das, was ihr zuvor Angst bereitet hat.

Haben Sie schon einmal eine Mutter mit mehreren Kindern beobachtet? Das eine Kind wird gestillt. Das andere liegt krank im Bett und ruft nach der Mutter. Das dritte bringt einige Freunde mit. Das vierte braucht einen Rat bei den Hausaufgaben. Das fünfte findet nicht die richtige Taste auf dem Klavier. Das sechste bereitet das Abendbrot vor ... So wächst eine Mutter ganz selbstverständlich mit jedem Kind in ihre Aufgabe hinein.

Sich dem Geschehen überlassen heißt nicht, einfach alles passiv über sich ergehen zu lassen, vielmehr das natürliche Geschehen zu bejahen und das Leben sich entwickeln zu lassen. Das erspart manche Schmerzen.

Das neue Leben wächst in einer Mutter, ohne dass sie es zurückhalten kann. Entscheidend ist jetzt, dass sie nicht gegen die Natur arbeitet, sondern dieselbe unterstützt.

Das Wunder in unserer Hand

Wie viele Gedanken und Fragen gehen Vater und Mutter durch den Sinn, wenn sie ihr Neugeborenes in den Armen halten! Ist es nicht ein Wunder, das ihnen da anvertraut wurde? Ein neues Leben, so klein und doch so vollkommen! Da ist Freude, eine unfassbare Freude.

Aber vielleicht reagiert der eine oder andere auch mit Angst. Die Verantwortung erscheint zu groß. Alles ist neu. Dieses kleine Leben scheint so zerbrechlich. Werden sie alles richtig machen? Bei anderen schwingt vielleicht ein leises Unbehagen mit. Bedeutet dieses kleine Wesen nicht eine Einschränkung der ersehnten Freiheit?

Bei den meisten Eltern aber wird die Freude überwiegen. Aus dieser Freude heraus sind sie bereit, auch das Letzte zu geben, um ihrem Kind zum Leben zu verhelfen.

Vielleicht taucht bereits ein heimliches Wunschziel auf: So möchte ich mein Kind sehen. Bevor sie nun fragen: Wie erziehe ich mein Kind, ist ihre Frage: Wohin will ich mein Kind erziehen?

Wer je Kinder beobachtet hat, der wird feststellen, dass jedes Kind einmalig ist. Auch Kinder einer großen Geschwisterreihe sind unterschiedlich. Diese Verschiedenartigkeit gilt es zu respektieren. Natürlich sollen Eltern darauf bedacht sein, ihre Kinder gleich zu behandeln und keines dem anderen vorziehen. Schon die kleinste Bevorzugung würde das andere Kind verletzen und zurückstoßen. Dennoch sollte die Erziehung individuell auf das Kind abgestimmt werden. Ist ein Kind ängstlich, werden sich die Eltern anders verhalten als bei einem draufgängerischen Kind. Ein Kind, das übergewissenhaft ist, wird schon das kleinste Wort der Kritik nur schwer verkraften.

Jedes Kind hat andere Voraussetzungen – und damit eine andere Bestimmung.

In der Schöpfungsgeschichte lesen wir: »… er schuf alles nach seiner Art …« (vgl. 1. Mose 1,25). Nicht ein Grashalm ist wie der andere. Kein Fingerabdruck ist mit einem anderen identisch. Keine Zelle wie die andere. Welch eine unvorstellbare Vielfalt!

Doch jede Art ist auf Reifung angelegt. Dieses Reifwerden ist auch die Bestimmung des Menschen.

Wenn nun ein Kind besondere handwerkliche Fähigkeiten zeigt, aber in musikalischer Hinsicht nicht viel leistet, wäre es eine Überforderung, dieses Kind zu einem Musiker trainieren zu wollen. Wenn ein Kind mathematisch begabt ist, an Sport aber kein Interesse zeigt, der Vater aber unbedingt einen Sportler aus ihm machen möchte, so wäre das eine Qual für das Kind. Genauso umgekehrt: Wenn ein Kind ausgesprochene sportliche Fähigkeiten hat, doch kein mathematisches Verständnis zeigt, der Vater aber sein Kind als Mathematikprofessor sehen möchte, so muss das Kind für den Ehrgeiz seines Vaters bezahlen. Es mag sein, dass es sogar das Studium schafft. Aber für welch einen Preis!

So geht es in der Erziehung nicht um Gleichschaltung, sondern darum, dass jeder in seiner Einmaligkeit zur vollen Entfaltung gelangt. Dann wird jeder frei, seine ganz spezielle Gabe beizutragen. Jeder hat eine Gabe. Er braucht sie nicht an der Begabung des anderen zu messen; denn diese Gabe ist auf ihn zugeschnitten. Wenn wir so einander dienen, jeder mit seiner Gabe, wird die Absicht des Schöpfers deutlich. Erst dann kann das Bild als Ganzes leuchten.

Vater und Mutter sind wie Baumeister, die das Leben ihres Kindes formen. Ein guter Baumeister wird das Haus nicht ohne einen gut durchdachten Plan errichten. So werden sich auch Vater und Mutter fragen: Zu welchem Menschenbild will ich mein Kind formen? Sie werden sich allerdings wohl kaum hinsetzen und wie ein Architekt einen Entwurf über all die Charakterzüge und Eigenschaften zusammenstellen, die sie in ihrem Kind herausbilden möchten. Aber – vielleicht ganz unbewusst – tragen Eltern eine Vorstellung in sich, wie ein Bild. Es ist ihr Wunsch, dass ihr Kind später einmal diesem Bild entspricht. In der Regel wird es die eigene Lebensvorstellung sein, die eigene Zielsetzung, die Eltern an ihr Kind weitergeben möchten.

Vater und Mutter wissen, wie schwer es ist, sich im späteren Leben zu behaupten, einen eigenen Weg zu gehen, wenn er nicht der Weg der Masse ist. Sie möchten, dass ihr Kind in die Gesellschaft integriert wird, dass es anerkannt, nicht ausgestoßen wird. Darum möchten sie ihr Kind zu solch einer Persönlichkeit heranbilden, die eine bestmögliche zwischenmenschliche und soziale Interaktion erreicht.

Sie werden sich fragen: Wie kann ich es zu diesem Ziel hinführen?

Jeder Mensch wird in eine Gemeinschaft hineingeboren, die er sich selbst nicht ausgesucht hat. In dieser jeweiligen Familie nun wird der Grundstock für das weitere Leben gelegt.

Ohne diese schützende Gemeinschaft kann der kleine Mensch nicht existieren. Wie kein anderes Geschöpf ist das Kind auf die liebevolle Pflege seiner Eltern angewiesen. Es braucht nicht nur Nahrung und geschützten Schlaf, es braucht Liebe und Geborgenheit, um sich entfalten zu können.

Ein Kind, das mit Freude empfangen wird, kann sich ganz anders entfalten als ein Kind, das nur geduldet wird, weil es nun einmal da ist.

Geborgenheit

Es wird einem Kind heute bereits früh beigebracht, dass es Macht hat. Aber im Grunde weiß es mit dieser Macht nicht umzugehen. Es will auch letztlich keine Macht, sondern Geborgenheit.

In dem Wort Geborgenheit schwingt der Begriff Burg mit. Eine Burg ist eine sichere Festung, in der man in Zeiten der Gefahr Zuflucht findet. Wer geborgen ist, fühlt sich sicher. Sicherheit gibt Ruhe. Da ist Entspannung, Frieden, Gelassenheit, Freude: der Wunschtraum des Menschen bis heute; die Sehnsucht, die überall zum Ausdruck kommt. Je größer die Ungeborgenheit, desto stärker das Sehnen nach Geborgenheit.

Was schafft nun Geborgenheit oder was sind die Voraussetzungen, um Geborgenheit zu erlangen?

Zur Geborgenheit gehören schützende Mauern. Nicht die Mauern eines Gefängnisses, sondern die Mauern eines Zuhauses. Daher gehört zur Geborgenheit auch die Grenzsetzung. Erst der feste Rahmen vermittelt Sicherheit. In angemessenen Grenzen lernt ein Kind, sich zu entfalten. Geborgenheit setzt aber vor allem eine Beziehung voraus, eine Zugehörigkeit. Wo keine Bindung ist, gibt es auch keine Geborgenheit. Bindungslosigkeit und Geborgenheit schließen einander aus.

Eine Beziehung ist wie ein Seil. Es schränkt zwar einerseits die Bewegungsfreiheit ein, doch zugleich bewahrt es davor, in eine bodenlose Tiefe zu stürzen.

Wo keine Geborgenheit ist, hat eine Entwurzelung stattgefunden. Und Entwurzelung löst Unsicherheit aus. Unsicherheit aber schafft Angst, Aggressionen und Feindschaft. Der ungeborgene Mensch hat in sich keine

Spannkraft, um mit Schwierigkeiten fertig zu werden. Er wird leicht zum Versager, zum Außenseiter der Gesellschaft.

Wo ein Mensch in der Ungeborgenheit dahinvegetiert, blüht die Kriminalität, da ist Sinnlosigkeit. Da ist Hoffnungslosigkeit. Da ist Angst.

Ein Kind sucht Nähe. Darum muss diese Nähe von Vater und Mutter erfahrbar sein. Bei allem Überangebot an Bequemlichkeit und allem gelebten Luxus ist es für ein Kind heute vielleicht sogar schwieriger, sich zurechtzufinden, als für seine Altersgenossen vor etwa 50 Jahren. Das Kind will alles haben – und zugleich wird alles hinterfragt. Anstatt zu vertrauen, wird das Kind zum Misstrauen erzogen. Aber Misstrauen ist Symptom einer Krankheit. Ein gesundes Kind vertraut.

Der Trainer

Aus dem Sport wissen wir, dass sich der Trainer einer Mannschaft in deren besonderen Disziplin hervorgetan hat und die Regeln kennt. Er ist darin geübt. Nun ist er bereit, seine Erfahrungen an seine Schüler weiterzugeben. Er wird viel von ihnen erwarten, aber zugleich die Aufgaben den Fähigkeiten anpassen und allmählich steigern, doch dabei stets das Ziel im Auge behalten: das Bestmögliche aus den ihm Anvertrauten herauszuholen, um sie zu der Leistung zu bringen, die er selbst erbracht hat. Der Trainer wird ihnen nicht nur theoretisch mitteilen, was er von ihnen erwartet, sondern es ihnen an ganz praktischen Übungen vorführen. Er wird neben ihnen bleiben, beobachten, sie ermutigen, korrigieren, erneut zeigen, wieder ermutigen und sie anspornen, bis sein Ziel auch das ihre ist.

Vater und Mutter sind solche Trainer. Sie sind ihren Kindern an Alter und Erfahrung voraus. Ihr Ziel ist es, ihren Kindern das beizubringen, was für sie selbst wichtig geworden ist. Aber sie werden nicht nur theoretische Forderungen an sie stellen, sondern ihnen in ganz praktischen Dingen ein Beispiel geben.

Wenn nun die Mutter ihr Kind auffordert, sein Zimmer aufzuräumen, ihren eigenen Bereich jedoch in einem einzigen Chaos hinterlässt, ruft solch ein Befehl den Unwillen des Kindes hervor. Zunächst also muss sie selbst tun, was sie von ihrem Kind erwartet. Dann muss sie ihr Kind in diese Aufgabe hineinführen, Schritt um Schritt. Ein Kind muss genau wissen, was von ihm erwartet wird. Es hat unter Umständen eine völlig andere Vorstellung vom Aufräumen als die Mutter. Darum wird die Mutter ihr Kind mit viel Geduld begleiten und nicht zu viel erwarten. Wenn eine Aufgabe gelöst wurde, wird sie das Kind loben und seine Mühe anerkennen, auch dann, wenn diese Aufgabe vielleicht nicht perfekt durchgeführt wurde.

Wenn der Maßstab zu hoch gesetzt wird, würde sie das Kind nur entmutigen. Aber andererseits sollte sie auch nicht die Aufgabe, die das Kind übernehmen kann, selbst durchführen. Das wiederum würde zur Trägheit verleiten. Natürlich würde ein Kind sich diesen mütterlichen Dienst gerne gefallen lassen. Aber im Grunde würde die Mutter ihrem Kind damit nur schaden. Es gilt ja, das Kind für größere Aufgaben vorzubereiten. Dieses Ziel muss stets im Auge behalten werden.

Aber das Kind lernt nicht nur von Vater oder Mutter, wie es mit Dingen umgehen und welche Einstellung es zur

Arbeit einnehmen kann; ein Kind übernimmt auch moralische Werte von seinen Eltern und ahmt ihr Verhalten nach.

Ein Kind identifiziert sich zunächst vor allem mit seiner Mutter. In dieser Wir-Phase ist es eins mit ihr. Wenn sich die Mutter freut, lacht das Kind. Weint die Mutter, ist das Kind betroffen. Wird die Mutter von außen abgelehnt oder angegriffen, ergreift das Kind sogleich ihre Partei. Alles, was die Mutter sagt und tut, übernimmt das Kind ganz selbstverständlich und macht es sich zu Eigen. Auch der Wertmaßstab wird so übernommen. Diese Phase des Einsseins ist eine wichtige Voraussetzung für eine gesunde Persönlichkeitsentwicklung; erst danach kann es sich von seiner Mutter differenzieren.

Vater und Mutter werden vom Kind zunächst noch als Einheit wahrgenommen. Kommt es nun zwischen Vater und Mutter zu Meinungsverschiedenheiten, gerät das Kind in einen Konflikt. Zumal wenn diese Meinungsverschiedenheiten lautstark und aggressionsgeladen in Gegenwart des Kindes ausgetragen werden und einer den anderen herunterzieht und anklagt, wird das Kind hin und her gerissen. Es weiß nicht, wem es sich zuwenden soll. Es braucht ja beide. Aber will es nun dem einen zu Hilfe eilen, macht es sich den anderen zum Feind. Schließlich entscheidet es sich für den einen gegen den anderen und wird dann mit den Waffen, die es übernommen hat, kämpfen.

Wenn daher Vater und Mutter möchten, dass ihr Kind eine positive Beziehung zu seiner Umwelt hat, so ist die erste Voraussetzung dafür, dass sich Vater und Mutter verstehen und einander liebevoll begegnen. Dann wird auch das Kind solch ein positives Grundverhalten ganz selbstverständlich übernehmen. Wenn Kinder miterleben, wie der Vater die Mutter umarmt und ihr freundliche, liebevolle Worte sagt, seinen Dank zum Ausdruck bringt und ihr in den Aufgaben des Alltags zur Seite steht, dann ist auch das Kind eher bereit, Aufgaben zu übernehmen. Das Verhalten des Vaters wird ein Modell für das Verhalten des Kindes.

Auch umgekehrt, wenn Kinder erleben, wie die Mutter dem Vater begegnet und über ihn in seiner Abwesenheit spricht, so übernehmen die Kinder solch ein Verhalten und machen es zu ihrem eigenen.

An dem Vorbild von Vater und Mutter lernt ein Kind, Maßstäbe zu setzen. Wenn es sieht, dass das höchste Ziel für Vater und Mutter ist, dem Reich Gottes Raum zu geben und alles andere dem unterzuordnen, dann kann es viel leichter seinerseits Unrecht hinnehmen, ohne daran zu zerbrechen, und Böses mit Gutem vergelten, ohne den heimlichen Wunsch nach Rache in seinem Herzen zu nähren.

Ein Kind beobachtet. Es will nachahmen. Es will so sein wie der andere. Dieser Nachahmungstrieb ist einem Kind mitgegeben – in aller Originalität. Darum braucht das Kind ein Gegenüber, das es bewundern kann. Es braucht den Starken, der nicht überlistet werden kann. Es braucht die Sicherheit. So ist das Kind auf der Suche nach einem, der ihm voraus ist, von dem es lernen kann. Immer wieder sucht es ein Vorbild, mit dem es sich identifizieren kann. Es spricht wie sein Vorbild, verhält sich wie jenes und erweckt es in seinen Träumen zum Leben. Dieses Vorbild hat eine Machtstellung im Leben des Kindes. Wird dieses Vorbild Arbeit verachten, so wird sich auch das Kind der Arbeit entziehen. Wird das Vorbild den anderen mit seiner scharfen Kritik herabsetzen, so wächst auch im Kind die Unzufriedenheit und Aggression. Darum ist die Verantwortung für Vater und Mutter groß, die positiven Fähigkeiten in dem Kind anzusprechen.

Der Trend heute ist weithin: Der andere wird verpflichtet, damit es mir gut geht. Letztlich muss der andere für mich zahlen. Das ist mein Recht und seine Pflicht. Was Lust bereitet ist für mich gut.

In solch einer Welt wächst das Kind heran und folgt dem, der es am stärksten fasziniert. Darum sind positive Leitbilder für die Entwicklung eines Kindes so wichtig. Das Kind muss aus der anonymen Masse des »man« herausgenommen werden. Da, wo es ist, müssen wir ihm in seiner kleinen Welt begegnen, dort das Kind ansprechen, es herauslocken, indem wir ihm ein Leben vor Augen malen, das anziehend ist.

Auf diese Weise werden wir dann die Tugenden wecken, die in ihm schlummern: Die Freude an der Wahrheit aber kann es erst dann entdecken, wenn ein Mensch da ist, dessen Leben diese Wahrheit glaubwürdig nachgezeichnet hat.

So müssen auch die Wertvorstellungen der Bibel dem Kind vorgelebt werden. Sonst wird es unweigerlich vom Dammbruch der moralischen Werte mitgerissen. Ein positives Leitbild aber gibt Mut zu einem Leben der Originalität. So wird sein Blick geweitet und sein Ziel weiter gesteckt und auch sein Urteil an dem Leitbild gemessen.

Manipulation? In gewisser Weise ja – aber zum Guten. Nur mit guten Vorbildern können wir dem Bösen ein Bollwerk entgegensetzen, das die Flutwelle des Schmutzes, Hasses und der Gewalt aufhalten kann. Mit einem positiven Leitbild soll keine Märchenwelt vorgegaukelt werden, kein Traumbild, das dann im Alltag zerspringt, vielmehr eine andere Realität, die Gott einbezieht und mit seinen Möglichkeiten rechnet. Das weckt Vertrauen.

Wenn dieses Leben nicht als Scheinleben gezeigt wird, sondern als das Leben eines Menschen mit all seinen Schwächen und auch seinen Irrungen, so wird das Kind auch solche Situationen in seiner Seele speichern. Und eines Tages, wenn es selbst in eine ähnliche Situation hineingerät, wird es sich daran erinnern, dass es auch nach dem Fall ein Aufstehen gibt – durch die Vergebung.

Ermutigung

Ein Kind fühlt sich von Natur aus unterlegen. Es ist ja kleiner. So erlebt ein Kind seine Welt von unten. Selbst der Tisch ist größer, der Stuhl, das Waschbecken. Es ist in allem auf die Hilfe der Erwachsenen angewiesen. Diese Abhängigkeit macht es in besonderer Weise verwundbar. Wenn es jetzt erlebt, dass es kritisiert oder sogar abgelehnt wird, ist es völlig hilflos. Ein Kind muss erfahren, dass es angenommen ist und geliebt wird – nicht auf Grund einer besonderen Leistung, sondern um seiner selbst willen. Diese Sicherheit wird einen Menschen dann auch im späteren Leben begleiten.

Daher ist es auf die positive Unterstützung angewiesen. Da es angenehm ist, gelobt zu werden, sucht das Kind Anerkennung. Es möchte gefallen, gut sein in den Augen von Vater und Mutter, um ihre Anerkennung zu erhalten.

Darum ist es wichtig, dass Vater und Mutter auch dieses Mühen entsprechend würdigen und ihr Kind loben.

Doch wäre es verkehrt, das Kind so herauszuheben, dass es am Ende davon überzeugt ist, ein Wunderwesen zu sein, dem alle anderen zu Füßen liegen müssen.

Wenn Kinder stets bewundert werden, sind sie schließlich davon überzeugt, etwas Besonderes zu sein. Dann werden sie immer auf der Lauer liegen, um Bewunderung zu erlangen. Wenn es ihnen auf positivem Wege nicht gelingt, suchen sie nach Mitteln und Wegen, um irgendwie Beachtung zu finden, und sei es in negativer Weise.

Ein Kind sollte sich anerkannt wissen, aber zugleich angeleitet werden, die Meinung des anderen als gleichwertig zu respektieren und nicht sich selbst in den Vordergrund zu stellen. Es muss lernen, in Gegenwart Erwachsener seine Meinung zurückzuhalten und nicht als Alleswissender aufzutreten.

Erziehung setzt daher eine gewisse Reife der Eltern voraus. Wenn Vater oder Mutter selbst wie verwöhnte Kinder reagieren, können sie ihren eigenen Kindern kein gutes Beispiel geben!

Ein Kind braucht aber auch Zärtlichkeit. Diese liebevolle Umarmung vermittelt dem Kind Geborgenheit. Darum sollten Vater und Mutter ihr Kind immer wieder liebevoll in den Arm schließen und es auf ihrem Schoß wiegen, bis es sich von selbst zurückzieht und dem Kontakt ausweicht. (Dann aber werden die Eltern diese Scheu ihres Kindes respektieren und seine Haltung nicht als Ablehnung werten, sondern als natürlichen Ablösungsprozess bejahen.)

Ein Kind, das sich von seinen Eltern angenommen und geliebt weiß, hat eine größere Chance, sich gesund zu entwickeln, als ein Kind, das von seinen Eltern abgelehnt wird. Darum ist es so wichtig, dass ein Kind sich angenommen weiß und an der Liebe seiner Eltern nicht zweifeln muss.

Dieses Bewusstsein der Zugehörigkeit ist für die gesamte Entwicklung entscheidend. Zugleich aber braucht es eine klare Führung. Wenn es merkt, dass Vater oder Mutter selbst unsicher sind, wird es instinktiv diese Unsicherheit zu seinem Vorteil ausnutzen. Aber ein Kind ist damit überfordert. Es kann nicht für sich selbst entscheiden, was gut und böse ist. Es braucht einen, der ihm vorangeht. Es muss unmissverständlich wissen, was von ihm erwartet wird und was nicht.

Dazu gehört auch Konsequenz. Wenn nun plötzlich das, was bis dahin als böse galt, als gut hingestellt wird, entsteht Verwirrung.

Es dauert lange, bis der Mensch stark genug ist, auf seinen eigenen Beinen zu stehen. Es dauert lange, bis er sich verständlich machen kann, um seine Urbedürfnisse angemessen zum Ausdruck zu bringen.

In den ersten Jahren zeichnet sich das Kind als reines Triebwesen aus. Es hat Hunger und verlangt Nahrung. Es ist müde und will schlafen. Es ist einsam und sucht Geborgenheit. Es hat Angst und schreit nach Schutz.

Aber schon sehr bald werden Vater und Mutter erkennen, dass dieses kleine hilflose Wesen genau weiß, was es will und was es nicht will. Da heißt es, Grenzen zu setzen.

Grenzen setzen

Die Pädagogik hat im Lauf der Jahrtausende manch einen Wandel durchlaufen, angefangen von den frühesten Aufzeichnungen menschlicher Zivilisation über die Antike bis hin zur Gegenwart. Sie veränderte sich mit dem jeweiligen Menschenbild. Auf die autoritäre Epoche, die dem Vater unbeschränkte Gewalt zusprach, folgte die antiautoritäre Erziehungsmethode, die nicht nur jegliche Züchtigung verwarf, sondern darüber hinaus den Eltern das Recht absprach, die eigenen Kinder nach ihrem Modell zu erziehen. Erziehung wurde zur Angelegenheit des Staates erklärt. Wer sich dem widersetzte, musste mit einer empfindlichen Strafe rechnen. Die Kinder wurden somit mehr oder weniger zum Staatseigentum. Die Folge aber war: Respektlosigkeit, Hass, Empörung, Auflehnung, Enthemmung, Gewalt und Orientierungslosigkeit.

Ein Kind braucht die elterliche Grenzsetzung. Diese Grenzen sind wie Mauern, in denen das Kind ein Zuhause findet. Sie engen nicht ein, sondern schützen. Natürlich wehrt sich ein Kind gegen alles, was sich seinem eigenen Expansionstrieb entgegenstellt. Es versucht ja stets, seine Welt zu erobern, zu erweitern.

Nach der ersten Formung des Selbstbewusstseins, also mit etwa eineinhalb Jahren, ist das Kind ganz auf sich selbst konzentriert. Alles, was es ausprobiert, wird von seinem egozentrischen Bedürfnis gesteuert. Es will dieses haben und begehrt zugleich jenes. Es schreit, wenn es seinen Willen nicht bekommt, und versucht, seine Umwelt zu beherrschen. Gelingt ihm das nicht, reagiert es mit lautstarker Frustration. Es will Mittelpunkt sein, beachtet werden. Es wäre nun nicht gut, den kindlichen Willen mit Gewalt zu »brechen«. Das Kind braucht diesen Willen für sein späteres Leben. Denn dieser Wille ist zugleich seine Lebenskraft. Diese Kraft zu brechen, würde einen wichtigen Impuls zerstören. Aber dieser Wille darf nicht einfach unkontrolliert wuchern. Er muss gesteuert, auf die richtigen Gleise gelenkt werden. Je älter das Kind wird, desto mehr Situationen treten ein, in denen das Autonomiestreben des Kindes gelenkt werden muss. Hier werden Eltern wohl kaum ohne spürbare Zeichen einer Grenzsetzung auskommen.

Wenn eine Strafe aus einem gewissen Überlegenheitsgefühl erfolgt, fühlt sich ein Kind zurecht verletzt. Es spürt seine natürliche Unterlegenheit und versteckt seine Wut.

Solch eine Wut kann sich unter Umständen jahrelang anstauen, bis sie eines Tages aufbricht und sich gegen ihren Peiniger richtet – oder gegen die Gesellschaft, die irgendwie den frühen Erzieher repräsentiert.

Eine Bestrafung muss kindgerecht sein und darf niemals ausarten. Auch ist es wichtig, dass sie unmittelbar auf ein »Vergehen« folgt und nicht aufgeschoben wird, bis z. B. der Vater am Abend nach Hause kommt. Außerdem sollte dem Kind gesagt werden, warum es die Strafe bekommt. Diese Strafe muss dem »Vergehen« angemessen sein.

Wenn eine Grenzsetzung zu stark ist, kann das Kind seine Selbstachtung verlieren. So bleibt Verbitterung zurück. In der späteren Entwicklung werden diese übermäßig gestraften Kinder selbst unsicher oder grausam.

Nun herrscht gerade auf diesem Gebiet heute eine große Verunsicherung, so dass es Eltern vielfach nicht wagen, ihre Kinder zu disziplinieren – aus Angst, es könnte an die Öffentlichkeit gelangen und ihnen die Kinder weggenommen werden.

Aber wenn keine Grenzsetzung erfolgt, lernt ein Kind keine Selbstbeherrschung. Es wird sich selbst übermäßig wichtig nehmen und dazu neigen, den anderen zu tyrannisieren.

Durch eine spürbare Grenzsetzung wird das Vertrauen des Kindes nicht zerstört, im Gegenteil: Das Kind fühlt sich ernst genommen. Ja, manchmal wartet ein Kind geradezu darauf, für sein Vergehen bestraft zu werden. Wenn es dann die Strafe erhält, hat es das Gefühl, gerecht behandelt worden zu sein. So kann eine angemessene Bestrafung das Gerechtigkeitsempfinden eines Kindes fördern.

Und wenn nun das Kind aus Versehen einen Schaden anrichtet? Vielleicht wollte es der Mutter nur helfen. Plötzlich rutscht die wertvolle Porzellanvase dem Kind aus der Hand und fällt zu Boden und zerbricht.

Ganz gleich, wie wertvoll die Vase auch sein mag – jetzt das Kind zu strafen, wäre nicht fair. Es sei denn, dass das Kind sich von der Mutter vernachlässigt fühlte und sich durch das bewusste Zerstören von dem, was der Mutter lieb ist, rächen wollte. Aber solch ein Verhalten ist beinahe schon krankhaft. Meistens ist das Kind selbst sehr erschrocken und fängt an zu weinen. Dann wird die Mutter ihr Kind trösten und ihm versichern, dass es selbst viel wertvoller ist als die kostbarste Vase.

Natürlich soll ein Kind lernen, behutsam mit Dingen umzugehen. Aber materieller Wert darf nicht überbetont werden. So wird ein Kind in das Leben eingeführt. Hier werden die Gleise gelegt für das spätere Werturteil.

Wenn es sich aber herausstellt, dass eine Bestrafung zu Unrecht geschah, ist es selbstverständlich, dass sich der Vater – oder die Mutter – bei dem Kind entschuldigt.

Eine Zurechtweisung sollte nicht ohne Liebe geschehen. Wenn ein Vater oder eine Mutter in blinder Wut auf ein Kind losschlägt, wird die Strafe nicht mehr als Zurechtweisung empfunden, sondern als Unterjochung. Das Kind spürt den Ärger des Erwachsenen. Daher wäre es Ironie, in diesem Augenblick das Kind von der Liebe überzeugen zu wollen mit den Worten: »Das tue ich, weil ich dich liebe.«

Wenn Eltern merken, dass sie sich vor Zorn und Empörung nicht mehr beherrschen können, wäre es besser, nicht zu strafen, sondern für einen Augenblick still das Kampffeld zu verlassen, bis sie selbst wieder zur Besinnung gekommen sind. Denn im Zorn kann es zu einem Ausbruch kommen, den sie später bereuen würden. Unter Umständen würde diese Szene sich tief in das Gedächtnis des Kindes einprägen.

Durch eine Zurechtweisung soll in dem Kind die Fähigkeit zur Selbstbeherrschung gefördert werden, ohne dass es dadurch die Selbstachtung verliert. So stärken Vater und Mutter in dem Kind die Widerstandskraft gegen die Versuchung.

Nicht nur in der Gesellschaft, sondern auch innerhalb der Familie gibt es bestimmte Regeln, die eingehalten werden müssen. Solche Regeln sind in erster Linie ein Schutz und müssen einem Kind dem Alter entsprechend beigebracht werden. Einige Regeln gilt es, streng einzuhalten, bei anderen kann eine gewisse Flexibilität möglich sein.

Im Allgemeinen lernt ein Kind durch die Grenzsetzung. Um der Bestrafung zu entgehen, wird es dies und jenes vermeiden, was Vater oder Mutter nicht gerne sehen. So wird die Gewissensbildung entscheidend mitgeprägt.

Es ist verständlich, dass ein Kind vor Strafe zurückschreckt. Darum sollte eine Strafe nie so sein, dass das Kind dadurch gedemütigt wird. Strafe ist ja als Korrektur gedacht. Nicht als Mittel zur Unterdrückung.

Eine gerechtfertigte und angemessene Strafe wird ein Kind im Allgemeinen akzeptieren, ohne sich zu wehren. Doch eine ungerechte, unkontrollierte Strafe kann sich wie ein Stachel in der Seele eines Kindes festsetzen.

Zunächst noch wird ein Kind eine Tat als gut empfinden, wenn sie sein Bedürfnis befriedigt. Das, was angenehm ist, erscheint gut. Aber dieser kindliche Maßstab ist nicht unbedingt mit dem Maßstab der Eltern identisch. So kommt es zu Konflikten, aus denen dann das Kind lernt zu unterscheiden.

Bald ist es wie ein Kräftemessen. Da taucht die Frage auf: Wer wird der Stärkere sein? Es muss dem Kind erklärt werden: Wenn du dich so verhältst, wirst du dieses Resultat erzielen. In dieser Phase ist dann der Vater besonders gefragt. Vater und Mutter repräsentieren gleichzeitig auch die Gesellschaft. So lernt das Kind, Gesetze einzuhalten, Pflichten zu übernehmen und einen positiven Beitrag zu leisten.

Ein Kind braucht Gleise, auf denen es sich fortbewegen kann. Eine absolute Freiheit wäre grausam. In einer solchen Freiheit kann sich kein Kind orientieren. Es findet sich einfach nicht zurecht. Aber umgekehrt hemmt eine zu große Einschränkung die Entfaltung. Wenn ein Kind immer wieder erlebt, dass es in allem, was es begehrt, zurückgewiesen wird, wird es aggressiv oder zieht sich zurück und wird verhaltensgestört.

Wenn wir daher einem Kind einen Wunsch abschlagen, sollten wir das auch begründen. Schon ein kleines Kind ist für eine sachliche Begründung erstaunlich offen. Selbst dann, wenn es unsere Argumente scheinbar nicht versteht, sollten wir fest bleiben, um dem Kind Orientierung zu geben.

Das bedeutet nun nicht, dass wir unbedingt stur an unserem Wort festhalten müssen. Es mag Situationen geben, in denen wir auch die Freiheit haben, trotz unserer soeben noch abschlägigen Entscheidung eine Bitte zu gewähren. Doch sollte eine Entscheidung nicht willkürlich geschehen, sondern aus einer sachlich begründeten Überlegung heraus getroffen werden.

Wenn ein Nein unbegründet ist, hinterlässt es bei dem Kind zu leicht ein Gefühl der Verbitterung und Frustration. Aber auch eine gewährende Erziehung hinterlässt Frustration und führt letztlich zu Rebellion.

Gehorsam ist in der heutigen Gesellschaft ein Reizwort geworden. Viele Eltern haben daher keinen Mut mehr, etwas von ihrem Kind zu fordern. Sie wollen nicht als altmodisch angesehen werden, vielmehr in den Augen anderer als fortschrittlich gelten und ziehen es daher vor, selbst die Aufgaben zu erledigen, die eigentlich dem Kind zugedacht waren.

Ein Kind, das nicht frühzeitig den Gehorsam praktiziert, hat kaum eine Chance, später ein glückliches, harmonisches Leben zu führen. Es wird aggressiv und unausstehlich.

Sehen wir uns doch das Bild vieler Jugendlicher an: Sie fordern von der Gesellschaft, ohne bereit zu sein, selbst etwas zu geben. Sofortige Triebbefriedigung führt nicht zu Zufriedenheit, sondern zu Aggression. Sofortige Lustbefriedigung führt zu Unlust und neuer Begierde. So entsteht Sucht, die heute ein weit verbreitetes Problem geworden ist.

Wir alle kennen Kinder, die mit Schreien und Stampfen ihren Willen durchzusetzen versuchen, und wir sind eigenartig berührt, wenn diese Kinder aufgrund ihres unverschämten Schreiens von den Eltern erhalten, was sie fordern. Diesen kurzfristigen Erfolg muss ein junger Mensch später teuer bezahlen.

Das Bedürfnis oder der Trieb ist ein natürlicher Drang und daher nicht verwerflich. Der Trieb hat also seine Bedeutung. Denn ohne den Trieb könnte sich die Menschheit nicht weiterentwickeln.

Nehmen wir den Sexualtrieb oder den Schaffenstrieb. Ohne dieses innere Drängen bliebe die Menschheit auf der Stufe des Steinzeitmenschen. So ist der Trieb ein eingebauter Motor. Wenn dieser Motor gestört ist und ein Mensch keinerlei Antriebskraft mehr hat, ist er krank.

Aber dieser Trieb muss gesteuert werden. Es wäre verkehrt, wenn wir von unserem Trieb bestimmt würden. Wir müssen also lernen, mit unseren Trieben umzugehen, denn schließlich soll der Trieb uns dienen und nicht umgekehrt. Das aber bedarf einer Übung. Erst die Übung macht uns zu Meistern.

Nur derjenige, der gelernt hat, seine Triebe zu beherrschen, wird innerlich zur Reife gelangen. Dieses Training muss bereits früh einsetzen.

Doch hier noch ein Wort zu dem ängstlichen Kind.

Das ängstliche Kind

Es gibt Kinder, die werden von extremen Ängsten verfolgt. Sie können nicht ohne Licht schlafen – aus Angst. Sie schreien vor Angst, wenn sie sich allein im Zimmer befinden. Sie unternehmen nichts, wenn nicht Mutter oder Vater in der Nähe sind.

Hier sind von Seiten des Vaters und der Mutter viel Verständnis und Einfühlungsvermögen erforderlich. Es würde nicht helfen, wenn Vater oder Mutter die Angst einfach als unbegründet abtun würden. Für das Kind ist die Angst ja real. Noch verhängnisvoller wäre es, wenn Vater und Mutter mit dem Kind wegen seiner Angst schimpfen würden. Vielmehr heißt es: das Vertrauen in dem Kind stärken. Vertrauen aber setzt Vertrautheit voraus. Also muss ein Kind behutsam dahin geführt werden, sich selbst einer Situation auszusetzen, um zu erkennen, dass die Welt noch nicht untergeht.

Wenn ein Kind sich beispielsweise vor der Dunkelheit fürchtet, wäre es grausam, es einfach der Dunkelheit auszusetzen nach dem Motto: »Du musst lernen, deine Angst zu bezwingen.« Dann kann diese Angst später in krankhaftem Verhalten zum Ausdruck kommen.

Das Kind soll vielmehr dahin gebracht werden, auch in der Dunkelheit zu vertrauen. So entwickelt sich dann eine innere Sicherheit. Ein Kind, das sicher ist, braucht keine Angst zu haben. Je ruhiger und selbstverständlicher Vater und Mutter mit dem Kind umgehen, desto sicherer wird es auch in Ausnahmesituationen reagieren.

Selbst unter Geschwistern äußert sich die Angstbereitschaft sehr unterschiedlich. Daher kann man unter Umständen sogar von einer ängstlichen Veranlagung sprechen, die vielleicht schon bei der Mutter und deren Eltern beobachtet wurde. Das wiederum zieht eine negative Kettenreaktion nach sich: Ist die Mutter selbst ängstlich, wird auch ihre Erziehung entsprechend ängstlich geprägt sein. Das aber verstärkt noch die Angstbereitschaft im Kind.

Eine ängstliche Erziehung kann sich sehr negativ auf die Entwicklung eines Kindes auswirken. Eine Angst, die jahrelang eingeübt wurde, kann sich tief in das Leben eines Kindes eingraben, so dass sie u. U. bis ins Alter fortbesteht. Da ist es wichtig, dass jetzt der Vater diese Angstbereitschaft gleichsam neutralisiert, indem er ablenkt und seinem Kind hilft, durch Übung auch angstauslösende Situationen zu meistern. Das Gleiche gilt natürlich für die Angstbereitschaft, die der ängstliche Vater auf das Kind überträgt. Hier muss die Mutter ablenken und helfen.

Angst kann aber auch durch ein besonderes Ereignis ausgelöst werden. Hat sich beispielsweise das Kind beim Eislaufen ein Bein gebrochen, so kann sich daraus eine Phobie entwickeln, die schließlich dahin führt, dass dieses Kind es in Zukunft vermeidet, je wieder das Eis zu betreten. Hier ist die Reaktion der Eltern entscheidend. Je nachdem, wie Vater oder Mutter reagieren, verhält sich das Kind. Versuchen jetzt die Eltern zu stark, ihr Kind abzuschirmen, so kann es voll ängstlicher Anspannung jeden Schritt beobachten und sich ganz hilflos geben.

Sobald daher Eltern solch ein ängstliches Verhalten bei ihrem Kind beobachten, ist ein gemeinsames Training angebracht, um diese Angst durch gezielte Übung zu überwinden, wobei die Eltern sich so unbefangen wie möglich zeigen sollten.

Für Eltern ist es nicht immer leicht, in der Erziehung den richtigen Stil zu finden. Auf der einen Seite sollen sie das Kind vor einer Gefährdung warnen und zurückhalten, auf der anderen Seite aber nicht einengen und verunsichern. Es ist wichtig, dass ein Kind früh lernt, eine Gefahr selbst einzuschätzen, um dann damit umzugehen.

Ängstliche Kinder sind häufig sehr gewissenhafte Kinder, die möglichst keinerlei Anlass zur Kritik geben möchten. Strafe und Vorwürfe würden daher die Angst noch verstärken.

Auch die Angst vor einer Niederlage kann die Entwicklung eines Kindes einengen. Niemand hat Gefallen daran, eine Niederlage zu erleiden. Das ist ganz natürlich. Aber der Gedanke an eine Niederlage kann eine so starke Angst auslösen, dass ein Kind kaum noch zu einem Wagnis bereit ist. Vor allem derjenige, der einmal eine Niederlage erlebt hat, ist beim nächsten Mal vorsichtig, unter Umständen sogar verunsichert. Diese Verunsicherung kann ein Kind so ängstigen und einengen, dass es auch später Entscheidungen ausweicht.

Aber gerade an Enttäuschungen und Niederlagen kann ein Mensch reifen. Wie befreiend ist es, einem Menschen zu begegnen, der ganz schlicht zugibt: »Da habe ich versagt.« Oder: »Das ist mir nicht gelungen.« Aus diesem Fehler kann er ja lernen, es beim nächsten Mal besser zu machen. Dieser Fehler bringt ihn letztlich dahin, mit einem anderen barmherzig zu werden, großzügig und gütig.

Wenn Eltern merken, dass ihr Kind durch eine Niederlage mutlos und ängstlich geworden ist, können sie durch ihr Beispiel ihr Kind ermutigen. Manchmal wagt das Kind gar nicht, seine Niederlage einzugestehen – aus Angst, von den Eltern abgelehnt zu werden. Aber wenn jetzt die Eltern auch von ihrem eigenen Versagen erzählen, wird das Kind erkennen, dass es gar nicht perfekt sein muss, um geliebt zu werden. Das ist eine große Entspannung. Da löst sich die Angst. Da kann es lernen, es noch einmal zu versuchen, ohne sich zu verurteilen.

Wer keine Niederlage hinnehmen kann, steht in der Gefahr, selbstherrlich und überheblich zu werden. Dann müssen Sie sich nicht wundern, wenn andere es möglichst vermeiden, mit Ihnen zusammen zu sein. Es sollte schon einem kleinen Kind beigebracht werden, dass es zwar einerseits viel von sich selbst erwarten darf, doch andererseits auch einen Fehler akzeptieren muss – bei sich und bei anderen.

Freizeitbeschäftigung

Ein Kind hat das Bedürfnis, sich zu betätigen. Es wird schon sehr bald helfen wollen. Wenn beispielsweise der Vater ein Zimmer renovieren will, wird sofort der kleine Sohn oder auch die kleine Tochter helfen wollen. Wie das Ergebnis aussehen wird, kann sich der Vater nur zu lebhaft vorstellen. Dennoch sollte das Kind nicht entmutigt werden, indem es zurückgewiesen wird. Hingegen kann ihm eine Aufgabe übertragen werden, die ihm einerseits das Gefühl gibt, dem Vater zu helfen, andererseits aber auch auf das Kind zugeschnitten ist. So wird das Kind vielleicht die alten Tapeten abreißen. Wenn es streichen möchte, kann der Vater eine Ecke wählen, die »sicher« ist.

Auch wenn das Kind der Mutter in der Küche helfen will, ist es wichtig, dass die Mutter es nicht entmutigt, indem sie sagt: »Das kannst du noch nicht.« Besser wäre es, dem Kind bestimmte Aufgaben zu übertragen und genau zu sagen, was zu tun ist. Wenn eine Mutter ihr Kind nur zu kleinen Handlangerdiensten heranzieht und bittet, dies zu holen oder das zu halten, so ist das – vor allem später für Teenager – unbefriedigend.

Warum sollte nicht auch schon ein kleines Kind die Aufgabe erhalten, das Abendbrot vorzubereiten? Wobei die Mutter in den Hintergrund tritt, um das Kind so selbstständig wie möglich arbeiten zu lassen.

Aber ein Kind muss seinem Alter gemäß gefordert werden. Wenn es eine Arbeit übernehmen will, die seinen Fähigkeiten nicht entspricht, so sollte ihm eine andere Aufgabe zugewiesen werden. Wenn es protestiert, sollten sich Eltern nicht beirren lassen. Es wäre nicht gut, einem Kind jeden Willen zu erfüllen.

Es gibt Eltern, die fürchten, sich bei ihrem Kind unbeliebt zu machen, wenn sie eine Forderung stellen. Aber im Grunde erweisen sie ihrem Kind damit einen größeren Dienst, als es gewähren zu lassen. Denn ein Kind soll ja lernen, dass gerade das Erfüllen einer Aufgabe eine Befriedigung verschafft.

So ist es wichtig, dass Eltern nicht nur eine Aufgabe stellen, sondern zugleich darauf achten, dass diese Aufgabe von dem Kind gelöst werden kann. Wenn diese Aufgabe nicht den Möglichkeiten des Kindes entspricht, wird das Kind frustriert. Aber wenn es dem Kind gelingt, die Aufgabe dann auch zur Zufriedenheit der Eltern zu lösen, ist das ein wichtiges Erfolgserlebnis, das Freude bereitet. So lernt ein Kind bereits früh den Wert der Arbeit zu schätzen, die doch letztlich dem Menschen Zufriedenheit bringt.

Für viele Eltern ist es ein Problem, ihre Kinder zu beschäftigen. Die einen meinen, ihrem Kind stets etwas bieten zu müssen, andere wiederum überlassen diese Frage so genannten Fachkräften. Auch hier ist wieder die gesunde Mitte die beste Wahl. Es wäre nicht gut, die Zeit des Kindes zu verplanen und ihm stets irgendein Angebot zu machen; andererseits wäre es auch nicht gut, das Kind sich selbst zu überlassen oder es an Fachleute abzuschieben. Besonders in den ersten Jahren sind es doch vorwiegend die Eltern, die dem Kind eine Hilfestellung geben müssen, damit das Kind lernt, wie es mit seiner Zeit umgehen kann.

Wie viele verschiedene Beschäftigungen gibt es, die ein Kind bei seinen Eltern beobachtet! Welch eine Freude für ein Kind, wenn es mit einbezogen wird und beispielsweise der Vater sein Kind an seinem Hobby teilhaben lässt, sein Kind mitnimmt, wenn er zum Fischen hinausfährt oder in der Natur Tiere beobachtet oder zu Hause an der Werkbank arbeitet. Gleiches gilt für die Mutter, wenn sie ihre Kinder einbezieht, sei es, dass sie im Garten arbeitet oder im Haushalt ihre Arbeit ausübt, ja, sie ist es, die mit dem Kind gemeinsam die Kleider für die Puppen entwirft und das Puppenhaus gestaltet. Der Fantasie sind keine Grenzen gesetzt. Alles, was ein Kind zur zwanglosen Tätigkeit anregt, wird es begeistern.

Es mag sein, dass das Kind bald aufgibt, um sich wieder etwas Neuem zuzuwenden. Aber da ist der erzieherische Effekt, dass Vater und Mutter mit ihrem Beispiel zeigen, wie eine Sache zunächst zu Ende gebracht werden muss, bevor etwas Neues begonnen wird. Solch ein Training ist für die Charakterbildung des Kindes sehr wichtig.

Es ist auffallend, wie schwer es Kindern heute fällt, sich auf eine Sache zu konzentrieren. Da ist es eine besondere Aufgabe für die Eltern, ihren Kindern zu helfen, eine Aufgabe zu Ende zu führen.

In seinem Entfaltungsprozess wird ein Kind weithin allein gelassen. Zwar zeigt man von vielen Seiten Interesse am Kind; aber dieses Interesse ist oft nur auf den eigenen Vorteil ausgerichtet. Man braucht das Kind, um seine eigene Idee zu realisieren. So wird das Kind zum Objekt des Konsums und somit zum Konsumenten erzogen. Ein Gang durch die Spielwarenabteilung unserer Kaufhäuser lässt uns erschrecken, was den Kindern heute zugemutet wird. Außerirdische Wesen, Monster mit verzerrten Fratzen, die schon einen Erwachsenen mit Entsetzen erfüllen, Zaubergegenstände, die dem Kind eine Macht vorgaukeln, die es nicht hat und niemals haben kann. Sollen diese Schreckgespenster Freunde unserer Kinder werden? Gerade heutzutage ist es so wichtig, dass die Fantasie der Kinder zum Schönen und Positiven gelenkt wird. Aber wo findet man heute noch etwas ästhetisch Schönes, das man seinen Kindern gerne geben möchte! Gewalt, Blut, Sexualität – gewürzt mit Okkultismus. Das ist die Welt, in der sich die Kinder zurechtfinden müssen.

Wie sollen sich Eltern verhalten? Sollen sie nachgeben? Sollen sie widerstehen?

Wenn ein Kind sieht, wie der kleine Freund von nebenan von seinem Taschengeld eine Spielzeugpistole gekauft hat und jetzt die ganze Straße damit in Atem hält, so wird es vermutlich sehr beeindruckt sein und nun vielleicht eine Laserpistole erbetteln, um auch Held sein zu können, vor dem andere erschrecken.

Vielleicht suchen dann Vater oder Mutter einen Ersatz und finden schließlich ein vollautomatisches Fahrzeug mit Fernbedienung oder für die Tochter eine damenhaft gekleidete Puppe, die tanzen und sprechen kann. Doch das Kind wird nach einer kurzen Begeisterung beides gelangweilt zur Seite legen.

Ein Kind wird sicherlich von dem Pomp eines groß aufgemachten Spielzeugs zunächst begeistert sein; aber auf die Dauer kann es mit solch einem vorgefertigten Spielzeug nichts anfangen. Viel besser wäre es, das Spielzeug so zu wählen, dass das Kind damit selbst etwas gestalten kann. Das heißt für die Kleinen: einfache Bauklötze und Bausteine, mit denen sie ihre eigene Welt bauen können; kleine Stofftiere, die diese Welt beleben. Für die Größeren ist ein Baukasten, der beispielsweise das technische Verständnis fördert, geeignet.

Vor allem für den Jungen hat die Bewegung etwas Faszinierendes, da sind Autos, Eisenbahnen, Flugzeuge. Aber nicht die großen, die sich von selbst vorwärts bewegen. Dann kann der Junge – je nach Alter – diese umbauen und immer wieder neue Fortbewegungsmittel erfinden.

Was ein Kind selbst anfertigt, wird einen viel größeren Wert erhalten. Dasselbe gilt für das Mädchen. Vielleicht wird es malen und bald seine besondere Vorliebe darin entdecken oder aber wie sein Bruder anfangen, Raumschiffe zu bauen.

Dann ist da die sportliche Betätigung. Jede Art der Bewegung, sei es Schwimmen oder Reiten oder welche Sportart auch immer, hilft dem Kind seine Energie in richtige Bahnen zu lenken. Zudem lernt es im Sport, gewisse Spielregeln einzuhalten, was von großer Bedeutung ist.

Es ist wichtig, dass Kinder früh lernen, sich selbst zu beschäftigen. Zugleich aber hat auch das gemeinsame Spiel seinen besonderen Platz. Dieses Spielen, bei dem Eltern und Kinder gemeinsam beteiligt sind. Nicht nur draußen auf dem Rasen oder im Wald, auch zu Hause. Gerade Brett- oder Kartenspiele fördern den besseren Umgang in der Familie und trainieren das Verhalten in der Gesellschaft.

Im Spiel kann ein Kind lernen zurückzustehen, um sich mit dem anderen am Sieg zu freuen, auch wenn es selbst Verlierer ist. Da kann es lernen, nicht aufzugeben, sondern es erneut zu versuchen. Das heißt nicht, dass alles

Spielen von einem geheimen pädagogischen Ziel gesteuert werden sollte. Gerade auch das absichtslose Spiel, dieses Spiel um des Spielens willen, verbindet das Kind mit den Eltern immer wieder aufs Neue. Diese Zeiten werden für das ganze Leben zu einem bleibenden Schatz.

Im Blick auf eine kreative Beschäftigung sieht es in den meisten Familien recht arm aus. Da ist das Fernsehen Alleinunterhalter geworden. Es flimmert vom frühen Morgen bis in die späte Nacht. Pausenlos dringen Bilder und Geräusche auf das Kind ein, Bilder, die seine kleine Welt auseinander reißen. Mit diesem Überangebot an Informationen ist ein Kind überfordert. Wie soll es sich zurechtfinden! Das Fernsehen bringt zudem Bilder, die das Kind einfach nicht einordnen kann: Krieg, Gewalt, sexuelle Perversionen. Alles spielt sich vor den Augen des Kindes ab. Es kann sich nicht losreißen, fasziniert von der Bewegung, dem Geräusch. So jagen in hektischem Durcheinander Bilder und Geschehen an ihm vorbei, verletzen es und verschütten seine Originalität. Dem allen ist ein Kind völlig hilflos ausgesetzt.

Das Fernsehen ist nicht einfach eine anonyme Macht, von der sich das Kind distanzieren könnte. Da es sich aber damit noch nicht kritisch auseinander setzen kann, nimmt es die Bilder wahllos in sich auf. Darum sollten kleinere Kinder nicht ohne Aufsicht dem Fernsehen überlassen bleiben.

Natürlich ist es für viele gestresste Mütter bequem, einen Babysitter ständig zur Hand zu haben; aber das Fernsehen bringt für ein Kind so viel Unverständliches, was es einfach nicht einordnen kann. So werden die Bilder in die Träume mitgenommen und wirken hier im Unterbewussten nach.

Das Kind lebt in seiner eigenen kleinen Welt und ist zugleich von der Welt der Großen gefangen. Fernsehhelden und Popstars – was »in« ist – werden zum Idol. Schwärmerisch spricht es bald nach, was es von den Großen hört, und ahmt nach, was es von seinem Vorbild gelernt hat.

Es ist nicht immer leicht, einem Kind begreiflich zu machen, dass es dieses oder jenes Programm nicht sehen darf. Vermutlich wird es protestieren, zumal die anderen Kinder von dieser Sendung sprechen. Da will es nicht zurückstehen. Es wäre auch keine Lösung, das Fernsehen völlig zu verbieten; besser wäre es, eine gute Auswahl zu treffen. Wie einfallsreich müssen oft Eltern sein, um ihren Kindern etwas Besseres anzubieten.

Wichtig ist, dass positive Werte in Filmen aufgezeigt werden. Dann ist es hilfreich, wenn sich die Eltern mit dem Kind darüber unterhalten. Wenn sie hören, was ihr Kind denkt, wie es empfindet. Solch ein Austausch ist für die Verarbeitung des Gesehenen sehr hilfreich. Damit können Eltern ganz unbemerkt das Empfinden und Urteilen ihres Kindes lenken.

Schon in frühem Alter wachsen Kinder heute mit dem Computer auf. Vor allem Computerspiele üben eine große Faszination aus. Ihre Kinder hier richtig zu führen, ist eine große Aufgabe für Eltern – gerade auch wenn es um den Internetzugang geht, der für junge Menschen eine echte Gefährdung bedeuten kann.

Im Gegensatz zu Fernsehen und Computer können gute Bücher das Leben eines Kindes bereichern und es als Freunde durch sein ganzes Leben begleiten. Fernsehen stumpft auf Dauer ab und lässt die Fantasie verkümmern. Da wird ein Mensch zu einem Konsumenten, der alles in sich hineinschluckt. Bei Büchern dagegen kann das Kind eigene Bilder schauen, da werden Personen lebendig. Da wird es selbst in das Geschehen einbezogen. Die Sprache wird ausdrucksreicher.

Bücher regen die Fantasie des Kindes an und geben ihm die Möglichkeit, sich selbst in diese Welt hineinzuleben. Am schönsten ist es, wenn Vater oder Mutter gemeinsam mit ihren Kindern lesen, um dann mit ihren Kindern über diese Geschichten zu sprechen.

Es gibt kaum etwas Schöneres für Kinder, als die Nähe der Eltern zu erfahren und mit ihnen gemeinsam in das Reich der Träume zu entschwinden. Jetzt können die Eltern wie durch ein Fenster in die Gedankenwelt ihrer Kinder blicken. Eine andere Welt in einem geheimnisvollen Zauber, der doch für die Kinder so real erscheint.

Solch eine gemeinsame Aktion hat einen doppelten Gewinn: einmal die Nähe von Mutter oder Vater; zum anderen wird der Wortschatz des Kindes erweitert und die Fantasie angeregt. Daher sollte die Liebe zu guten Büchern schon früh geweckt werden.

Weil jedoch nicht jedes Buch das Kind positiv beeinflusst, werden auch hier die Eltern wachsam beobachten, welche Lektüre ihr Kind in die Hände bekommt.

Wenn Eltern keine Zeit haben, ihren Kindern Geschichten vorzulesen, findet sich vielleicht eine Großmutter oder ein Großvater, die dann diese Aufgabe übernehmen.

Kinderpsychologische Untersuchungen haben ergeben, dass der Wortschatz eines Kindes durch direkte Kommunikation mit den Eltern mehr erweitert wird als durch das Fernsehen. Das bedeutet also, dass die persönliche

Beziehung zu vertrauten Menschen auch die intellektuellen Fähigkeiten des Kindes fördert.

Wenn wirklich niemand da ist, der Geschichten vorlesen kann, so ist eine gut gemachte Hörspielkassette für ein Kind noch immer besser als stundenlanges Fernsehen.

Wachstum braucht Zeit

Es ist verständlich, dass Vater und Mutter das Beste für ihr Kind wollen und im Rahmen dieser Suche allen nur denkbaren Vorschlägen folgen. Doch wann darf ein Kind noch einfach Kind sein? Wann darf es sich im Spiel verlieren, ohne sogleich in ein Lernprogramm integriert zu werden? Heute vertreten Experten die Ansicht, dass der Erfolg im späteren Leben desto größer ist, je früher ein akademisches Training einsetzt. Um das Höchstmaß solch eines Trainings zu genießen, werden schon die Kleinsten von einer Hand zur anderen gereicht. Solch eine Dressur aber bedeutet für ein Kind Stress. Ist der Schaden, der durch solch eine Früherziehung entstehen kann, nicht am Ende größer als der Nutzen? Fällt da ein Kind nicht letztlich dem materialistischen Erfolgsdenken der Erwachsenen zum Opfer?

In unserem Zeitalter ist Zeit wertvoller geworden als Geld. Daher auch erscheint sie erstrebenswert. Aber zugleich ist es, als würde sie sich von uns in dem Maße entfernen, wie wir uns um sie bemühen. Denn was für Anstrengungen werden unternommen, um Zeit zu gewinnen. Aber sobald wir diesen kostbaren Besitz in unseren Händen haben, zerrinnt er uns.

Um möglichst viel davon zu gewinnen, muss alles so schnell wie möglich geschehen. Wir setzen unseren Ehrgeiz daran, die weitesten Strecken in kürzester Zeit zurückzulegen. Wir stehen ständig unter Zeitdruck, was wir auch unternehmen. Selbst das Essen muss in kürzester Zeit fertig auf den Tisch gebracht werden. Mikrowellengeräte geben uns den Eindruck, innerhalb von Sekunden die beste Mahlzeit hervorzaubern zu können. Supermärkte kommen dem Bedürfnis des heutigen Menschen entgegen und bieten Fertigprodukte an, um der Hausfrau Zeit zu sparen.

Aber was machen wir mit all der gesparten Zeit? Sind wird nicht Opfer eines manipulierten Wertverständnisses?

Es wird uns ungezählte Male einsuggeriert, was für uns gut ist und was wir unbedingt brauchen, um glücklich zu sein. Dieses materialistische Denken wird auch auf die Zeit übertragen, so dass Zeit zu einem Konsumgut geworden ist, das uns über die Meinungsbildner schließlich erreicht.

Diesem Gesamtverständnis fallen schließlich auch unsere Kinder zum Opfer.

Ein gesundes Kind lebt zeitlos. Es vergisst sich im Jetzt. Trotzdem sollen Kinder in dieses materialistische Denken eingeschlossen und im Schnellverfahren zur Reife gebracht werden.

Aber Kinder können wir nicht in ein Mikrowellengerät schieben, um reife Erwachsene herauszubekommen. Wir können sie nicht im »Drive-in« entgegennehmen wie einen Schnellimbiss an der Autobahn. Kinder brauchen Zeit, um zu werden.

Sie sind keine Fertigprodukte. Reifung kann man auch nicht vorwegnehmen. Die Zeit der Reife muss abgewartet werden. Gerade dieses Warten ist es, was dem heutigen Menschen so unmöglich erscheint.

Viele sind darauf bedacht, Kinder zu kleinen Erwachsenen zu stempeln.

Aber auch wenn wir Kinder wie Erwachsene kleiden, bleiben sie doch Kinder.

Je ungestörter ein Kind Kind sein darf, desto ausgeglichener wird es werden.

Unsere Aufgabe ist es, diese Kindheit zu schützen und zu begleiten, nicht sie abzukürzen. Tomaten können wir unter Umständen durch eine Intensivbestrahlung zu einer frühen Reife bringen – Kinder aber nicht.

Letztlich gehört auch die vorgeschriebene sexuelle Aufklärung zu solch einem Reifungsschnellverfahren.

Alles hat seine Zeit. Kindheit und Jugend sind Zeiten der Knospe und der Blüte. Aus der Natur wissen wir, dass diese Zeiten besonders gefährdet sind. Darum liegt es in unserer Verantwortung, diese zarten Blüten vor Frost und Kälte und allen schädlichen Einflüssen zu schützen.

Die Frucht erwächst aus der Blüte. Von einem Baum, der keine Blüte bringen konnte, werden wir keine Frucht ernten können.

Grundkonzept der Erziehung

Grundsätzlich kann auf die Frage »Wie erziehe ich mein Kind?« gesagt werden, dass das Wichtigste ist, Vertrauen im Kind zu wecken und zu stärken - und sich selbst dann aber auch dieses Vertrauens als würdig zu erweisen.

Wenn ein Kind eingebettet ist in das liebende Sich-Verstehen der Eltern, so schafft das Vertrauen. Vertrauen zu

Vater und Mutter und auch Vertrauen zu anderen Menschen. Zu sich selbst. Da wird das Vertrauen zu einer tragfähigen Basis. Wenn es dann Liebe und Fürsorge der Eltern empfängt, kann es sich gesund entfalten. Da reagiert es mit Liebe. Mit Offenheit. Da ist es fähig, nun auch seinerseits zu geben. Das bewirkt in ihm Freude. Diese Freude ist wieder ein weiterer Baustein seines Lebens. Erst wenn diese Voraussetzungen geschaffen sind, kann Erziehung beginnen. Da lernt ein Kind zwischen Gut und Böse, Mein und Dein zu unterscheiden.

So wie Jesus Christus gesagt hat, dass das ganze Gesetz und die Propheten in einem einzigen Gebot zusammengefasst werden können (Mt 7, 12; 22, 37-40), so gilt das auch für die Regeln der Erziehung. Man kann dicke Bücher schreiben mit ungezählten Gesetzen, die zu beachten sind. Aber all diese Gebote können in einem Satz zusammengefasst werden: Sei, wer du bist, und tu, was du vom anderen erwartest. Oder anders ausgedrückt: Sei aufrichtig und verhalte dich liebevoll.

Wenn das Kind unsere Aufrichtigkeit erkennt und in unserem Alltag sieht, dass sich unser Leben mit unseren Worten deckt, kann es uns vertrauen. Wenn es sich dann angenommen und geliebt weiß, wird es auch Grenzen akzeptieren.

Es geht dabei nicht um einzelne Punkte, die beachtet werden sollen. Diese Punkte sind lediglich Ausdruck einer Gesinnung. Dass diese Gesinnung in den Kindern geweckt wird, ist die schönste Aufgabe der Erziehung. Diese Gesinnung wächst aus dem Bewusstsein, geliebt zu werden, angenommen zu sein.

Ein Kind sucht die Aufmerksamkeit des Erwachsenen. Es will beachtet sein, im Mittelpunkt stehen.

Wie schmerzlich ist es, einem Menschen zu begegnen, der stets meint, sich unter Beweis stellen zu müssen. Der von dem Gedanken getrieben wird, etwas darstellen zu müssen, um die Anerkennung eines anderen zu verdienen. Ein Kind sollte wissen, dass es einmalig ist, nicht auswechselbar, dass Vater und Mutter zu ihm stehen, ganz gleich, ob es etwas angestellt hat oder nicht. Die Liebe von Vater und Mutter darf daher niemals von dem Tun des Kindes abhängig gemacht werden. Es gibt Eltern, die bestrafen ihr Kind mit Liebesentzug.

Natürlich sollte ein Kind zum Gehorsam angehalten werden. Wenn ein Kind den Anweisungen der Eltern nicht nachkommt, sollte eine Zurechtweisung erfolgen; aber zugleich muss das Kind spüren, dass die Liebe der Eltern durch diese Strafe nicht geringer ist. Die Liebe der Eltern muss das Kind spüren. Worte allein genügen nicht.

1 + 1 = 3 oder: Die andere Logik

Wenn es keine so traurige Geschichte wäre, könnte sie eigentlich recht lustig sein. Aber so war sie nun einmal traurig. Je mehr Steffi darüber nachdachte, desto trauriger wurde sie.

Es gab in der Tat etwas in dieser Welt, das sie einfach nicht verstand. Das wiederum konnte sie nicht verstehen.

Dabei hatte der Tag so gut angefangen. Es hatte zum ersten Mal geschneit. Wie lange schon hatte sie darauf gewartet. Denn sie brannte darauf, endlich ihren neuen Schlitten auszuprobieren. Denn woher sollte sie wissen, dass es solch einen Spaß machte, den Berg hinunterzusausen? Sie hatte bis jetzt nur gehört, wenn andere sich damit brüsteten. Aber sie selbst war immer zu Hause geblieben. Jetzt waren ihre beiden Brüder losgezogen – mit ihrem, Steffis, Schlitten – ohne sie! »Du bist noch zu klein«, hatten sie gesagt, und um diese Behauptung noch zu unterstreichen, hatten sie hinzugefügt: »Du weißt ja nicht einmal, was 1 + 1 ist!« Da aber war sie wütend geworden. Wer wagte es, von ihr zu behaupten, dass sie das nicht wusste! »Das weiß ich längst!«, hatte sie ihren Brüdern nachgeschrien. »So?« Der ältere Bruder war stehen geblieben, dann noch einmal zurückgekommen und hatte sie gefragt: »Wenn du das so genau weißt, wie viel ist denn 1 + 1, na?« »Dlei!«, sagte sie.

Da prustete der Bruder los und rief seinem jüngeren Bruder zu: »Hast du gehört? 1 + 1 ist 3! Das nennt man Weiberlogik!« Jetzt amüsierte sich auch der jüngere Bruder, ja, er lachte so, als könne er sich nicht mehr davon erholen. Er prustete und stampfte vor Vergnügen auf die Erde!

Steffi stand ganz ratlos da. Ihre braunen Augen füllten sich mit Tränen.

Die Brüder aber gurrten und kreischten vor hellem Vergnügen. »Da siehst du, dass du noch viel zu klein bist.« Aber was hatte nun das wiederum mit dem Schnee und dem Schlitten zu tun? »Du ersäufst ja im Schnee«, erklärte jetzt der ältere Bruder, als er sah, dass sich Steffi noch immer nicht vom Fleck bewegte.

»Dann könnt ihr mich doch ziehen«, versuchte sie noch einmal ihre Brüder zu gewinnen.

»Das denkst du dir. Und wir sollen dann die Verantwortung übernehmen. Der Berg ist viel zu steil. Wenn du vom Schlitten fällst, fängst du wieder an zu heulen, und wir bekommen dann die Schelte. Nee, du bleibst zu Hause, bis du weißt, wie viel 1 + 1 wirklich ist.«

Und dann waren sie losgezogen.

Steffi blickte ihnen lange nach, bis eine dichte Schneeschicht sie vor ihren Blicken verbarg. Dann rannte sie zurück ins Haus, warf sich aufs Sofa und schluchzte.

Plötzlich hatte sie wieder ihre Mutter vor Augen. War das nicht gestern gewesen oder vielleicht übermorgen? Es konnte auch gerade erst gewesen sein.

Aber nein, es war an dem Tag, an dem sie den Schlitten bekommen hatte. Ihr Geburtstag. Da hatte die Mutter sie auf den Schoß genommen und an sich gedrückt und sie gefragt: »Nun, wie alt ist heute meine große Tochter?« Steffi hatte sie strahlend angesehen und ihre Hand entgegengestreckt und die kleinen Finger gespreizt. Die Mutter hatte die kleinen Finger behutsam auseinander gespreizt und dabei gezählt: »Eins – zwei – drei. Drei Jahre schon ist unsere Steffi. Und wenn dich jetzt jemand fragt, wie alt du bist, dann antwortest du nicht mehr zwei, sondern – drei. So lange, bis ich es dir sage. Das ist dann an deinem nächsten Geburtstag. Bis dahin sagst du einfach immer: drei.« Steffi nickte glücklich. Sie hatte verstanden. Und dann wiederholte sie noch einmal: »Dlei.« Alles war so einfach.

Und warum war es jetzt mit einem Mal so schrecklich kompliziert, dass da ihr schöner Schlitten dahinglitt, nur weil sie »Dlei« gesagt hatte? Was war nun daran so verkehrt? Nein, Steffi war gar nicht mehr glücklich. Dicke Tränen rannen über ihre Wangen. Jetzt wünschte sie sich weit, weit fort, vielleicht irgendwo ins Reich der Schneeflocken, wo sie niemand mehr kannte. Die würden sie nicht auslachen. Bestimmt würden sie ihren Kummer verstehen. Noch einmal reckte sie ihre Hand und spreizte die kleinen Finger und fing wieder an zu zählen: eins und eins – aber jetzt reichte die eine Hand nicht mehr aus, so dass sie wieder von vorn beginnen musste. Hatte sich denn heute alles gegen sie verschworen?

Wenn nur Mama nicht zum Einkaufen gegangen wäre. Jetzt fühlte sie sich so entsetzlich allein. Ein tiefes Selbstmitleid überfiel sie, dass sie noch lauter schluchzte. Aber niemand war da, der sie hörte. So schluckte sie noch einmal und fing wieder an zu zählen. Irgendetwas stimmte nicht.

»Dlei«, sagte sie trotzig, und noch einmal: »Dlei!«

In dem Augenblick kam die Mutter nach Hause und sah ihr verweintes Kind. Sie nahm es auf ihren Arm und fragte: »War es denn so schlimm?«

Steffi nickte und heulte jetzt erst so richtig los. »Dlei«, sagte sie, »und niemand wollte es glauben.«

»Aber ich weiß es«, sagte die Mutter, »ist das nicht genug?«

Da nickte sie glücklich. Was wollte sie mehr! Und wenn die ganze Welt gegen sie stand, wenn sie und Mutter einer Meinung waren, was wollte sie mehr ...

Religiöse Erziehung

Im Blick auf die religiöse Erziehung herrscht weithin eine große Verunsicherung. Zu viel ist über die negativen Auswirkungen einer falsch verstandenen Frömmigkeit geschrieben worden, so dass manch ein junges Paar es kaum noch wagt, mit den Kindern über seinen eigenen Glauben zu sprechen.

Kann es wirklich sein, dass der christliche Glaube Menschen krank macht, während doch das Evangelium den Anspruch erhebt, heil zu machen?

Die zentrale Botschaft des Evangeliums ist die Versöhnung des Menschen mit Gott. In seinem Brief an die Korinther spricht der Apostel von dem Amt der Versöhnung (2. Kor 5, 18-20), von der Versöhnung, die durch das

Opfer von Jesus möglich wurde und den Menschen wieder in die Gemeinschaft mit Gott zurückgebracht hat. So leitet die Versöhnung den Prozess des Heilwerdens ein, das mit der geistlichen Geburt, der neuen Geburt beginnt. Diese Geburt ist nicht Ziel, sondern Anfang; denn nach dieser Geburt setzt der eigentliche Wachstumsprozess ein. So schreibt Paulus von unmündigen Kindern, die noch keine feste Speise vertragen (1. Kor 3, 1).

Der Prozess des Wachsens ist zugleich ein Heilwerden durch die Umgestaltung in das Bild von Jesus Christus. Dieses Heilwerden, das sich auf alle Bereiche des Lebens erstreckt, ist das Ziel eines reifen Christen. Dieses Ziel aber wird nicht durch Zwang erreicht, sondern durch das Sich-Öffnen für das Wirken Gottes – wenn wir dem Geist Gottes Raum gewähren, damit er sein Werk in und durch uns ausrichten kann. »Wo aber der Geist des Herrn ist, da ist Freiheit« (2. Kor 3, 17). Keine Freiheit zum Bösen, so dass wir ohne Gesetz unserer eigenen Lust leben könnten; das wäre nicht Ausdruck der Freiheit, vielmehr der Gefangenschaft; denn da ist der Mensch Gefangener seiner eigenen Lust und damit ein Gefangener Satans.

Die Freiheit, die ein Mensch in der Gegenwart Gottes hat, ist heilig und befähigt ihn, seiner Bestimmung gemäß zu leben. Das ist letztlich für den Menschen höchstes Glück, größte Befriedigung. Da kann selbst die äußere Freiheit beschnitten sein – die innere Freiheit bleibt von den äußeren Umständen unberührt. Diese innere Freiheit erlangt der Mensch oft erst durch die äußere Bedrängnis. Denn in diesen Grenzsituationen lernt ein Mensch das Geheimnis der anderen Dimension kennen, die Gott einbezieht. So wie Paulus schreibt: »Ich habe gelernt, mir genügen zu lassen, wie's mir auch geht. Ich kann niedrig sein und kann hoch sein; mir ist alles und jedes vertraut: beides, satt sein und hungern, Überfluss haben und Mangel leiden. Ich vermag alles durch den, der mich mächtig macht« (Phil 4,10-13). Das ist diese innere Freiheit, die nicht durch äußere Umstände eingeschränkt werden kann. In dieser Freiheit ist der Mensch nicht mit dem eigenen Wachstum beschäftigt, sondern ist auf Gott ausgerichtet. Da wird der Schwerpunkt nicht auf das eigene Ich gelegt, sondern auf Gott, den ewig Seienden. Und je mehr ein Mensch sich auf Gott konzentriert, desto weniger ist er mit sich selbst beschäftigt und mit dem, was mit ihm geschieht, was man ihm tut oder nicht tut.

In diese Freiheit dürfen Eltern ihre Kinder führen.

Aber Voraussetzung ist, dass die Eltern selbst in dieser Freiheit leben. Wo Freiheit nur gepredigt, aber nicht gelebt wird, ist sie unglaubwürdig.

Wie vielen Menschen sind wir begegnet, deren Glaube auf Angst basiert; Menschen, die nicht darum Christ geworden sind, weil sie von der Person Jesus berührt wurden, sondern weil sie Angst hatten, »auf ewig verloren« zu sein. Wie viele Christen kennen wir, deren Kindheit durch falsche Religiosität zur Qual geworden war.

Kinder, die von ihren Eltern oder Verwandten zur Bekehrung gedrängt wurden, damit sie nicht vom ewigen Tod ereilt oder bei der Entrückung zurückgelassen würden. Ihre Kindheit war geprägt von Angst. Kinder, denen es verwehrt war, sich unbeschwert zu entfalten, weil ihnen jede Freude zur Sünde wurde. Kinder, für die Gott zum unheimlichen Superwesen wurde, das bei dem geringsten Ungehorsam aus dem All zuschlagen würde.

Für manche Eltern ist es sehr bequem, Gott als Erziehungsmittel einzusetzen, das dem bösen Schwarzen Mann gleichkommt. Der momentane Erfolg ist zwar da: Die Kinder gehorchen aus Angst – aber der Preis ist zu hoch.

Gott ist kein Sklavenaufseher, der mit erhobener Peitsche hinter uns steht. Er ist unser Vater, der uns mit unendlicher Liebe umgibt.

Wie tief sind manche Christen in heidnischem Denken verwurzelt. Sie haben eine »Heiden-Angst«, sich zu freuen, als könnte Gott dadurch auf sie aufmerksam werden und vom Himmel ihre Freude in Leid verkehren. Da heißt es vielleicht: »Nur durch Leid führt der Weg zur Herrlichkeit«; aber nicht das Leid bedeutet Herrlichkeit, vielmehr kann Leid den Blick freigeben, so dass die Herrlichkeit durchbrechen kann. Das aber ist Freude.

Das Leben auf dieser Erde ist ein herrliches, wahrhaft göttliches Geschenk, das wir bejahen, uns daran erfreuen. Das können wir umso mehr, weil wir wissen, dass dieses Leben nicht unser letztes Ziel ist.

Wer nun aus Angst, eigene Wünsche zu äußern, jeden Wunsch in sich unterdrückt, hat das Evangelium missverstanden. Wie oft habe ich den Satz gehört: »Geht's der Natur entgegen, so ist's gerad und recht.« Aber hat das Jesus gemeint, der doch gekommen ist, damit wir das Leben und volles Genüge haben sollen (Joh 10, 10)?

Welch eine Freiheit begegnet uns in allem, was er sagt und wie er handelt. Und zu dieser Freiheit sind auch wir berufen. »Wenn euch nun der Sohn frei macht, so seid ihr wirklich frei« (Joh 8, 36). Das ist keine Freiheit zum Bösen. Sondern frei, sich in der Gegenwart Gottes schon hier am Leben zu freuen.

Es gibt Christen, die haben ein schlechtes Gewissen, wenn es ihnen gut geht. Sie bestrafen sich selbst, um der Strafe des gestrengen Richter-Gottes vorzugreifen. Wie viele Menschen machen sich selbst zum ewigen Märtyrer, anstatt sich an dem Geschenk der Erlösung zu freuen. Nach außen hin zeigen sie sich überangepasst, sind aber nach innen unersättlich in ihrem Bedürfnis. Sie versagen sich, wonach sie hungern, und machen sich zugleich abhängig von unstillbarer Gier. So entsteht ein Heuchlertum, das Jesus immer wieder scharf verurteilte. Da suchen sie verzweifelt ihr Selbstbild auszubauen und zu schmücken, anstatt ihre Identität in Jesus Christus zu sehen.

Wird der Glaube nicht von der Liebe bestimmt, so wird er statt zu einer Quelle der Geborgenheit zu einer Quelle der Angst und damit zu einer Brutstätte zwangsneurotischen und magischen Denkens.

So wie ein Kind verschiedene Phasen durchläuft, um erwachsen zu werden, geschieht auch das Wachstum eines Christen allmählich. Wenn daher der Anspruch von Jesus, der an einen erwachsenen Jünger gestellt wird, einem Kind vorgehalten wird, so ist das, als wollte man die Frucht vor der Blüte pflücken. Ich kann einem Kind nicht damit drohen, dass »sein Ich sterben muss«, wenn dieses Ich sich noch gar nicht entfalten konnte. Auch das Brot, das gebrochen wird, muss ja zunächst gebacken sein. Dieses Stadium kann ich nicht vorwegnehmen.

Aber dann, wenn die Zeit der Ernte gekommen ist, wird die Frucht abfallen; denn es ist die Zeit der Reife da. Wenn das Korn zu Brot verbacken ist, drängt alles darauf hin, dass es zum Leben für andere ausgeteilt wird.

Wenn ich daher von einem Kind etwas erwarte, das es einfach nicht erbringen kann, besteht die Gefahr, dass es seelisch und geistlich verkrüppelt. Dann entsteht Angst vor dem drohenden Gott, der ernten will, wo nicht gesät ist.

Dieses »In-den-Tod-Geben« hat eine viel tiefere

Bedeutung als das Aufgeben eines Wunsches und der Verzicht auf eine Lieblingsbeschäftigung. Der Tod ist die Voraussetzung für die Auferstehung; für das neue Leben, das aus dem alten wächst.

Um unseren Kindern eine Religion des Knospenfrevels zu ersparen, wollen wir von Jesus Christus lernen.

Wie begegnete Jesus den Kindern? Er war für sie da. Er zog sie liebevoll an sich und zeigte ihnen seine Zuneigung. Er segnete sie; das heißt doch, dass er all das Gute, das Gott für sie gedacht hatte, ihnen zusprach. Wenn Eltern auf diese Weise ihre Kinder mit Gott vertraut machen, werden sich die Kinder ihm weit öffnen; denn ein Kind hat eine natürliche Beziehung zu dem Übernatürlichen.

Für ein Kind ist die Existenz Gottes nicht mit Zweifeln und Fragen belastet. Es urteilt nach der ihm eigenen Logik. Da haben auch Engel und Naturerscheinungen einen selbstverständlichen Platz. Fast könnte man sagen, dass die Welt des Kindes der himmlischen Welt noch näher ist.

Hat vielleicht darum Jesus seine Jünger ermahnt, wie Kinder zu werden? Wer nicht das Himmelreich aufnimmt wie ein Kind, kann nicht hineingelangen (Mt 18,3)!

So können Eltern von ihren Kindern lernen. Vielleicht sind es in der Tat die Kinder, die ihre Eltern lehren und sie mit Gott erneut in Verbindung bringen. Die all die Steine, die den Zugang versperrten, hinwegnehmen.

So ist der erste Schritt der religiösen Erziehung, dass Eltern sich auf die Stufe ihrer Kinder stellen und ihren Kindern zuhören – und dann ihre Welt mit der Welt ihres Kindes verbinden. Auf dieser Basis können sie den Kindern dann ihre Erfahrungen vermitteln.

Wenn die Kinder dann ihre Eltern fragen, werden Vater und Mutter nicht verlegen sein.

Gesunde religiöse Erziehung ist dem Bedürfnis des Kindes angepasst.

Der Gedanke an Gott begleitet den gesamten Tag. Da ist kein Gebiet ausgeschlossen. Kinder dürfen es sehen, dass Vater und Mutter stets in der Gegenwart Gottes leben und sich entsprechend verhalten. Da wird alles Erleben auf Gott bezogen, das Schöne, das in ihm seinen Ursprung hat, und das Hässliche, das nur durch Gott verwandelt werden kann. Durch solch ein Erzählen wird Gott konkret im Alltag erlebt. Solch ein Reden ist nicht abstrakt und auf den Sonntagvormittag beschränkt. Das ist erlebte Geschichte.

In dieses Geschehen werden dann auch die Kinder mit einbezogen. Da lernt ein Kind nicht nur, Zusammenhänge zu sehen, sondern es lernt auch, selbst mit Gott zu reden und mit ihm zu rechnen.

Natürlich werden Vater und Mutter auch von den Gefahren sprechen, um ihr Kind zu warnen, damit es vorbereitet ist, wenn die Versuchung kommt. Das Kind muss ja den Feind erkennen, um gegen ihn gewappnet zu sein. Aber dieser Feind wird dann nicht zum Monster, vor dem ein Kind zittert, sondern der es immer neu in die Arme des starken Vaters im Himmel treibt.

Bei allem Erzählen ist doch der größte Dienst, den Eltern ihren Kindern erweisen, dass sie im Gebet für sie eintreten. Darin liegt ihre eigentliche Verantwortung: dass Vater und Mutter ihre Kinder vor Gott vertreten. So werden sie jeden Tag aufs Neue von Gott Weisheit erbitten und jede Lebensphase ihrer Kinder mit ihm besprechen, um von ihm Weisung zu erhalten. Das ist weit wichtiger, als stets ein Bibelwort auf den Lippen zu haben.

Es gibt also keine feste Regel, wie die religiöse Erziehung nun im Alltag aussehen sollte. Ist für den einen die tägliche Familienandacht fester Bestandteil des Tages, so wird eine andere Familie darauf verzichten.

Im Allgemeinen wird es so aussehen, dass – solange die Kinder noch klein sind – Mutter oder Vater ihnen Geschichten aus der Bibel vorlesen oder erzählen, mit ihnen singen und auch vor dem Schlafengehen mit ihnen beten. Erfahrungsgemäß warten die Kinder darauf und freuen sich, wenn beide Eltern – oder zumindest einer von ihnen – noch eine Weile am Bett sitzen, um für die Fragen und Erlebnisse des Tages Zeit zu haben. Dann können diese Fragen und Erlebnisse Gott erzählt werden, ganz natürlich. Da wird Gott in dieses Erzählen einbezogen. Das bedeutet für ein Kind Geborgenheit.

Um das Gefühl der Geborgenheit möglichst intensiv genießen zu können, werden Kinder solche Augenblicke gerne ausdehnen.

Aber wenn Gebet und Andacht zu einem bloßen Ritual werden, verlieren sie an Kraft. Irgendwann kommt dann der Zeitpunkt, an dem die Kinder sich dagegen wehren. Vielleicht nicht immer mit Worten, aber mit dem Gefühl.

Es gibt Familien, in denen eine Andacht einen festen Platz im Tagesablauf hat. Da wird jede Mahlzeit entweder mit einem Kalenderblatt oder einem Kapitel aus der Bibel abgeschlossen. Gebete mit den längst vertrauten Worten wiederholen sich dann Tag für Tag. Da halten Eltern an einer Tradition fest, vielleicht sogar aus Angst, sonst Unglück über ihre Familie zu bringen. Da hat die Andacht die Funktion eines Talismans. Das aber ist wie Magie. Wie ein Zaubermittel – mit dem gelebten Glauben hat es nichts zu tun.

Eine Andacht ist gut. Aber sie muss dem Bedürfnis des Kindes entsprechen und darf nicht zu einer starren Einrichtung werden. Wichtiger ist, dass Gott im Alltag von Vater und Mutter einen festen Platz einnimmt und dass die Kinder das auch bemerken. Wenn die Kinder ihren Vater im Alltag erleben und sehen, dass er aufrichtig ist, ohne Heuchelei, dass er mit der Mutter in derselben Weise spricht, wie er mit Gott redet, respektvoll und aufrichtig, ohne Pathos, dann wird es für die Kinder leichter sein, das, was der Vater sagt, auch zu akzeptieren.

Wenn die Kinder sehen, dass die Mutter liebevoll auf den Vater eingeht und ihm freundlich begegnet, so werden sie ihr eher glauben, wenn sie von der Liebe Gottes spricht und wenn sie betet.

Daher ist es nicht entscheidend, ob eine Familie eine Andacht einplant oder nicht; wichtig ist vielmehr, dass der ganze Tag auf Gott ausgerichtet ist. Dass Vater und Mutter im Alltag mit Gott leben. Dass sie darüber hinaus Zeit finden, um auch mit Gott allein im Gespräch zu sein, auf ihn hören, in seinem Wort forschen, sich korrigieren lassen.

Wenn Eltern erkennen, dass sie falsch gehandelt haben, und den Mut aufbringen, ihre Kinder oder einander um Verzeihung zu bitten, dann wird es auch Außenstehenden deutlich, dass Gott in diesem Haus wohnt.

Da brauchen Eltern gar nicht viele Worte zu machen. Die Kinder erfassen das Verhalten ihrer Eltern. Daraus lernen sie. All die täglichen Erlebnisse prägen sich tief in das Gedächtnis der Kinder ein.

Vielleicht hatte der Vater oder die Mutter um eine Lösung in einer besonders schwierigen Situation gebetet. Jetzt sieht es so aus, als hätte sich dieses Problem wie von selbst gelöst. War es nicht Gott, der das Gebet erhört hat?

Oder vielleicht haben die Kinder miterlebt, wie die Familie des Nachbarn durch Krankheit in große Not geraten war. Vater und Mutter überlegten beide, wie sie diese Not lindern konnten. Sie baten gemeinsam Gott um Hilfe und Weisheit. So warteten die Kinder nun ganz gespannt, wie Gott auf die Gebete antworten und welche Wege sich öffnen würden. Vielleicht sogar wurden sie selbst einbezogen, indem sie die eine oder andere Aufgabe übernahmen.

Wenn das Kind sieht, dass der Vater des Freundes selbstverständlich am Sonntag das Auto wäscht oder im Garten arbeitet, die eigenen Eltern stattdessen alles vermeiden, was den Sonntag zum Alltag macht, so wird sich das Kind eher am Verhalten der eigenen Eltern orientieren und es vorziehen, den Sonntag Gott zu widmen.

Das ist letztlich religiöse Erziehung. Da sind die göttlichen Gebote wie ein Geländer, an dem das Kind sich orientiert. Stärker noch ist jedoch die Beziehung zu Gott, in die das Kind durch das Beispiel der Eltern hineinwächst.

Wenn diese Beziehung von der Liebe geprägt und vom Vertrauen bestimmt ist, wird sich ein Kind frei entfalten können und zu einem verantwortungsbewussten erwachsenen Menschen werden. Das ist sicherlich der stille Wunsch aller Eltern.

Wie ein Kind Zukunft träumt

Der kleine Peter saß auf dem Schoß seines Vaters und erzählte – alles, was er an diesem Tag erlebt hatte. Als er einen Augenblick schwieg, fragte ihn sein Vater:

»Peter, weißt du schon, was du später einmal werden willst?«

Peter dachte nicht lange nach, sondern antwortete spontan: »Ich will König werden.«

Ja, es musste herrlich sein, in einem großen Schloss zu wohnen mit vielen Dienern. Immer wäre einer da, der einem die Tür aufhielt und eine tiefe Verbeugung machte. Einmal im Jahr würden dann die Menschen kommen, die eine Klage vorzubringen hatten. Er würde den Armen Recht sprechen und ihnen ihre Häuser zurückgeben und die Bösen würde er ins Gefängnis werfen. Ja, wenn er König wäre, könnte er Urlaub machen, sooft er nur wollte. Er brauchte niemanden um Erlaubnis zu bitten. Er könnte reisen, wohin es ihm beliebte. Es würden ihm stets die leckersten Speisen vorgesetzt. Wenn er wollte, dürfte er diese Speisen sogar selbst auswählen. Und Spinat – da war er sicher – würde er in seinem Land verbieten. Auch würde er keinem Menschen gestatten, auf Jagd zu gehen und unschuldige Tiere zu töten.

Während Peter noch all die herrlichen Seiten eines Königs aufzählte, kam ein Reiter ins Schloss gestürmt und drängte darauf, den König persönlich zu sprechen. Ein großes Heer hatte über Nacht ein schlafendes Dorf überfallen und die Männer getötet, Frauen und Kinder als Sklaven weggeführt und alle Häuser verbrannt. Das bedeutete Krieg. Der König rief seine obersten Heerführer zusammen, um sich zu rüsten. Aber bevor Peter noch tiefer in den blutigen Krieg verwickelt wurde, dachte er, es wäre vielleicht doch zu gefährlich, König zu sein.

Besser wäre es, Schäfer zu werden. Da könnte er den ganzen Tag friedlich auf den weiten Wiesen stehen, umgeben von seinen Tieren. Ja, es musste herrlich sein, den Wolken nachzublicken und des Nachts den klaren Sternenhimmel zu beobachten. Nichts als das Blöken der Schafe und das Jubilieren der Lerchen, die sich vor ihm in den Himmel schwangen.

Schon war es, als könnte er alles sehen. Der lange Umhang reichte ihm bis auf die Erde. Da lag auch sein Hund und schnappte soeben nach einer Fliege. Die Schafe grasten oder dösten vor sich hin. Er kannte sie alle mit Namen.

Aber was war mit Myrrhe? Das Lamm hatte den ganzen Tag noch nichts getrunken. Es blökte ganz jämmerlich. Ob es etwas Verkehrtes gefressen hatte?, fragte er sich besorgt. Vielleicht ist morgen alles wieder gut, versuchte er sich zu trösten. Aber während er noch darüber nachsann, zog eine schwarze Wolkenwand vom Westen auf und deckte den Himmel zu. Zunächst noch hatte die Sonne versucht, ein paar Strahlenbündel durch die dicke Wolkenschicht zu schmuggeln; aber fast schien es ihm, als würde der Wind nur wütender reagieren. Denn jetzt heulte er und pfiff und schüttelte und zerrte an den Wolkenfetzen, dass sie erschrocken hin und her taumelten. Dann war es, als würden alle Schleusen geöffnet. Der Himmel glich einem riesigen Regenfass, das sich auf die Erde entleerte. Der kleine Hirte blickte ängstlich um sich, er suchte irgendetwas, was ihm und seiner Herde vor dem Unwetter Schutz bieten könnte. Aber so weit seine Blicke auch wanderten, nichts als Weide, endlose Wiesen. Nicht ein Baum, dessen Blätter sich wie ein Dach über ihn decken könnten. Schon wurde die Wolkendecke immer schwärzer und in der Ferne vernahm er ein Grollen, das immer näher kam. Jetzt zuckten die Blitze und der Donner krachte und die Berge warfen erschrocken das Echo zurück. Die Tiere hatten sich ängstlich zusammengedrängt, als suchten sie beieinander Schutz. Selbst Senta, der Schäferhund, kauerte mit eingezogenem Schwanz zu Füßen des kleinen Hirten und wagte nicht einmal aufzublicken. Da überkam auch den kleinen Hirten die Angst. Und er dachte, dass es vielleicht doch nicht so schön sei, Hirte zu sein.

Vielleicht wäre es viel interessanter, Kapitän auf einem großen Schiff zu sein. Da könnte er in einer großen stolzen Yacht über glitzernde Wellen reiten. Es war fast, als wäre er König. Herr über ein weites, weites Meer. Mit dem fernen Horizont, der sich ausdehnte bis ans Ende der Erde. Mit der Sonne, die sich in Millionen glitzernden Funken im Meer spiegelte und das Wasser wärmte. Die Fische, die voller Übermut Purzelbäume machten.

Ab und zu würde er einem einsamen Segler begegnen und stolz an einem kleinen Fischkutter vorübergleiten. Dann würde er sein tiefes Horn erklingen lassen, dessen dumpfe Töne wie Poltergeister über die Wellen kugelten, so dass die Fische sich erschrocken in der tiefsten Tiefe verkrochen. Er durfte singen, so viel er nur wollte, und so laut, wie er konnte. Ab und zu würde er an einer einsamen Inselgruppe vorbeikommen. Während er sich – noch träumend – von den Wellen tragen ließ, entdeckte er in der Ferne eine Bucht mit einem weißen Felsenriff, das in der Sonne glänzte.

Doch was war das? Wie von einer unsichtbaren Hand wurde plötzlich das Schiff zur Seite gerissen und in eine andere Richtung gedrängt. Schon wurde der stolze Leib des Schiffes von den Wellen hoch in die Luft gehoben und ebenso plötzlich wieder fallen gelassen, so dass die Balken ächzten und stöhnten, als würden sie vor Schmerz brüllen. Bevor er selbst wieder Halt finden konnte, wurde das Schiff erneut zur Seite geschleudert. Jetzt sprangen die Wellen so hoch wie Mauern über das Schiff hinweg und kleinere purzelten hinterher und verfingen sich in dem Geäst der Seile, rissen die Segel mit solch einer Gewalt herunter, dass die Masten zerbrachen. Noch ehe der kleine Kapitän wusste, was er tun sollte, hatte eine besonders große Welle das Schiff an eine Felswand gedrückt und sich verstohlen davongemacht. Da lag das stolze

Schiff, als blute es aus vielen tausend Wunden. Und niemand war da, der ihm zu Hilfe eilen konnte. Nein, vielleicht war es doch nicht gut, Kapitän auf einem großen Schiff zu sein.

Wie viel besser wäre es doch, Bauer zu werden. Am Abend, wenn sich die Sonne am fernen Horizont verabschiedete, lagen die Äcker und Wiesen wie in einem vergoldeten Traum. Aus dem Stall drang zufriedenes Blöken, und hin und wieder antwortete der tiefe Bass einer Kuh. Es duftete nach frischem Heu, und zu seinen Füßen lag der treue Gefährte, der den Hof bewachte und ab und zu fragend zu seinem Herrn aufblickte. Ja, Bauer wollte er werden.

Aber kaum hatte er es ausgesprochen, spürte er, wie seine Beine schwer wurden wie Blei, denn der Lehm klebte an seinen Stiefeln, so dass er nur mühsam vorwärts gehen konnte. Seine Arme schmerzten, dass er kaum die schwere Mistgabel zu heben vermochte. Dabei hatte er gerade erst mit der Arbeit begonnen. Emma, die Kuh, wollte kalben – und konnte nicht. Sie lag da und brüllte. Wo sollte er jetzt – um diese Zeit – den Tierarzt suchen? Aber er konnte sie doch nicht einfach sterben lassen! Als er in den Hühnerstall wollte, war die Tür geöffnet und zarte weiße Federn wirbelten ihm entgegen. Vor Schreck wich er einen Schritt zurück, denn er erkannte, dass hier ein Kampf stattgefunden hatte. Noch immer saßen die Hühner verängstigt in einer Ecke und rührten sich nicht, gackerten nur ratlos vor sich hin. Aber der stolze bunte Hahn fehlte und Hilda, die gute alte Henne. Und – nein, er wollte es nicht glauben, was er da sah: Zu seinen Füßen lag sein weißes Lieblingshuhn. Nein, er wollte kein Bauer werden. Das eine stand fest.

Er wollte Koch werden. Warum er nur nicht gleich darauf gekommen war! Koch in einem vornehmen Hotel mit einer hohen weißen Mütze und einer langen weißen Schürze. Die köstlichsten Gerichte würde er zaubern mit auserlesenen Gewürzen aus allen Teilen der Welt. Er würde selbst die herrlichsten Speisen in den Saal hineintragen und den Deckel heben, so dass der Duft den großen Raum erfüllte. Dann würden alle Blicke auf ihn gerichtet sein. Wenn dann jeder andächtig vor seinem Teller saß, würden sie alles andere um sich herum vergessen und sich ganz dem Genuss hingeben. Er würde jedes Lob gelassen hinnehmen. Er war es ja gewohnt, als der beste Koch der Welt gerühmt zu werden.

Doch plötzlich wurde es in der Küche lebendig. Türen wurden zugeschlagen und eine aufgeregte Stimme keifte irgendwelche unsinnigen Befehle, dass die Töpfe anfingen zu klappern. Der Lehrling heulte und der Hilfskoch stampfte wütend mit den Füßen auf die Erde. Da kam der Chef des Hauses in die Küche gestürzt und brüllte: »Wer hat den Hummer zubereitet?« Und als alle Blicke sich auf den kleinen Koch richteten, sagte der Chef ironisch: »Ich bin sehr beeindruckt, junger Mann; aber in unseren Breiten pflegt man Hummer anders zuzubereiten. Da, iss es selbst!« Mit diesen Worten schüttete er das kostbare Gericht dem kleinen Koch vor die Füße. Sollte doch beim nächsten Mal der Chef selbst kochen!

Für Peter stand fest, dass er Schausteller werden und mit einer Schauspieltruppe von Ort zu Ort ziehen würde. Es war schließlich schon immer sein Wunsch gewesen, in einem richtigen Zirkuswagen durch die Länder zu fahren und kleine und große Kinder zu erfreuen. Ja, vielleicht könnte sogar ein Äffchen ihn begleiten. Dann könnte er es lehren, selbst den großen Leierkasten zu bedienen und all die Melodien hervorzuzaubern. Diese grellen, bunten Töne würden dann die Kinder aus den Häusern locken und sie würden Geld bringen. Viel Geld. Er könnte sich dann Bonbons dafür kaufen, so viel er nur wollte.

»Aber«, gab sein Vater da zu bedenken, »dann ist ja mein kleiner Peter weit, weit weg von Papa und Mama. Und wer soll dann in deinem Bettchen schlafen?«

Das wusste Peter nun auch nicht.

»Ach«, sagte er nach einigem Zögern, »vielleicht ist es doch am besten, ich bleibe bei euch und werde später einfach Papa – wie du.«

Sexuelle Früherziehung

Nun mag die Frage aufkommen, ob es so etwas wie eine sexuelle Früherziehung gibt und wenn ja, wie diese Erziehung aussieht. Im Zuge der sexuellen Revolution, die eine systematische Ausschaltung des Schamgefühls anstrebte, gab es Stimmen, die ermutigten Eltern, die Genitalien ihrer Kinder zu stimulieren, um ihnen später ein »gesundes« Sexualleben zu ermöglichen. Lust sollte für alle so früh wie möglich erfahrbar werden. Nicht wenige Eltern folgten diesem Rat; denn sie wollten modern sein und dem Glück ihrer Kinder nicht im Weg stehen.

Vielleicht waren sie selbst in einem strengen Elternhaus aufgewachsen, in dem sexuelle Fragen tabu waren – und schlugen jetzt den Weg des anderen Extrems ein. Aber solch eine Sexualerziehung ist für Kinder eine schwere Hypothek.

In einem Kind lebt der Drang, seine Welt zu entdecken. So wagt es sich immer weiter vor. Irgendwann im Verlauf dieser kleinen Expedition wird es auch sich selbst entdecken, seinen eigenen Körper. Vielleicht beobachten dann eines Tages Vater oder Mutter, wie das Kind seine Genitalien betastet. Oder das Kind erzählt ganz überrascht von seiner Beobachtung. Hier ist nun sehr entscheidend, wie Eltern auf dieses kindliche Spiel reagieren.

Wenn Eltern entsetzt reagieren und ihrem Kind mit Strafe drohen, werden Kinder zu stark eingeschüchtert. Eingeschüchterte Kinder aber können sich nicht frei entfalten, so dass sie noch als Erwachsene darunter leiden und unter Umständen zu einem gesunden Eheverhalten unfähig werden.

Im Grunde ist es diesen Menschen nicht gelungen, die kindliche Angst zu überwinden. Da wird Sexualität mit Sünde gleichgesetzt. Wird aber kindliche Sexualität durch Strafandrohung unterdrückt, führt das zu einem unnatürlichen krankhaften Verhalten.

Heute nun ist das Pendel zur entgegengesetzten Seite umgeschlagen. Da versucht man, durch eine systematische Aussschaltung des Schamgefühls und sexuelle Freizügigkeit die Gesellschaft von ihren Komplexen zu heilen. Aber wenn ein ungehemmtes Ausleben der Sexualität dem Menschen Heilung bringen würde, müsste unsere Gesellschaft längst heil geworden sein. Das Gegenteil ist jedoch der Fall. Je schamloser die Sexualität auf den Thron gehoben wird, desto kränker wird unsere Gesellschaft. Nicht nur physische Seuchen wie AIDS, sondern auch psychische Störungen aller Art überschwemmen uns wie eine nicht mehr einzudämmende Flut.

Sowohl die Verdrängung als auch das schrankenlose Ausleben der Sexualität werden die Entwicklung eines Menschen negativ beeinflussen. Das Ziel jeder Erziehung sollte daher sein, ein Kind zu sexueller Reife zu führen, d. h. zu einer gesunden Liebesfähigkeit, in der die Ehrfurcht vor dem anderen gewahrt und die Verantwortlichkeit füreinander wieder offensichtlich wird. Weder Verdrängung noch Überbetonung des Sexuellen ist eine Lösung, sondern die Sexualität muss in das Leben integriert werden und den Stellenwert erhalten, der ihr schöpfungsgemäß zugedacht war, nämlich Ausdruck der Hingabe, die durch die liebevolle Vereinigung am Schöpferwerk Gottes teilhat. Das sollte als Ziel im Auge behalten werden.

Es ist einfach nicht wahr, dass einem Menschen kein Verzicht zugemutet werden darf. Ein Mensch muss vielmehr lernen, Spannungen zu ertragen – auch die Spannung zwischen Trieb und Erfüllung. Schon ein Kind muss lernen, damit umzugehen, um dann als Jugendlicher und später als Erwachsener eine reife Entscheidung treffen zu können. Hier können Eltern dem Kind schon dadurch helfen, dass sie nicht jeden Wunsch sofort erfüllen und so das Kind darin unterstützen, eine Spannung auszuhalten. Erst wenn ihm das gelingt, wird es belohnt.

Wir leben heute in einer Zeit der Sofort-Befriedigung. Jedes Bedürfnis muss möglichst sofort befriedigt werden. Aber das ist ein kindisches Verhalten und hat nichts mit Reife zu tun. Ein reifer Mensch hat gelernt, auch einen Mangel durchzustehen. Er wird daran nicht zerbrechen. Im Gegenteil: Er wird stark werden. Nur ein Kind lebt spontan, denn es weiß nicht, wie es mit einer Frustration umgehen soll; es hat noch nicht gelernt, zu verzichten. Noch weniger weiß es, dass gerade im Verzicht Freude liegen kann.

Nun stellt sich die Frage der Aufklärung. Es gibt keine festen Regeln und Vorschriften, wann und wie Kinder aufgeklärt werden sollten. Eine sexuelle Aufklärung sollte selbstverständlich und natürlich sein und immer dem Alter entsprechend. Im Allgemeinen wird es so sein, dass ein Kind fragt. Es fragt, woher ein Baby kommt und warum das Schwesterchen anders aussieht usw. Das ist eine ganz natürliche Wissbegierde. Ein Kind will ja lernen. Sobald das Kind anfängt zu fragen, sollten Eltern nicht ausweichen, vielmehr auf die Frage gezielt antworten, ohne verlegen auszuweichen. Sie sollten aber auch nicht mehr sagen, als das Kind tatsächlich wissen möchte. Dann wird das Kind sich damit zufrieden geben und seine Neugier ist gestillt.

Kommt dann zu einem späteren Zeitpunkt – z. B. im Grundschulalter – noch einmal die Gelegenheit, können Eltern mit Takt und Einfühlungsvermögen ihr Kind altersgemäß ein Stück in das Geheimnis der Menschwerdung einführen. Unser Rat ist: Klären Sie Ihr Kind grundsätzlich auf, bevor es »auf der Straße« durch Schulkameraden etc. auf recht unsensible Weise aufgeklärt wird. Dies ist zugleich auch der beste Schutz der eigenen Kinder vor sexuellem Missbrauch.

Die sexuelle Aufklärung liegt in erster Linie in der Verantwortung der Eltern. Sollten sich Eltern in dieser Hinsicht überfordert fühlen, kann eine andere Vertrauensperson diese Aufgabe übernehmen. Doch wer wäre geeigneter als der Vater für seinen Sohn und die Mutter für ihre Tochter! Aufgabe der Eltern ist es damit auch, in solchen Schulen, in denen Sexualkunde Bestandteil des Lehrplans ist, ihre Kinder doppelt sorgfältig und behutsam gerade in diesem Fach zu begleiten.

Kommunikation in der Familie

Wir haben bereits über die Kommunikation zwischen Mann und Frau gesprochen. Das, was wir da gesagt haben, kann auch auf die Kommunikation innerhalb der Familie übertragen werden; denn das Prinzip ist dasselbe. Doch ist es erstaunlich, wie leicht der Einzelne diese Grundregeln vergisst.

Unserer Beobachtung nach ist die wichtigste Regel bei der Kommunikation, dass wir uns dem anderen ungeteilt zuwenden. Wenn beispielsweise das Kind von der Schule nach Hause kommt und etwas für sein eigenes Empfinden so Wichtiges mitteilen möchte, die Mutter jedoch einfach mit ihrer Beschäftigung fortfährt und beispielsweise Staub saugt, entsteht Frustration. Diese Frustration führt zu Enttäuschung und Bitterkeit. Wenn der Vater nach Hause kommt und seine Kinder über ihn herfallen, um ihm von ihrem Erleben zu berichten, der Vater jedoch nur hinter seiner Zeitung brummelt, kaum aufsieht, dann ziehen sich die Kinder enttäuscht zurück. Darum sollte eine Grundregel lauten: mit der Beschäftigung aufhören, um sich ungeteilt dem Kind zuzuwenden. So fühlt sich das Kind ernst genommen. Dann kann es mitteilen, was es ja mit Vater oder Mutter teilen möchte.

Es mag sein, dass dies nicht immer ganz leicht ist und Vater und Mutter nur schwer ihre Ungeduld verbergen können. Aber ist das Kind nicht wichtiger als die Zeitung oder die gepflegte Wohnung?

Wenn Kinder erleben, dass Vater und Mutter zuhören und ihre Kinder ernst nehmen, können manche Konflikte vermieden werden. Schließlich wird das Kind durch das Verhalten der Eltern lernen, wie es sich selbst einem anderen zuwenden kann. Das ist letztlich Ausdruck des Angenommenseins. In solch einer Atmosphäre ist es leichter, aufrichtig zu sein. Denn wer sich geliebt und angenommen weiß, braucht sich nicht zu verstecken. Der darf sich dem anderen auch ungeschützt zeigen. Solch ein

Kind muss sich nicht ängstlich in Lügen verstricken. Es muss nicht »so tun, als ob«. Es braucht ja keine Leistung vorzuweisen, um angenommen zu sein. Es weiß sich ja bereits geliebt, ganz gleich, was es tut und wie es sich verhält. Aber es wird sein natürliches Verlangen sein, Vater und Mutter zu erfreuen.

Es ist gar nicht erforderlich, dass lange Gespräche stattfinden. Es sind diese kleinen Berichte zwischendurch, die so entscheidend sind.

Durch die heutige Arbeitssituation sind die Familien häufig auseinander gerissen. Kaum finden sie sich noch zu gemeinsamen Mahlzeiten zusammen. Dabei könnten gerade diese gemeinsamen Mahlzeiten ein besonderer Höhepunkt werden. Nicht um über Probleme zu diskutieren, dann vergeht den Einzelnen vermutlich der Appetit; vielmehr um Dinge miteinander zu besprechen, die die ganze Familie betreffen. Vielleicht etwas Schönes, was der eine oder andere erlebt hat. Eine Frage taucht auf, die jetzt besprochen werden kann.

Am besten eignet sich wahrscheinlich die Abendmahlzeit dazu. Wenn dann noch der Tisch hübsch gedeckt und die Mahlzeit liebevoll hergerichtet ist, bietet das den entsprechenden Rahmen, der geradezu zum Reden miteinander einlädt.

In vielen Familien jedoch ist das Gespräch verstummt. Da beschränkt sich die Kommunikation im Telegrammstil auf das Wichtigste. Allenfalls sitzt man nur noch stumm gemeinsam vor dem Fernseher, um sich berieseln zu lassen.

Wäre es nicht gut, an dem einen oder anderen Tag einmal ganz auf das Fernsehen zu verzichten? Zugunsten der Familie! Es kommt ja ohnehin kaum ein vernünftiges Programm. Ist es deshalb nicht eine Zeitverschwendung? Wie viel besser könnten doch solche Stunden genutzt werden!

Feiern

Können wir Menschen heute noch feiern? Oder haben wir es verlernt? Sind wir so stark damit beschäftigt, Karriere zu machen, dass wir keine Zeit mehr finden für dieses ungezwungene, heitere Beisammensein? Doch diese fröhliche Gemeinsamkeit ist so wichtig, dieses Sich-aneinander-Erfreuen, gerade auch innerhalb der Familie.

Wir können zusammenkommen, um miteinander zu diskutieren. Wir können dieses und jenes Problem miteinander besprechen. Wir können uns gemeinsam für eine Sache begeistern, sei es im Sport oder in irgendeinem Verein, in dem alle Mitglieder eine gemeinsame Leidenschaft verbindet. Aber Feiern in der Familie ist noch etwas anderes.

Da sind Hochzeiten, aber die sind selten genug. Dann vielleicht besondere Geburtstage. Aber die sind in der Regel auch nicht so häufig. Doch warum muss man warten, bis ein besonderes Ereignis eintrifft? Genauso gut kann man selbst kleine Erlebnisse aus dem Alltag als Festgrund wählen. Da gibt es ungezählte: der erste Schultag, das erste Zeugnis, ein nicht alltäglicher Brief, Ferienanfang, die ersten Krokusse, eine Gehaltserhöhung, ein bestandenes Examen. Mal wird das eine Kind gefeiert, dann das andere – und beim übernächsten Mal ist es ein Ereignis, das alle betrifft. Dann gibt es Familienfeste, die die größere Verwandtschaft mit einbeziehen. Sie sind oft besonders beliebt. Gelegenheiten, Vettern und Cousinen wieder zu sehen und alte Geschichten immer wieder neu zu hören. Filme werden gedreht und es wird miteinander gesungen und gespielt oder auch getanzt. Wer kennt denn heute noch die alten Volkstänze? Oder selbst erdachte Reigen, bei denen der Großvater den Enkel an die Hand nimmt und der Bruder die Schwester …?

Zum Feiern gehört nicht unbedingt ein Programm. In einem größeren Kreis wird allerdings ein gut durchdachtes Programm hilfreich sein; aber es muss nicht sein. Wichtig ist, dass es nicht eine Ein-Mann-Show ist und alle anderen lediglich Zuschauer sind.

Gerade in einer Familie ist es wichtig, dass alle Familienmitglieder einbezogen werden und ihren Beitrag leisten. Nicht als Zwang, dann wird ein Fest zur Last, vielmehr aus Freude. Freude lässt sich nicht erzwingen.

Doch wenn die Beziehung gesund ist, kommt Freude ganz von selbst.

Da freut sich das Kind, seine Großmutter zu sehen und mit dem Großvater einen Streich auszuhecken. Oder die Tante wählt die kleine Nichte, um mit ihr gemeinsam einen Sketch vorzutragen. Theaterspiele sind bei Kindern eigentlich immer sehr beliebt. Sei es, dass sie ein Puppentheater selbst entwerfen und dann auch das Theaterstück dazu selbstständig verfassen. Sei es, dass sie sich verkleiden und in die Rolle eines anderen schlüpfen.

Vielleicht ist es nicht immer ganz leicht, die Großen und Kleinen in gleicher Weise zu begeistern; aber vermutlich wird es doch gelingen, wenn sie füreinander offen sind.

Zusammenfassung

- Die Familie ist die Schatztruhe Gottes, die für den Menschen zigtausend Überraschungen und Freuden birgt.
- Wenn Vater und Mutter sich lieben und einander verstehen, werden glückliche Kinder heranwachsen.
- Eine behutsame Grenzsetzung bedeutet nicht Einengung, sondern Geborgenheit.

5. Wenn Reparaturen notwendig werden oder: Störungen in der Beziehung

Ehe in der Krise

In der ersten Zeit der Begeisterung füreinander ist es nur schwer vorstellbar, dass je eine Krise auftreten könnte. Alles erscheint so leicht, so selbstverständlich. Aber nach dem Frühling der ersten Liebe kommt der Sommer, dann der Herbst. Schließlich kann es Winter werden, wo alles wie zu Eis erstarrt. Auch die Ehe ist ja dem Wachstumsprozess unterworfen. Wir Menschen bleiben nicht, wer wir einmal waren. Jeder von uns ist im Werden. Was wir heute als richtig erkannt haben, kann morgen von uns verworfen werden. Wir sehen heute Dinge anders und beurteilen sie anders als gestern. Was wir vielleicht noch vor wenigen Jahren nicht sehen konnten, sehen wir heute in einem ganz neuen Licht. Das gilt auch für unseren Partner. Vielleicht waren wir fasziniert von dieser oder jener Eigenschaft. Doch plötzlich ist es gerade diese Eigenart, die uns auf die Nerven geht. Da blättert das Lächeln ab und erscheint uns fade und oberflächlich. Diese alte Begeisterung für den anderen können wir einfach nicht mehr zurückrufen, so sehr wir uns auch bemühen. Wir können den Weg nicht mehr zurückgehen. Als sei er für immer verloren.

All das, was einmal so hoffnungsvoll begann, scheint zerbrochen. Zersplitterte Träume. Zurück bleibt Ratlosigkeit, vielleicht Verzweiflung oder Hoffnungslosigkeit.

Es ist so leicht, entmutigt zu werden, hineingezogen zu werden in die große Depression. Die Zukunft erscheint düster, ja drohend. Alles, was wir wahrnehmen: Die ganze Welt taumelt auf die große Katastrophe zu. So lassen wir uns mitreißen in diesen Sog der Verzweiflung wie Treibholz auf den Wellen.

Vielleicht aber auch bäumen wir uns auf in der Revolte.

So hat jede Generation ihren eigenen Aufstand.

Wenn nun eine Krise heraufzieht – was können wir tun?

Vielleicht denken wir: Wenn der andere anders wäre, dann ... Aber in der Regel führt dieses Wenn und Hätte in eine Sackgasse. Denn nicht die Situation ist es, die mir primär Schwierigkeiten bereitet, sondern ich selbst bin es, meine Reaktion auf eine Situation. Anstatt nun den andern verändern zu wollen und an ihm herumzukritisieren, sollte ich mich selbst in Frage stellen und meine Reaktion überprüfen.

Vielleicht erwarte ich einfach zu viel? Ist mein Ideal zu hoch? Ja, gibt es überhaupt die ideale Ehe? Und wenn ja, was kann ich dazu beitragen?

Auch wenn die Interessen so weit auseinander gehen, dass einfach keine Verständigung mehr möglich erscheint, und beide Partner so verschieden sind und jeder andere Interessen hat, bedeutet das noch nicht, dass diese Ehe scheitern muss. Aber da braucht die Beziehung ein besonderes Maß an Aufmerksamkeit.

Wenn beispielsweise der Mann begeisterter Sportler ist und am liebsten stundenlang auf dem Sportplatz trainiert, die Frau aber nur Interesse für Theater und Oper zeigt, so können hier leicht Reibungsflächen entstehen.

Sobald ein Interessengebiet zu einer Leidenschaft geworden ist, besteht die Gefahr, dass im Lauf der Ehe diese Leidenschaft die Liebe zurückdrängt und ein größeres Schwergewicht erhält als die Beziehung.

Aber nicht nur die Interessen, auch die Wertvorstellungen können auseinander fallen. Wenn der eine den größten Wert des Lebens darin sieht, Geld zu verdienen, und der andere dieses Geld benutzen will, um das Leben farbig zu gestalten, so entstehen Konflikte.

Es ist wahr, dass all dies äußere Fakten sind, dennoch können sie eine Ehe belasten; denn sexuelle Anziehung allein genügt nicht. Sexualität ist ja kein Kitt, der Brüche heilt. Sie kann im Gegenteil die Kluft noch vertiefen, wenn sie nicht eingebettet ist in liebevolles Angenommensein.

Wenn die ersten Anzeichen einer Krise aufkommen, kann es hilfreich sein, sich noch einmal zu überlegen, was eigentlich zu dieser Wahl geführt hat.

In der Regel ist es doch so: Zwei Menschen verlieben sich. Sie heiraten. Doch eines Tages stellen sie fest: Es klappt einfach nicht mit uns! Wir sind zu unterschiedlich. Wir gehen uns ständig auf die Nerven. Es heißt dann vielleicht, sie hätten aus Liebe geheiratet. Aber Liebe – was ist das?

Oft steckt hinter dieser so genannten Liebe nichts als eine egoistische Erwartung an den anderen.

Wie oft wird eine Ehe in der stillen Hoffnung geschlossen, dort endlich das zu erhalten, was einem in der eigenen Kindheit vorenthalten war: Liebe, Geborgenheit, Zärtlichkeit, Anerkennung. Dabei kann die Erwartung an den anderen so fordernd sein, dass der Partner bald nicht mehr in der Lage ist, ihr zu entsprechen. Wer daher meint, sein Defizit am Geliebtwerden in der Ehe auffüllen zu können, sieht sich in der Regel getäuscht. Denn was geschieht, wenn auch der Partner mit seinem erlittenen Defizit nun seinerseits Erwartungen stellt?

Zwei Schwache ergeben noch keinen Starken und zwei Blinde können nicht darum sehen, weil sie beide an derselben Krankheit leiden. Wie viele unbewusste Motive spielen bei der Wahl eine Rolle! Vielleicht glich der andere dem Idol, das einem durch die Massenmedien vor Augen gehalten wurde, so folgte man einer Klischeevorstellung, die man sich unbewusst zu Eigen gemacht hatte. Vielleicht rief dieser Mensch irgendeine frühe Erinnerung wach, und man ließ sich von einem unbewussten Drang leiten.

Vielleicht wollte man den anderen einfach für sich festhalten, damit die eigenen Bedürfnisse gestillt würden. Der eine suchte die Mutter, um sich verwöhnen zu lassen. Oder die Frau den Vater, um weiter Kind bleiben zu können. Vielleicht auch war man es ganz einfach leid, allein zu sein. Man suchte Sicherheit. Ja, braucht man nicht einen, dem man sich anvertrauen kann, mit dem man reden kann, der einen kennt? Man suchte Nähe. Besonders junge Menschen, die aus zerrütteten Familien kommen, brauchen eine Zufluchtsstätte, ein Stück Geborgenheit.

Und dann ist da die Sexualität, dieser Drang, der kaum zu bändigen ist und einen Partner sucht – und oft genug findet, ohne an die Konsequenzen zu denken. Da spielt das körperliche Verlangen eine so starke Rolle, ist so zwingend, dass der junge Mensch sich verliert. Es heißt: »Er hat den Kopf verloren.« Mit dem Kopf denkt man. Aber wenn dieses Verliebtsein über einen kommt, verliert man die Fähigkeit zu denken.

Vielleicht auch war es der Wunsch, dem anderen zu helfen. »Im Lauf der Zeit wird er oder sie sich ändern«, so sagte man sich. Es ist gut, einem anderen helfen zu wollen.

Aber das ist kein Fundament für eine Ehe. Eine Ehe ist eine partnerschaftliche Beziehung, ein Geben und Nehmen. Wenn der eine nur die Zuwendung nimmt und der andere nur die Schwäche des Partners zu tragen hat, dann kann keine Ehe aufgebaut werden. Das Gleichgewicht muss stimmen.

Oder es war bereits ein Baby unterwegs. Man sah sich in einer Sackgasse. So heiratete man. »Es wird schon irgendwie gehen«, versuchte man sich zu trösten. Aber in der Regel geht es eben nicht.

So kann es eine Hilfe werden, wenn sich jeder bewusst macht, was ihn zu der Heirat motiviert hat. Nicht, um dann zu resignieren und in Bitterkeit zu erstarren, sondern um bewusst ein neues Ziel zu setzen.

Wenn es unser Ziel ist, zu menschlicher Reifung zu gelangen, dann können auch Enttäuschungen dazu dienen. Enttäuschung am anderen. Enttäuschungen an mir selbst. Erst wenn solch eine Enttäuschung stattgefunden hat, kann ich lernen, den anderen anzunehmen, wie er ist.

Aber auch dann, wenn alle Faktoren stimmen und jeder den Partner geheiratet hat, der ihm gemäß ist, kann es irgendwann zu einer Krise kommen. Es muss keine tiefe Erschütterung geben, die die Ehe in ihrer Substanz bedroht. Auch kleine Steinchen können reiben. Oft beginnt eine Entzweiung mit ganz geringfügigen Missverständnissen, Kleinigkeiten. Da heißt es: Hinhören, um herauszufinden, warum der andere so reagiert, wie er reagiert.

Wenn bei einem Haus reparaturbedürftige Stellen auftreten, werden wir ja auch nicht gleich das gesamte Haus abreißen. Vielmehr werden wir bemüht sein, diesen Schaden auszubessern, damit er nicht noch größer wird. Je früher ein Schaden erkannt und behoben wird, desto besser ist es. Natürlich müssen wir dann auch den Preis bezahlen.

Auch eine Ehe bedarf der Wartung, der regelmäßigen Pflege. Sie gelingt nicht einfach von selbst. Wir müssen immer wieder an dieser Beziehung arbeiten. Das ist der Einsatz, den wir erbringen. Aber wenn dann die Ehe wieder gesundet, wissen wir, dass der Einsatz nicht vergeblich war.

Wenn nun zwei Menschen mit ihrem unterschiedlichen Hintergrund ein gemeinsames Leben aufbauen, so kommt es bei fast 50 % der jungen Ehen zu Anpassungsschwierigkeiten. Vor allem in den ersten fünf Jahren der Ehe treten teilweise massive Probleme auf, die dann den weiteren Verlauf beeinflussen. Da sind kleine oder auch große Reibungsflächen. Schon kommt es zu einer ersten Enttäuschung. Da lässt die Zuneigung nach. Die Romantik hört auf.

Besonders für eine Frau bedeutet Romantik sehr viel. Vielleicht lebte sie in der ersten Zeit der großen Liebe wie im Traum. Sie fühlte sich begehrt, gefragt, bestätigt. Das alles stärkte ihr Selbstbewusstsein. Ihr Mann brachte ihr Blumen, holte sie von der Arbeit ab. Sie konnten es nicht abwarten, bis sie Zeit füreinander hatten.

Aber jetzt ist der Mann gar nicht mehr so eifrig darauf bedacht, seine Frau zu erfreuen und ihr Arbeit abzunehmen. Alles ist selbstverständlich geworden, alltäglich.

Auch der Mann ist enttäuscht. Hat seine Sexualität an Reiz verloren? Seine Frau weicht ihm aus. Er kann doch nicht immer um sie werben?

Doch all diese Gedanken werden vor dem anderen geheim gehalten. Man möchte sich nicht die Blöße geben. Man kann geschlechtlich miteinander verkehren – und doch die geheimsten Gedanken vor dem anderen verbergen.

Doch ohne Kommunikation ist keine tiefe Gemeinschaft möglich. Aber wenn Kommunikation zu einer Forderung wird, wehrt sich der andere dagegen. Er möchte freiwillig teilen, was er teilen will. Er möchte nicht dazu aufgefordert werden.

Natürlich versteht es der Mann rein theoretisch, dass seine Frau an seinem Leben teilhaben möchte. Aber der Mann ist froh, wenn er den Arbeitstag zurücklassen kann. Er möchte am liebsten an nichts mehr erinnert werden.

In der ersten Phase des Verliebtseins war für ihn alles interessant, was seine Frau sagte und wie sie es sagte. Aber jetzt kann er diesen alltäglichen Kram nicht mehr hören. Er will Fakten. Keine umständlichen Beschreibungen und schon gar keine Gefühle. Dann gibt es auch noch die Sexualität. Der Mann hat ein klar gestecktes Ziel. Er sucht die sexuelle Erfüllung. Aber für die Frau ist der Weg von größerer Bedeutung. Sie sucht den Menschen.

Wo können wir anfangen, um diese Krise zu überwinden?

Das liebe Ich

Die meisten Schwierigkeiten im menschlichen Miteinander geschehen dadurch, dass wir Menschen so empfindlich reagieren. Wenn unser Ich gekränkt wird, wehren wir uns. Dieses Ich bedeutet viel für uns. Unermüdlich glätten wir daran herum; wir pflegen und nähren es. Und wenn unser Ich in irgendeiner Weise verletzt wird, sind wir sofort bereit, uns zu schützen.

Wenn wir an einer stabilen Ehebeziehung miteinander bauen wollen, müssen wir unsere Schwachstellen erkennen und daran arbeiten. Eine der schwächsten Stellen ist die Empfindlichkeit, die große Verletzbarkeit.

Ein Wort kann genügen, um eine Verstimmung hervorzurufen. Ein Wort der Kritik – und wir reagieren verärgert, verbittert, schlagen zurück oder igeln uns ein – und schmollen. Warum? Unser Selbstbildnis wurde angetastet. Die hohe Meinung von uns selbst angezweifelt.

So kommen die meisten Spannungen im menschlichen Miteinander daher, dass wir Menschen so verletzbar reagieren. Daher kann die Kränkbarkeit als eine der Hauptursachen einer gestörten Ehebeziehung angesehen werden.

Kränkbarkeit hat mit dem Gefühl zu tun. Es gibt angenehme und es gibt unangenehme Gefühle. Diese Gefühle entstehen ohne unser Zutun. Plötzlich sind sie da.

Wenn man uns lobt, Anerkennung zeigt, uns schmeichelt, steigt ein angenehmes Gefühl in uns auf.

Wenn man uns dagegen kritisiert, nicht beachtet, drückt uns das Gefühl nieder, wir fühlen uns unwohl, reagieren verstimmt.

Positive Gefühle empfinden wir als angenehm. Negative dagegen haben etwas Niederzwingendes; darum auch möchten wir sie so schnell wie möglich wieder loswerden.

Wenn solch ein negatives Gefühl uns beherrscht, versuchen wir daher alles, um das Gleichgewicht wieder zurückzugewinnen; denn instinktiv wehren wir uns gegen das Unangenehme.

Nun kann man auf eine Kränkung unterschiedlich reagieren:

Man kann in Selbstmitleid verfallen oder kommt aus Selbstvorwürfen nicht heraus; man kann den Unmut aber auch verdrängen und so tun, als würde einem das alles nichts ausmachen. Aber unter der Oberfläche schwelt es weiter. Oder man schlägt zurück, um jetzt den anderen noch stärker zu verwunden, nach dem Motto: Auge um Auge, Zahn um Zahn. Aber irgendwie ahnen wir, dass es nicht gut ist, aus dem eigenen Verletztsein heraus zurückzuschlagen, um jetzt unsererseits dem anderen Wunden zuzufügen, die dann nur schwer heilen.

Besser wäre es, an der eigenen Verletzbarkeit zu arbeiten. Wie? Indem wir zunächst einmal die Kritik annehmen (vorausgesetzt, dass diese Kritik berechtigt ist!) und sagen: »Du hast Recht. Das ist mir nicht gelungen ...«, oder: »Ich hätte anders reagieren sollen. Verzeih ...« Zum andern können wir versuchen, uns in die Lage des Kritikers zu versetzen, um nachzuspüren, warum er so reagiert.

Eine berechtigte Kritik annehmen – ist das so schwer? Warum? Möchte man, dass der andere die gute Meinung über uns nicht korrigieren muss? Ist aber eine Kritik nicht berechtigt, können wir unsere Schau (und unsere Gefühle!) sachlich und ruhig darlegen, ohne jetzt zurückzuschlagen und damit wiederum den anderen zu verletzen.

Kränkbarkeit ist im Grunde nichts anderes als verletzter Stolz. Der Wunsch, anerkannt zu werden, wurde nicht so erfüllt, wie wir es gerne gehabt hätten. Es ist das Geltungsbedürfnis, bei dem wir nicht die Rolle spielen konnten, die wir gerne gespielt hätten.

Wenn ich gekränkt bin, zeigt mir das, dass da ein wunder Punkt ist, eine Schwachstelle in meinem Verhalten, die einer Behandlung bedarf, eines Trainings, eines Schliffs. Dieses Selbstmitleid, die eigene Kränkbarkeit gilt es abzulegen, indem ich meine Aggressionen nicht freisetze, weder um mich selbst zu treffen noch den anderen. Das setzt Demut voraus.

Wer an seiner Kränkbarkeit arbeiten will, muss lernen, demütig zu sein, d. h., er darf nicht an seiner Fassade herumpolieren, um vor den anderen zu glänzen. Er muss seine Schwäche zugeben und sich zu seinen Fehlern stellen, ohne sich zu rechtfertigen. Aber zugleich sollte er auch zu seiner Stärke stehen und sich nicht beirren lassen.

In dem Wort Kränkbarkeit liegt der Begriff krank. Bei der Kränkbarkeit bin ich Zentrum meines Denkens. Wo aber ein Mensch sich selbst zum Götzen wird, ist er krank. Nicht beachtet zu werden kränkt uns, macht uns krank. Eine Krankheit muss behandelt werden.

Hier ist die beste Medizin: uns sachlich distanzieren.

Aber kann man das, wenn man gekränkt ist? Das ist ja gerade das Problem, dass wir oft nicht wissen, wie wir mit unseren Gefühlen umgehen können.

Vielleicht gelingt es, uns von dem Standpunkt des anderen aus zu betrachten, und dann vergleichen wir die beiden Perspektiven miteinander und fragen uns unter Umständen ganz überrascht, was uns da zum Narren gehalten und getäuscht hat. Ja, manchmal ist es, als würden wir uns selbst wie in einem Spiegel betrachten – und über uns lachen. Doch solch ein Lachen ist befreiend!

Am meisten werden wir durch das Gefühl, das uns übermittelt wird, getroffen. Es sind nicht so sehr die Worte, die verletzen, sondern die Art, wie diese Worte umhüllt werden. Da heißt es, sich selbst unter Kontrolle zu halten, damit wir nicht leichtfertig den anderen verwunden. Wenn es dennoch geschieht, kann ein kleines Wörtchen Wunder wirken: Verzeih.

In einer Ehe bleiben gegenseitige Kränkungen nicht aus. Aber hier kann einer dem anderen helfen, indem er seine Worte behutsam wählt und nicht unnötig verletzt.

Wenn es trotzdem zu einer Verletzung gekommen ist, sollten wir den eigenen Triumph nicht genießen, sondern dem Getroffenen wieder aufhelfen, indem wir ihn spüren lassen: Du bist mir wertvoll. Ich liebe dich. Nicht auf Grund dessen, was du tust, sondern ich liebe dich als Person.

Das Halsband oder der rote Schlips

Es war zwei Tage vor ihrer Goldenen Hochzeit. Ausgerechnet jetzt hatten sie sich gestritten. Wenn er darüber nachdachte, schämte er sich. Wenn sie darüber nachdachte, schämte sie sich auch. Denn mit fünfundsiebzig Jahren sollte man sich eigentlich nicht mehr streiten. Streit war das Vorrecht der Kinder. Aber an diesem Tag waren sie wie Kinder. Wie gewöhnlich hatte es mit einer Kleinigkeit begonnen. Wenn er genau nachdachte, konnte er nicht einmal mehr sagen, wer eigentlich angefangen hatte.

Sie hatten eine Feier mit Freunden und Verwandten geplant. Die ganze Familie freute sich darauf. Es war ja ein besonderer Tag. So wollte sie ein Halsband aus schwarzem Samt mit einem kleinen Medaillon kaufen und er einen roten Schlips. Aber als sie sagte, ein roter Schlips sei nichts mehr für ihn, wurde er wütend. Woher wollte sie wissen, dass der grüne mehr zu ihm passte! Ein roter Schlips wäre noch immer besser als ihr schwarzes Halsband! Doch als er gerade sagen wollte, wie schrecklich sie mit einem schwarzen Halsband aussehen würde, überlegte er es sich noch einmal. Er wollte sie ja nicht verletzen. So sagte er: »Für so etwas haben wir jetzt kein Geld. Entweder Ferien oder Halsband.« Als er das ausgesprochen hatte, wusste er, wie unsinnig das war. Aber jetzt konnte er die Worte nicht mehr zurücknehmen. Er schämte sich. Doch er wollte sich nicht schämen müssen; darum sagte er: »Ich habe schon seit Jahren festgestellt, wie verschwenderisch du lebst.« Er sah sie an, um zu sehen, welche Wirkung seine Worte auf sie hatten. Plötzlich sah sie so zerbrechlich aus, dass er erschrak. Und weil sie noch immer nichts sagte, fuhr er fort: »Wir hätten uns viel mehr im Leben leisten können, wenn du in den kleinen Dingen nicht so verschwenderisch gewesen wärst.«

Dann ergab ein Wort das andere, bis sie anfing zu weinen und das Zimmer verließ. Auch er war verärgert. Am meisten aber ärgerte er sich über sich selbst.

Den ganzen Tag über gingen sie einander aus dem Weg. Als sie am Abend nebeneinander in ihren Betten lagen, redete keiner mit dem anderen. Doch achtete jeder auf den schweren Atem des anderen.

Auch am nächsten Tag noch gingen sie sich aus dem Weg und vermieden es, einander anzusehen. Als sie dann am Morgen ihrer Goldenen Hochzeit sich am Frühstückstisch gegenübersaßen, lag auf ihrem Platz ein kleines Päckchen. Auch er entdeckte neben seinem Teller eine kleine flache Schachtel, die seinen Namen trug.

Als er das Päckchen öffnete, zog er einen glänzend roten Schlips hervor. Als er verstohlen zu seiner Frau herüberblickte, war sie gerade damit beschäftigt, sich ihr schwarzes Halsband umzulegen. Als ihre Blicke sich begegneten, lachten beide, gingen aufeinander zu und umarmten sich.

»Sind wir nicht wie Kinder?«, fragte sie.

»Ja, große Kinder«, antwortete er.

Eifersucht

Ähnlich wie die Kränkbarkeit kann auch Eifersucht eine Ehebeziehung belasten. Sie ist nicht nur für den Betreffenden selbst quälend, sondern auch für den Partner, der ja Objekt dieser Eifersucht ist.

Es gibt eine gesunde Eifersucht. Denn Ehe ist eine Zweierbeziehung. Zwei Menschen haben sich füreinander entschieden, bereit, den anderen als die wichtigste Person im Leben zu betrachten. Wenn jetzt der eine Partner erfahren muss, dass er die Zuneigung und Aufmerksamkeit mit einem anderen teilen soll, so empfindet er dieses Verhalten als Verrat. Dabei muss nicht einmal ein sexuelles Vergehen vorliegen. Es gibt auch einen geistigen Ehebruch. Wenn jemand seine Gedanken nicht mehr mit dem Ehepartner teilt, sondern einen anderen Gesprächspartner sucht. Das mag in bestimmten Situationen seine Richtigkeit haben; aber wenn dieser Austausch intensiviert wird, wird damit der Partner in den Hintergrund gestellt. Ein anderer wird ihm vorgezogen. Da gewinnt der Partner den Eindruck: Ich genüge nicht. Das verletzt.

Eifersucht kann aber auch krankhaft werden. Da möchte einer den anderen zwingen, Beweise dafür zu erbringen, dass man der wichtigste Mensch ist und mit keinem anderen ausgetauscht wird.

Diese innere Unsicherheit kann einen Menschen derart beherrschen, dass er ständig kontrolliert, voller Misstrauen jeden Weg begleitet, jedes Wort mithören will. Man sucht Bestätigung. Wird sie einem gegeben, glaubt man es doch nicht. Voller Misstrauen lauert man, um den Partner zu überführen. Man möchte ihn ganz besitzen, über ihn verfügen.

Wenn ich aber einen anderen mit allen Mitteln binden will, werde ich ihn verlieren. Denn auch eine Ehe kann nur gelingen, wenn beide Partner sich einen gewissen Freiraum zugestehen. Dass dabei einer nichts zulässt, was den Partner verletzt, ist selbstverständlich; denn eine Ehebeziehung basiert ja auf gegenseitigem Vertrauen. Ich kann meinen Partner nicht mit einem anderen teilen; diese Beziehung ist einmalig. Sie muss auch versiegelt bleiben. Aber damit wird der andere nicht mein Eigentum.

Der Eifersüchtige ist sich seiner selbst äußerst unsicher. Er fühlt sich wertlos. Vielleicht hatte er gehofft, durch die Heirat den eigenen Wert aufzubessern. Er macht seine eigene Sicherheit von der Bestätigung eines anderen abhängig. So benutzt er den anderen und verpflichtet ihn, ihm diese Bestätigung wieder und wieder zu geben. Wenn der andere diese Erwartung nicht erfüllt, reagiert der Partner mit Verlustangst. Eine Angst, die sich bis zur Panik steigern kann. Wer unter pathologischer Eifersucht leidet, muss an seinem Selbstwertgefühl arbeiten.

Worin liegt denn der Wert eines Menschen? Doch nicht in dem, was er erbringt. Auch nicht in dem, wie er gestaltet ist. Eine nette Figur ist schön anzusehen. Aber sie macht nicht den Wert eines Menschen aus. Eine gute Stimme ist etwas Schönes. Aber auch davon hängt nicht der Wert eines Menschen ab. Es ist anregend, einem intelligenten Menschen zu begegnen und sich mit ihm zu unterhalten; aber der Wert eines Menschen wird nicht daran gemessen.

Erst wenn ein Mensch um seinen eigenen Wert weiß, gewinnt er Sicherheit im Umgang mit anderen. Und diese Sicherheit fördert das Vertrauen.

Wenn Gefühle fehlen

Gefühle haben für Mann und Frau eine unterschiedliche Qualität. Sie äußern sich auch anders. Doch beschränken wir uns in diesem Rahmen auf das sexuelle Gefühl. Das ist zweifellos bei einem Mann ausgeprägter als bei einer Frau, so dass es vorwiegend Frauen sind, die über eine Gefühlsarmut klagen. Auch wenn sie bemüht sind, Gefühle entstehen zu lassen, gelingt es ihnen längst nicht immer. So fühlen sie sich einerseits dem Mann verpflichtet, andererseits möchten sie sich ihm am liebsten entziehen.

Gefühle haben in der heutigen Gesellschaft – oder sollen wir besser sagen: Lebensphilosophie? – einen hohen Stellenwert.

Wie viele Frauen klagen darüber, beim sexuellen Zusammensein nichts zu empfinden. Sie überlassen ihren Leib dem Partner und nehmen die Sexualität in Kauf; sie lassen alles über sich ergehen wie ein lästiges Übel, das nun einmal nicht zu umgehen ist. Sie geben zwar ihren Körper, aber nicht sich selbst.

Wie wir wiederholt gesagt haben, spielt die Sexualität bei einer Frau eine untergeordnete Rolle. Wichtiger für sie ist die Zugehörigkeit. Das Wissen, ganz einem Menschen zugeordnet zu sein. Dieses Wissen gibt ihr Sicherheit und bedeutet Geborgenheit. Das ist für eine Frau wichtiger als das Ausleben ihrer Sexualität.

In der Unterhaltungsbranche geben sich zwar viele Frauen betont sexy, um die Aufmerksamkeit der Männer auf sich zu lenken, doch gewinnt man eher den Eindruck, dass sie die Sexualität wie einen Köder benutzen, einer Marktware vergleichbar, mit der sie ein bestimmtes Ziel verfolgen.

Durch die ständige Infiltration der Medien glaubt eine Frau häufig unbewusst, diesem Klischee entsprechen zu müssen. Sie putscht sich auf und stellt unter Umständen eine Leidenschaft zur Schau, die mit ihrem innersten Gefühl nicht übereinstimmt. Dahinter steckt vielmehr die Absicht, für den Partner interessant und begehrenswert zu erscheinen, um ihn an sich zu binden. Tatsächlich benutzen viele Frauen die Sexualität als Schlinge, um den Partner einzufangen. Oder sie verweigern sich und benutzen so die Sexualität als Waffe, mit der sie den Mann zwingen und ihn unterwerfen. Nur eine Frau ist in der Lage, dieses Spiel zu durchschauen.

Wenn sich jedoch eine Frau ihrem Mann entzieht, weil sie selbst nichts empfindet und die körperliche Begegnung mit ihrem Mann anfängt, ihr zur Last zu werden, schafft das Probleme. Vielleicht stellt sich sogar Widerwillen ein oder gar Ekel. Aber sie wagt es nicht, diese Abneigung zum Ausdruck zu bringen, aus Angst, ihren Mann zu verletzen. So sucht sie alle nur denkbaren Ausreden, um sich dem Mann zu entziehen.

Hier kann es für die Frau eine Hilfe sein, wenn sie sich darauf konzentriert, was ihren Mann erfreut. Auch wenn sie selbst kein Lustempfinden aufzubringen vermag und es ihr lästig ist. Das Wissen, ihren Mann zu erfreuen, bereitet ihr Lust. Es ist eine andere Qualität der Lust, die sich nicht in sexueller Erregung äußert. Aber nicht selten stellt sich dann auch die sexuelle Erregung ein.

Ein sexuell ausgefüllter Mann ist entspannter und belastbarer als einer, der sexuell unbefriedigt ist. Die sexuelle Erfüllung hat Einfluss auf die ganze Persönlichkeit. Es ist kaum möglich, einen starken, harmonischen Partner zu erwarten und sich ihm körperlich zu verweigern.

Aber wir gehen noch einen Schritt weiter. Es ist nicht genug, wenn eine Frau nur ihren Körper hingibt – in ihren Gedanken aber mit dem neuen Kochrezept beschäftigt ist. Dann fühlt sich der Mann gedemütigt und allein gelassen. Er mag zwar eine körperliche Lustbefriedigung erleben, doch das beglückende Einssein fehlt. So ist in der Lust ein Unlustgefühl. Dieses Unlustgefühl kann als Aggression zum Ausdruck kommen. Denn nur die eine Seite wurde befriedigt. Das bedeutet also für die Frau, dass sie ihre eigenen Bedürfnisse zurückstellt, um auf die Bedürfnisse ihres Mannes einzugehen.

Es ist nicht immer leicht, die Sexualität in gesunder Weise in die Ehe zu integrieren und ihr den Platz zuzuweisen, der ihr schöpfungsgemäß von Gott gegeben wurde.

Nun mag jemand fragen: Ist es jetzt allein die Frau, die den Preis zu zahlen hat? Nein, auch der Mann ist beteiligt.

Die Sexualität ist ja ein wichtiges Bindeglied, das Mann und Frau miteinander verbindet. Wenn nun der Mann weiß, dass die Sexualität für seine Frau eine Bürde bedeutet, so liegt es an ihm, ihr diese Bürde zu erleichtern. Es wäre nicht fair, jetzt von seiner Frau zu erwarten, dass sie auf ihn eingeht und seinem Bedürfnis entgegenkommt. Vielmehr ist es sein Vorrecht, jetzt seinerseits erfinderisch zu werden und zu überlegen, wie er seine Frau erfreuen kann. Dabei geht es nicht um neue Techniken, die er sich aneignet, sondern um sein ihr Zugewandtsein. Wie er ihr seine Nähe zeigen kann. Wenn er lediglich am Abend im Bett seine Liebe beteuert, hört doch die Frau sofort heraus, was ihr Mann damit bezwecken will. Meint er dann mit seiner Liebkosung wirklich sie als seine Partnerin, seine Frau, oder setzt er sie nicht vielmehr ein, um so schnell wie möglich sein Ziel zu erreichen? Damit aber dienen seine

Liebesbeteuerungen nur seinem egoistischen Ziel. Das verletzt eine Frau. Sie fühlt sich nicht als Mensch begehrt, sondern als Objekt, das benutzt wird. In diesem Fall kann ein Mann von seiner Frau nicht erwarten, dass sie sich auch noch mit Begeisterung einbringt.

Wenn nun der Mann sieht, dass seine Frau einen arbeitsreichen Tag hinter sich hat und müde ist, dann wird er sie nicht noch zusätzlich fordern, vielmehr aus Liebe zu ihr sein Begehren zurückstellen. Das fördert die Liebe.

Aber Gefühle müssen sich nicht nur auf das Sexuelle beschränken. Da ist diese warme, tragende Beziehung, die Liebe genannt wird. Nein, ich meine nicht das Verliebtsein, das vielleicht einen jungen Menschen befällt und seine Sinne total gefangen nehmen kann, dieses himmelhohe Jauchzen, das Gefühl, auf Wolken zu schweben. Ich denke jetzt an diese ruhige, stille Gewissheit, zueinander zu gehören. Aber wie, wenn auch diese Gewissheit nicht da ist? Wenn alles in Frage gestellt wird? Oder einer sich selbst in Frage stellt? Vielleicht ist dann der Augenblick gekommen, wo Liebe ganz neu definiert werden muss. Was ist Liebe? Ist Liebe wirklich nur ein Gefühl?

Gefühle kommen und gehen. Sie sind nicht beständig. Darum können wir unsere Zukunft nicht auf Gefühle bauen. Wenn eine Beziehung vertraut geworden ist, kann auch das Gefühl absorbiert werden. Da stellt vielleicht ein Partner fest, dass er nichts mehr für den anderen empfindet. Die Beziehung muss nicht einmal erstarrt sein, vielmehr ist es, als wäre eine Quelle zum Versiegen gekommen. Aber Liebe kann nicht austrocknen. Denn sie hat eine andere Wurzel. Ihre Wurzel reicht tiefer. Liebe ist keine Reaktion auf eine Qualität, die der andere aufzuweisen hat. Liebe ist mehr. Sie geht tiefer. Sie umfasst den Partner selbst, als Menschen. Da mag der Partner diese oder jene Eigenschaft haben, die uns stört, vielleicht sogar uns auf die Nerven geht. Aber dennoch wird die Liebe dadurch nicht beeinträchtigt.

Was also ist Liebe, wenn sie kein Gefühl ist?

Liebe ist das unumschränkte Ja zu dem andern. Ich sage ja zu dir. Nicht zu diesem oder jenem, was du tust – das vielleicht auch –, aber zu dir als Mensch. In diesem Sinn kann ich sicherlich viele Menschen lieben. Aber in der Ehe hat dieses Zugewandtsein einen ausschließlichen Charakter. Da investiere ich mich selbst als Person. Ich bin ganz und ungeteilt für dich da. Diese Liebe ist eine bewusste Entscheidung: Ich habe mich unter Millionen Menschen für dich entschieden. Und zu dieser Entscheidung stehe ich. Es mag sein, dass es irgendwo noch andere gibt, mit denen ich mich gut verstehen würde; aber mein Leben habe ich an dich gebunden – mit allen Konsequenzen. Wenn ich dazu stehe, liebe ich diesen Menschen.

Nur diesen? Ausschließlich?

Wenn ich eine Ehe will – ja. Ausschließlich. Ich bin offen für andere und ihnen zugewandt. Aber dieses Einssein ist einmalig, nicht übertragbar, miteinander und füreinander.

Wenn nun Zeiten kommen, in denen das Gefühl der Liebe verblasst, weil die Beziehung alltäglich geworden ist, dann kann diese Entscheidung erneut getroffen werden. Ganz unauffällig. Ich rechne dann nicht nach, was ich ausbezahlt bekomme. Ich investiere mich selbst. Ist das nicht Liebe? Wozu brauche ich dann ein Gefühl?

Und vielleicht kommt dann plötzlich auch dieses alte Gefühl zurück, das ich verloren glaubte. Oder ist es nie vorhanden gewesen?

Ob mit oder ohne Gefühl: Du bist es wert. Du bist von Gott geliebt. Und ich stehe zu dir! Ich gebe mich dir, denn ich liebe dich.

Fehlerquellen, die vermieden werden können

Erst wenn uns ein Fehlverhalten bewusst geworden ist, können wir anfangen, daran zu arbeiten. Daher möchten wir hier die Hauptfehlerquellen noch einmal zusammenstellen und ganz praktische Tipps weitergeben (der Begriff Partner deutet für uns den männlichen und den weiblichen Teil des Ehepaars an):

1. Vermeiden Sie es, Ihren Partner zu kritisieren und ihm für eine Situation die Schuld zuzuschieben – vor allem in Gegenwart anderer. Seien Sie vielmehr dankbar für alles, was der Partner für Sie tut, und sprechen Sie Ihren Dank aus.

2. Listen Sie niemals alte Fehler auf und vermeiden Sie es, sich selbst als Opfer zu sehen, den Märtyrer zu spielen und bei Fremden Trost zu suchen. Praktizieren Sie vielmehr Vergebung, ohne die alten Fehler und Vergehen noch einmal auszugraben.

3. Vergleichen Sie Ihren Partner nicht mit einem anderen oder stellen einen anderen als Vorbild hin. Das würde bedeuten, dass Ihr Partner einem Bild entsprechen soll, das Sie sich von ihm gemacht haben.

4. Praktizieren Sie eine offene, liebevolle Kommunikation – ohne Angriff und ohne Nörgeln. Dazu gehört, dass Sie den anderen sprechen lassen, ohne voller Ungeduld darauf zu warten, bis Sie selbst reden können.

5. Versuchen Sie nicht, Ihren Partner zu unterdrücken,

um selbst die Oberhand zu behalten und als Sieger hervorzugehen, d. h. also, sich selbst und Ihre Idee für besser und richtiger zu halten, nach dem Motto: Ich habe immer Recht! Das entmutigt den anderen und macht ihn bitter. Ermutigen Sie stattdessen Ihren Partner durch Anerkennung. Vermitteln Sie ihm das Gefühl: Du bist für mich die wichtigste Person.

6. Stellen Sie niemals Ihre eigenen sexuellen Bedürfnisse in den Vordergrund. Stimmen Sie die sexuelle Beziehung auf das Bedürfnis des Partners ab.

7. Betrachten Sie Ihren Partner nicht als Ihren Besitz.

8. Vermeiden Sie alles, was bei Ihrem Partner den Eindruck erwecken könnte, nicht voll angenommen zu sein. Wenn Sie Wert auf eine gute Ehebeziehung legen, dann sollten Sie alles tun, um Ihrem Partner das Gefühl zu geben, von Ihnen anerkannt und angenommen zu sein.

Vorsicht, Falle!

Eine Krise in der Ehe kann auch durch Kinder hervorgerufen werden. Da sind verschiedene Fallen, in denen sich vor allem die Mutter so leicht verfängt. Aber wenn sie um die Gefahr weiß, kann sie ganz anders auf der Hut sein und ihr Verhalten beobachten.

Nun gibt es sehr unterschiedliche Familienkonstellationen.

In der einen Familie werden Kinder als notwendiges Übel hingenommen. Eigentlich waren diese Kinder nicht geplant. Aber da sie nun einmal da sind, können sie nicht mehr »zurückgeschickt« werden. Im Vordergrund jedoch steht das eigene Wohl, das eigene Vergnügen. Das Recht auf die eigene Entfaltung. So werden diese Kinder dem egoistischen Streben der Eltern untergeordnet. Da heißt es von Seiten des Vaters oder mehr noch der Mutter: Es ist mein Recht, zuerst an mich zu denken. Da lautet das oberste Gebot, dass es mir gut geht. Solange das Kind diesem elterlichen Glück nicht im Weg steht, wird es ertragen. Stört es jedoch, wird das Kind abgeschoben.

Dazu gibt es viele Möglichkeiten, sei es, dass es von immer wechselnden Babysittern versorgt oder in Tagesstätten untergebracht wird.

Eine Mutter, die ihr Kind von fremden Fachkräften betreuen lässt – nicht aus zwingenden Gründen, sondern um selbst Karriere zu machen –, begeht Verrat an ihrem Kind. Diese Kinder werden im Tiefsten abgelehnt. Diese Ablehnung kann auch durch große, verschwenderische Geldgeschenke nicht gutgemacht werden. Ein Kind braucht keine teuren Geschenke. Es braucht Liebe und das Bewusstsein, willkommen zu sein.

Genauso verhängnisvoll wie die Ablehnung wirkt sich das Anklammern und Besitzenwollen aus. Es gibt viele Eltern, wieder besonders Mütter, die sich an ihre Kinder klammern. Doch weder das Kind, das abgelehnt wird, noch das Kind, das privater Besitz seiner Eltern ist, kann sich frei entfalten. Ein Kind braucht eine liebevolle Atmosphäre, in der es sich angenommen weiß – aber nicht erdrückt wird. Es braucht eine Beziehung, die beständig ist und ihm Sicherheit und Vertrauen gibt.

Wenn nun ein Kind die einzige Lebenserfüllung für eine Mutter bedeutet, tritt der Partner an die zweite Stelle. Aber das ist nicht in Ordnung. Es ist die Aufgabe von Vater und Mutter, ihrem Kind zu helfen, erwachsen zu werden, um später selbst Verantwortung übernehmen zu können. Kinder sind nicht um der Eltern willen da. Sie sind schon gar nicht Besitz der Eltern. Wie viele Eltern investieren in ihre Kinder in der Hoffnung, dann später einmal die Zinsen ausgezahlt zu bekommen. Aber Kinder sind dem Leben der Eltern nicht verpflichtet. Sie sind auch nicht dazu da, den Eltern Ehre und Anerkennung zu verschaffen. Manches Kind wird als Wunderkind aufgezogen – in der stillen Erwartung, dass der Glanz der Bewunderung schließlich auf die Eltern übergeht. Da wird solange an dem Kind herumgenörgelt, kritisiert, manipuliert, bis es endlich dem Bild entspricht, das man als Ideal anstrebte. Aber wie oft wird solch eine geheime oder offene Erwartung enttäuscht! Denn es ist dem Kind einfach nicht möglich, etwas zu sein, was es nicht ist.

Die Inbesitznahme eines Kindes kann auf verschiedene Weise erfolgen, einmal durch eine bestimmende, fordernde Art, die dem Kind keine Möglichkeit lässt, einen eigenen Weg zu finden; dann aber auch durch heimliche Erwartungen, die auf verschiedene Weise dem Kind mitgeteilt werden.

Da trifft beispielsweise die Mutter alle Entscheidungen für ihr Kind und verbessert alles, was ihr Kind sagt oder tut, bis es schließlich entmutigt aufgibt. Die Mutter weiß es immer besser und führt die bereits begonnene Arbeit des Kindes zu Ende, weil es ihr zu langsam geht. Dadurch schafft sie aber eine ständige Entmutigung; zudem bleibt das Kind in der Abhängigkeit von der Mutter und ist zum Schluss davon überzeugt, nichts Rechtes zustande zu bringen. Unter dieser Voraussetzung ist das Kind nicht fähig, ein eigenständiges Leben aufzubauen. Wenn es dennoch gelingen sollte, dann mit schlechtem Gewissen. Nicht selten begleitet die dominante Mutter ihr erwachsenes Kind noch als starkes Über-Ich bis in die Ehe hinein.

Eine dominierende oder auch besitzergreifende Erziehungsperson muss nicht immer stark und mächtig auftreten. Auch in ihrer Schwachheit kann sie herrschen und ihr Kind auf der emotionalen Ebene gefügig machen. Ja, ihr Schweigen kann beredter sein als viele Worte. Doch das ist beinahe noch verhängnisvoller, denn sie verpflichtet ihr Kind mit dem, was sie Liebe nennt. Um diese Liebe nicht zu verletzen, fügt sich das Kind und tut, was die Mutter will – bis hin zur Berufs- und Partnerwahl. Solch ein junger Mensch kann so manipuliert werden, dass schon ein Seufzen genügt, ein Blick – und das Kind ist in seinem eigenen Wollen wie gelähmt. Es weiß genau, was die Mutter erwartet – und hat keine Kraft, sich dieser Erwartung zu widersetzen. Schließlich denkt es die Gedanken der Mutter und fühlt, was die Mutter fühlt. Es ist in der Tat Leibeigener geworden, privater Besitz. Solch eine Inbesitznahme wirkt wie ein geheimer Zwang. Dieser Zwang hält auch dann noch einen Menschen gefangen, wenn er fünfzig oder gar sechzig Jahre alt geworden ist. Wie eine Nadel beim Kompass ist dieser Mensch auf den Willen eines anderen fixiert.

Noch komplizierter wird solch ein Verhältnis, wenn zwischen der Erziehungsperson und dem Kind ein gegenseitiges Abhängigkeitsverhältnis besteht. Solch eine Situation kann durch eine schwere Krankheit hervorgerufen werden, die naturgemäß eine größere Abhängigkeit erfordert. Aber auch dann, wenn die Krankheit nicht mehr das Maß an Hilfe erfordert wie zuvor, bleibt doch das Abhängigkeitsverhältnis bestehen. Da wird die Hilfsbedürftigkeit eines Kindes gefördert, um das Kind nicht zu verlieren. In übergroßer Fürsorge wird es von der Mutter umgeben. Und dann heißt es: »Ich habe alles für dich getan. Ich habe mich für dich aufgeopfert ...« Wenn dann der Dank nicht so erstattet wird, wie man es erhofft hatte, so wird der ungeschriebene Vertrag durch Krankheit eingelöst. Auf diese Weise appelliert eine Mutter an ihr Kind: »Du siehst doch, dass ich auf dich angewiesen bin. Du kannst mich jetzt nicht im Stich lassen!«

Warum gebraucht eine Mutter ihr Kind – anstatt es zu lieben?

Vielleicht ist ihre Ehe nicht glücklich. Nun sucht sie Trost und Verständnis bei ihrem Kind; denn der Partner hat ihr nicht die Erfüllung gegeben, die sie sich erhofft hatte. So klammert sie sich an ihr Kind. Ihr Kind wird zu dem einzigen Lebensinhalt. Da sucht sie Heimat in ihrem Kind und pflanzt ihre eigenen Wurzeln tief in das Herz ihres Kindes, um ihrem eigenen Leben Halt zu geben. Indem die Mutter sich so an ihr Kind klammert, wird ihr Kind Partnerersatz. Da wird vielleicht der Mann noch als Versorger geduldet, aber im Grund wird er nicht einbezogen. Damit wird der Partner abgelehnt und das Kind überfordert. Das führt zu Konflikten in der Ehe und Auseinandersetzungen in der Familie.

Wenn der Vater seinen Schwerpunkt auf die Arbeit verlegt und kaum zu Hause ist, kann sich zwangsläufig solch eine Situation ergeben. Die Mutter braucht ein Gegenüber, dem sie ihre Sorgen mitteilt. Wenn nun der Mann nicht erreichbar ist, besteht die Gefahr, dass sie sich an ihr Kind klammert. Dadurch wird das Kind in seiner Selbstentfaltung gehindert und bleibt in seinem Verhalten infantil, wobei zugleich aggressive Gefühle angestaut werden, die irgendwann zum Ausbruch kommen, häufig in Form von

Depressionen oder psychosomatischen Störungen. Dies wiederum belastet die ganze Familie.

6. Der Baumeister und sein Werk oder: Vom Geheimnis Gottes

Die verborgene Quelle

Menschliche Weisheit ist nicht die Quelle des Lebens, auch nicht Reichtum und Ehre, ebensowenig Erfolg. Wer davon nimmt, den wird nach mehr verlangen. Der wird nie satt, so wie das natürliche Wasser nur vorübergehend den Durst stillt. Jesus weist auf den Brunnen, der von Menschen gegraben wurde, und sagt: »Wer von diesem Wasser trinkt, den wird wieder dürsten; wer aber von dem Wasser trinken wird, das ich ihm gebe, den wird in Ewigkeit nicht dürsten, sondern das Wasser, das ich ihm geben werde, das wird in ihm eine Quelle des Wassers werden, das in das ewige Leben quillt« (Joh 4,13-14).

Hier sehen wir zwei verschiedene Realitäten.

Welches ist unsere Realität: Die oft so harte Wirklichkeit, mit der wir nicht zurechtkommen, an der wir uns wund reiben? Oder ist es jene verborgene Realität, die wir nur ahnen, doch nicht fassen können?

Die verborgene Quelle, die unser Leben erquickt. Die das dürre Land fruchtbar macht. Diese Quelle, die unerschöpflich ist, nie versiegt – was bedeutet das für uns in unserer Ehe, in unserer Familie?

Wenn wir aus der verborgenen Quelle schöpfen, haben wir Zugang zu einer anderen Dimension. Da leben wir in einer großen inneren Freiheit. Da wissen wir unsere Zeit eingebettet in der Ewigkeit. Da klammern wir uns nicht an

Menschen und Dinge. Da bestehen wir nicht verbissen auf unserem Recht. Da können wir zurücktreten, um dem anderen den Vortritt zu lassen.

Du zuerst – das klingt in der heutigen Zeit wie ein Hohn. Denn alles zielt ja darauf hin, dass ich zuerst komme: meine Interessen, meine Bedürfnisse, mein Recht.

Nicht so, lehrt die Bibel. Genau umgekehrt: Zuerst der andere! »Ordnet euch einander unter in der Furcht Christi« (Eph 5, 21). Einer sei der Diener des anderen.

Der Mensch aber will kein Diener sein. Er fühlt sich zum Herrschen geboren. Die Frau will nicht Dienerin des Mannes sein, und der Mann ist nicht bereit, seiner Frau zu dienen. So fordert einer vom anderen, denn keiner will zugunsten des anderen zurückstehen.

Aber aus der Quelle, von der Jesus spricht, strömt eine andere Art Liebe, eine Liebe, die das menschliche Fassungsvermögen übersteigt. Es ist die Liebe Gottes.

Wenn diese Liebe in uns lebt, wird unser Herz weit. Da hat auch der andere Platz. Ja, der andere gewinnt an Wert. Wenn mir der andere etwas wert ist, gehe ich behutsam mit ihm um. Dann werde ich nicht unnötig verletzen. Dann bin ich auch bereit, den Preis zu zahlen. Und dieser Preis ist die Vergebung.

Eine Liebe, die auf Vergebung basiert, kann warten. Sie ist geduldig. Sie drängt sich nicht in den Vordergrund. Sie kann auch schweigen. Aber dann, wenn ihre Zeit gekommen ist, wird sie reden. Und das, was sie redet, wird wahr sein. Doch sie wird dabei nicht unnötig verletzen und Wunden schlagen, denn ihr Ziel ist das Heilwerden des anderen.

Das heißt nicht, dass ich immer den heimlichen Erwartungen eines anderen entsprechen müsste. Das wäre eine falsche Interpretation der Liebe. Liebe weiß auch, Grenzen zu setzen, wo Grenzen notwendig sind. Aber diese Grenzen haben keine Stacheln, die unnötig verletzen, sie sind mehr wie ein Geländer, das Orientierung gibt.

Von dieser Liebe heißt es, dass sie die Furcht austreibt (1. Joh 4, 18).

Diese Liebe hat eine andere Qualität. Nicht die, die von Menschen weithin als erstrebenswert angepriesen wird. Das ist keine Liebe, vielmehr eine Imitation der Liebe, die zwar äußerlich der Liebe in manchen Stücken ähnelt, aber keine Kraft hat zu verwandeln und zu erneuern.

Von dieser göttlichen Liebe heißt es, dass sie »ausgegossen ist in unsre Herzen durch den Heiligen Geist, der uns gegeben ist« (Röm 5, 5).

So kann die Liebe, die Gott durch den Heiligen Geist in unser Herz gegossen hat, durch mich auch den anderen erreichen.

Es ist nicht die eigene Kraft, es ist die Kraft der Liebe, die trägt, die sich nicht erbittern lässt, das Böse nicht zurechnet, die sich nicht aufspielt und ihren Triumph sucht. Es ist diese Liebe, die alles erträgt, alles glaubt, alles hofft, alles duldet ... (1. Kor 13). Wir können noch so gut hören und noch so geschickt mit Worten umgehen – aber all unser Wissen hilft nicht, wenn diese Liebe fehlt. Denn die Liebe schlägt die Brücke vom Mann zur Frau und von der Frau zum Mann.

Liebe ist keine Technik, die wir erlernen könnten. Zur Wahrhaftigkeit können wir uns erziehen; aber Liebe ist nicht erlernbar. Liebe ist auch nicht primär ein Gefühl. Diese Liebe ist nicht machbar oder erlernbar, sie ist von Gott, und sie ist sein Geschenk an uns.

Aber wir müssen uns ihr öffnen. Ihr Raum geben, damit sie in uns und durch uns wirksam werden kann.

Wenn unsere Ehe auf dieser Liebe erbaut ist, wenn diese Liebe das Fundament unserer Ehe ist, dann wird sie in alle Ewigkeiten fortbestehen. Aber wo diese Liebe fehlt, bringen uns alle Techniken nicht weiter. Da bricht das Haus früher oder später in sich zusammen.

So geht es in der Ehe letztlich darum, dass wir von dieser Liebe Gottes regiert werden. Dann werden wir fähig sein, einander anzunehmen, wie Christus uns angenommen hat.

Die Liebe, die aus der verborgenen Quelle kommt, hat eine schöpferische Kraft. Das, was vorher undenkbar erschien, wird sichtbar. Da heißt es: Ich für dich. Nicht: Du für mich. Wenn ich für den anderen in der Hoffnung da bin, dann auch meinerseits davon zu profitieren, wäre das Berechnung. Aber Liebe rechnet nicht. Sie verschwendet sich, ohne zu fragen, was sie dafür als Gegenleistung bekommt.

Das aber ist das Bild des neuen Menschen, der mit Gott kommuniziert. Oder, mit anderen Worten, der zu dieser verborgenen Quelle geht, um zu trinken. In dem Maß, wie ein Mensch mit Gott im Gespräch ist, wird er auch fähig, mit dem anderen zu reden – ohne Angst.

Denn wenn ich mich von Gott angenommen und geliebt weiß, lebe ich in einer neuen Freiheit. Aus solch einer Freiheit heraus kann ich auch dem anderen begegnen. Dann bin ich bereit, selbst zurückzustehen, um dem anderen den Vortritt zu lassen.

Als Beschenkte können wir schenken.

Wenn diese Liebe Fundament einer Ehe ist, wird eine Ehe gelingen. Denn allein dieses Fundament ist tragfähig und stark, um darauf Zukunft zu bauen.

Die Schöpfung ist voller Gleichnisse, die auf einen größeren Zusammenhang hinweisen. Da wird in Bildern gesprochen. Das Geheimnis selbst aber bleibt unfassbar.

Trotzdem wird der Mensch in dieses Geheimnis einbezogen. Da wird er ein Teil davon, ohne es zu wissen. Da handelt Gott durch ihn, an ihm.

Was ist dieses Geheimnis? Und welche Rolle spielt dabei der Mensch?

Gott schuf den Menschen nach seinem Bild, so lesen wir in den ersten Kapiteln der Bibel (1. Mose 1, 27). Dieser Gedanke wird in der ganzen Bibel immer wieder unterstrichen. Hinter meinem Leben steht eine geheimnisvolle Absicht Gottes, die zu hoch ist, als dass wir sie erfassen könnten. Ich trage das Spiegelbild Gottes in mir. Mein Leben hier ist ein Bild des Himmlischen.

So weit ein Mensch auch abgefallen sein mag von seinem ursprünglichen Ideal, lebt doch ein Sehnen in ihm, diesem Bild wieder zu entsprechen. Es ist ein Drängen in ihm vorhanden, zu diesem seinem Ursprung wieder zurückzukehren.

Der Mensch als Bild des Ewigen. Doch wie ist es verzerrt. Das verzerrte Antlitz, zur Unkenntlichkeit entstellt, voller Schuld, wie ein Hohn. Dennoch geliebt, umworben, damit es zum Ursprung, zu der ursprünglichen Schönheit zurückfindet. Der heile Mensch, die heile Welt, die heile Ehe, in der der Heilige wohnt. Können wir hinter all dem Schutt diese Schönheit noch erkennen?

In Jesus sehen wir den heilen Menschen, wie Gott ihn gewollt hat. Durch Jesus gibt Gott auch uns die Möglichkeit, heil zu werden. Dieses Heilwerden kann selbst mitten im Chaos und mitten in der Verbannung sichtbar werden, und zwar dort, wo ein Mensch sein Leben Gott anvertraut.

Noch sind viele Schatten und Verletzungen zurückgeblieben, die das neue Leben unkenntlich machen. Aber dennoch ist es da, voller Geheimnis. Wo das Chaos der Schöpfung vorausgeht – in dieser Nacht leuchtet das Licht.

Alles was ist, ist vom Geheimnis Gottes umschlossen.

Paulus gebraucht das Bild des menschlichen Körpers im Blick auf die christliche Gemeinde. Dieser Leib mit seinen verschiedenen Organen und Gliedern. Sie alle gehören zusammen und dienen einem bestimmten Ziel: Den mystischen Leib Jesu Christi in seiner Vollendung darzustellen. Dieses Ziel spornt den Einzelnen an, damit dieser Leib aus seiner Verborgenheit heraustreten kann und sichtbar wird in seiner Schönheit.

Wer je Zellen unter einem Mikroskop beobachtet hat, der wird sich voller Verwunderung gefragt haben, nach welch einem ungeschriebenen Gesetz sich diese winzigen Organismen verhalten, die in scheinbarem Chaos durcheinander schwirren. Einem geheimnisvollen Gesetz gehorchend, gesteuert aus einer anderen Realität. In ihrer Freiheit letztlich nicht frei, von einem verborgenen Willen gelenkt.

So ist auch unser Leben. Die Gemeinde als die Braut Christi, durch selbstlose Liebe herausgerufen, dazu erschaffen, ein Leib zu sein, Glieder an seinem Leib. In der Vielheit eine Einheit, von seinem Geist gelenkt.

Seine Braut, die auf die Vereinigung wartet.

So spiegelt sich in der Beziehung von Mann und Frau das Geheimnis Gottes. Geschaffen, sein Gegenüber zu sein, in dem sich seine Liebe spiegelt.

Die Frau als Du des Mannes. Was er aus ihr macht, geschieht zu seinem Ruhm. Wer sie sieht, lobt ihn. Wer ihr begegnet, bewundert ihn. Sein Ruhm ist seine Frau. Es gibt keine größere Freude für ihn, als seine Frau zu beglücken, sie zu schmücken. Wenn sie glücklich ist, ist auch er glücklich.

Gibt es ein höheres Ziel für einen Mann und eine Frau, als dieses Geheimnis Gottes kennen zu lernen und seinen Plan zu entdecken? Je mehr sie sich damit beschäftigen, desto größer wird in ihnen der Wunsch, dass Gott selbst durch seinen Heiligen Geist das Bild von Jesus in ihnen gestalten kann.

Wenn dieses Einssein mit Jesus Christus das Ziel von zwei Menschen ist und wenn alle anderen Fragen diesem einen großen Ziel untergeordnet werden, dann wird Gott diese beiden Menschen formen und erziehen, so dass die Ehe nicht nur gelingt, sondern zu einem unermesslichen Reichtum wird.

Dann kann jeder seine Gaben einbringen, um miteinander Ehe zu bauen; eine Ehe, in der Gott den ersten Platz einnimmt und die Liebe von Jesus spürbar wird.

»Lasst uns aber wahrhaftig sein in der Liebe und wachsen in allen Stücken zu dem hin, der das Haupt ist, Christus, von dem aus der ganze Leib zusammengefügt ist und ein Glied am andern hängt durch alle Gelenke, wodurch jedes Glied das andere unterstützt nach dem Maß seiner Kraft und macht, dass der Leib wächst und sich aufbaut in der Liebe« (Eph 4,15-16).

Das Ziel ist der vollkommene Organismus, in dem jedes Glied vom Haupt gelenkt wird und einer auf den anderen eingespielt ist.

In einem gesund funktionierenden Leib ist es undenkbar, dass die einzelnen Glieder sich selbstständig machen wollen, um ihren eigenen Vorteil zu suchen oder ihre eigene Vorstellung zu verwirklichen. Das gäbe Chaos.

Alle Glieder dienen demselben Zweck. Alle haben eine dienende Funktion, alle miteinander. Diese Funktion können sie nur ausüben, wenn sie sich einander unterordnen. Nicht als Sklaven, die nur danach streben, frei zu werden, sondern im Einklang mit ihrer Bestimmung.

Erst wenn jedes Glied das ist, was es sein soll, funktioniert der Leib. Da kann die Arbeit reibungslos verlaufen. Dann kommt es zu keiner Störung. Die Harmonie ist vollkommen und somit der Körper beschwerdefrei.

Darum fordert der Apostel Männer und Frauen auf, »sich einander unterzuordnen in der Furcht Christi« (Eph 5,21).

Unterordnung ist nichts Entwürdigendes, wenn sie aus Liebe geschieht. Wenn die Liebe ihr übergeordnet ist. Die Liebe allein bestimmt das Verhältnis zueinander. Jeder Einzelne hat seinen Platz und übt eine bestimmte Funktion aus.

Das gilt im Blick auf die Gemeinde. Und das gilt im Blick auf die Familie, in der jeder seinen Platz hat. Der Mann als Vater, die Frau als Mutter und das Kind als Kind.

»Ordnet euch einander unter in der Furcht Christi. Ihr Frauen, ordnet euch euren Männern unter wie dem Herrn. Denn der Mann ist das Haupt der Frau, wie auch Christus das Haupt der Gemeinde ist, die er als seinen Leib erlöst hat« (Eph 5,21 ff.).

Es mag sein, dass manch ein aufgebrachter Ehemann diese biblische Familienordnung seiner rebellischen Frau vorhalten möchte. Aber – warum lehnt sich die Frau auf? Ist es nicht darum, weil der Mann nicht mehr seine Aufgabe als Haupt wahrnimmt und sich in einer selbstlosen, opferbereiten Liebe vor seine Frau stellt? Hat er vergessen, was Paulus weiter schreibt? »Ihr Männer, liebt eure Frauen, wie auch Christus die Gemeinde geliebt hat und hat sich selbst für sie dahingegeben, um sie zu heiligen« (Eph 5,25-26).

Wenn im Neuen Testament von Unterordnung gesprochen wird, so geht es nicht um eine Unterwürfigkeit oder Unterwerfung, vielmehr geht es darum, dass einer dem anderen Vorrang gibt in liebender Selbsthingabe, auf dem Fundament der Vergebung. Denn Paulus fährt fort: »Er – nämlich Christus – hat sie gereinigt durch das Wasserbad im Wort, damit er sie vor sich stelle als eine Gemeinde, die herrlich sei und keinen Flecken oder Runzel oder etwas dergleichen habe, sondern die heilig und untadelig sei« (Eph 5,26-27).

Die Gemeinde als die Braut Christi, die er erlöst hat, rein gewaschen von all dem Schmutz. Die er schmückt und mit seiner Liebe bekleidet, der er sein Gewand anzieht, das Gewand der Gerechtigkeit, die er erwirkt hat.

Es geht nicht um Ausübung von Macht. In unseren Familien wird oft ein erbitterter Machtkampf ausgetragen. Da gibt es aggressive Auseinandersetzungen zwischen Vater und Mutter, Eltern und Kindern. Aus diesem Machtkampf erwächst Bitterkeit.

Doch eine Frau, die sich von ihrem Mann geliebt weiß, kommt nicht auf die Idee, für ihre Emanzipation zu kämpfen. Sie erfüllt ja bereits ihre Funktion, die »andere Seite« zu sein, und darin findet sie ihre Selbstbestätigung und ihre Lebenserfüllung.

Wenn die Liebe des Mannes so mit der Liebe von Christus verglichen wird, müssen wir zugeben, dass kein

Mensch zu dieser selbstlosen, tiefen Liebe fähig ist. Darum hat Gott diese Liebe uns durch den Heiligen Geist zur Verfügung gestellt. Das ist ein Geheimnis, das wir nur erahnen können.

Paulus schreibt, dass unser Wissen Stückwerk ist (1. Kor 13, 9). Nur einen winzigen Ausschnitt können wir andeutungsweise ahnen. Dahinter aber ist das Vollkommene.

Aber sind wir nicht schon hier in dem Vollkommenen, von ihm umgeben und zugleich durchdrungen? Der ewig Seiende ist nicht fern von uns, nicht irgendwo außerhalb. In ihm sind wir ja schon hier, in dieser Einheit die göttliche Einheit widerspiegelnd. Doch noch kaum erkennbar: Die Züge von Christus so verzerrt, die Wunden, die Striemen, das Geschlagensein. Trotzdem wissen wir schon hier von dem Sieg, von dem Heilsein; von dem Heilsein in ihm.

Die Braut, die sein Leib ist, von ihm geliebt, wird für ihn da sein, ihn loben, sich an ihm erfreuen, wie nur eine Braut sich an ihrem Geliebten erfreuen kann. Sie ist sein Abglanz. Wer sie sieht, weiß, dass sie geliebt ist. Sie trägt seinen königlichen Schmuck. Sie ist seine Ehre, sein Siegespreis, sein Triumph. Er sieht bereits, was wir noch nicht sehen.

Wir sehen das hässlich Verzerrte – er aber sieht die erlöste Braut.

Wir sehen das totale Chaos, die totale Verwirrung. Er aber sieht, wie alles unter den Händen Gottes verwandelt wird: Ein neuer Himmel, eine neue Erde. Verwandelte Menschen, in denen die Liebe von Jesus lebt. Das ist sein Triumph.

Jetzt erkennen wir nur kleine Mosaikstückchen, hin und wieder winzige Splitter, die das Licht auffangen und widerspiegeln.

»Dann aber werde ich erkennen, wie ich erkannt bin« (1. Kor 13,12).

Welch ein Geheimnis!

Das Geheimnis Gottes, das uns nach und nach enthüllt wird.

Die neue Identität

Der Mensch ist stolz auf die technische Entwicklung und seine Errungenschaften. Er blickt erhaben auf frühere Jahrhunderte zurück und stellt fest, dass die Menschheit heute mehr erreicht hat als je zuvor. Die Entwicklung der Technik geht weiter, ist nicht mehr aufzuhalten.

Doch der Mensch ist derselbe geblieben. Er wird niemals über sich selbst hinauswachsen.

Es sei denn, er wird eine neue Kreatur. Eine neue Schöpfung. Nicht von Vater und Mutter, sondern aus dem Geist Gottes geboren.

Seit dem Sündenfall sind wir alle mit in den verhängnisvollen Kreislauf verstrickt. Aber zugleich wissen wir, dass nicht das Chaos das letzte Wort behält. Die göttliche »Endlösung« ist die Neuschöpfung, in der der Tod vom Sieg verschlungen wird. Dieses Neue nimmt bereits hier seinen Anfang. Eine neue Kreatur – eine neue Identität.

Bei einer neuen Identität geht es nicht darum, an unserem alten Ich herumzuglätten, zu korrigieren, es aufzupolieren, sondern darum, es durch ein Du zu ersetzen. Durch dieses göttliche Du.

Je mehr ich diesem göttlichen Du in mir Raum gewähre, desto weniger bin ich Zentrum meines Denkens, Redens und Handelns, sondern Christus in mir, dieses göttliche Geheimnis.

Das hat auch Auswirkung auf den Charakter. Ganz allmählich geht eine Umwandlung vor sich. Da prägt an Stelle der Angst das neue Vertrauen. Auch verblasst das Bedürfnis, sich zur Schau zu stellen. Wo der Rachegedanke das Verhalten eines Menschen bestimmt hatte, ist jetzt die Bereitschaft, einander zu verzeihen.

Das aber schafft eine entspannte Persönlichkeit mit einer positiven Erwartung – in der Gewissheit, dass Gott über allem steht. Da ist keine Gleichschaltung – vielmehr unübersehbare Vielfalt. Nicht Chaos – sondern Harmonie. Alles ist dem einen Ziel zugeordnet: dass sein Wille geschieht. Und Gottes Wille ist das Heilwerden.

Erst wenn wir unsere Identität in Jesus gefunden haben, können wir frei sein. Dann reiben wir uns nicht mehr wund.

Dann können wir vergeben, weil auch uns vergeben ist.

Dann können wir einander annehmen, weil auch wir uns angenommen wissen.

Dann können wir einander lieben, weil er uns zuerst geliebt hat.

Je mehr wir uns mit Jesus und seinem Reich beschäftigen, desto unbedeutender wird unser eigenes kleines Reich. Da verblasst die Eitelkeit. Das Verletztsein, das Gefühl, zu kurz gekommen zu sein und vom anderen nicht genug geliebt zu werden.

Je mehr Jesus Zentrum unseres Lebens wird, desto mehr wird sein Wesen in uns Gestalt annehmen. Je mehr wir uns mit seinem Wort beschäftigen, desto unbedeutender werden unsere eigenen Worte.

Wie klein wird da menschlicher Erfolg, wie unbedeutend menschliches Wissen.

Christus in mir! Das ist die neue Identität.

Die geheimnisvolle Kraft, aus der das Leben gespeist wird.

In dem Maße, wie Jesus in mir Raum gewinnt, wird auch unsere Ehe zu einer Quelle neuen Lebens werden, an der andere erquickt werden.

Ausblick

Die Zukunft ist wie ein unbeschriebenes Blatt. Sind wir es, die da Zeichen setzen, oder wird unsere Hand geführt? Können wir unsere Zukunft gestalten – oder werden wir hineingenommen in einen geheimnisvollen Zusammenhang von Zufall und Geschehen? Mit anderen Worten: Können wir bestimmen – oder werden wir bestimmt?

Ja, welche Rolle spielen wir als Menschen, wenn doch Gott die Geschichte lenkt? Bleibt da noch Raum für uns, im kleinen Rahmen Geschichte zu schreiben? Handelt und entscheidet Gott, indem wir handeln und entscheiden? Wer will da Antwort geben!

Wir können das Leben geschehen lassen, d. h. uns treiben lassen von der jeweiligen Strömung und beobachten – oder selbst mitwirken, mitgestalten, am Leben bauen.

Es mag Zeiten geben, da können wir nicht anders, als Tatsachen zu akzeptieren; denn das, was war, können wir nicht ungeschehen machen. Aber wir können den Dingen eine neue Deutung geben. Dann gibt es Zeiten, da sind wir aufgerufen zu handeln – und zu vertrauen, dass Gott unsere Schritte lenkt.

So ist es unsere Verantwortung, unser Leben immer wieder neu mit Gott in Verbindung zu bringen, damit er handeln kann und sein Wille in unserem Leben geschieht.

Sein Wille ist gut, besser als alle Impulse, die uns drängen, unser Leben selbst in die Hand zu nehmen, um es nach unserer Vorstellung zu gestalten. Was wir erkennen, sollen wir tun. Aber in allem Tun dennoch in seiner Liebe ruhen.

Das bedeutet Entspannung.

Wer aus dieser Ruhe wirkt, hat eine wohltuende Ausstrahlung auf seine Umgebung. Da wird er zu einer Saat, die ausgestreut wird, um eines Tages Frucht zu werden.

So können wir getrost der Zukunft entgegensehen, voller Erwartung dem Neuen entgegen. Nicht dem Vergangenen nachtrauern, vielmehr offen für das Jetzt, unterwegs auf das Ziel; denn wir leben heute für morgen.

Das bedeutet: Zukunft bauen. Welch ein Vorrecht, miteinander als Mann und Frau sich dieser Zukunft zu stellen.

So wollten wir Anregungen geben. Fragen aufwerfen, über die Sie dann gemeinsam sprechen: als Mann und Frau. Manchmal nur Gedankensplitter, die Sie dann miteinander weiterdenken: Was meinst du dazu? Wie würdest du das sehen? Was ist deine Erfahrung? Könnte es sein, dass ich mich hier korrigieren muss?

Oder wie können wir uns gegenseitig helfen? Dass wir frei werden, einander zu dienen. Dass wir den verborgenen Schatz im anderen entdecken …

Miteinander über Dinge, Erfahrungen, Ausblicke, Hoffnungen, Enttäuschungen, Freuden reden. Das ist das Vorrecht der Partner. Ein Gegenüber zu haben. Nicht ein Spiegel, der das eigene Bild reflektiert, vielmehr die andere Seite, die dem Bild Tiefe verleiht und eine neue Dimension.

Sehen, wie Gott uns sieht. Annehmen, wie Gott uns angenommen hat.

Können wir das? Wir sehen und tragen Runzeln und Flecken – und sind doch in den Augen Gottes vollkommen. Das ist das Leben in uns, das die Züge von Jesus Christus trägt. Und dieses Geheimnis ist groß!

ANHANG

Fragen zur Sexualität des Mannes

Hygiene des Mannes
Da sich zwischen der Vorhaut und der Eichel beim männlichen Glied leicht eine talgartige Absonderung (Smegma = Schmiere, Salbe) bildet, ist es wichtig, dass der Mann auf Reinlichkeit bedacht ist. Man vermutet, dass dieses Smegma für die Entstehung des Portiokarzinoms (Gebärmutterhalskrebs) verantwortlich gemacht werden kann. Auffallend ist, dass man diese Krebsart kaum unter jüdischen Frauen findet, was vermutlich darauf zurückgeführt werden kann, dass der jüdische Mann an seiner Vorhaut beschnitten ist und es daher nicht zu dieser Ablagerung kommen kann. Besonders vor dem Geschlechtsverkehr ist es zu empfehlen, dass der Mann sein Glied gründlich mit Wasser reinigt.

Impotenz
ist die Unfähigkeit, eine Erektion zu erreichen. Sofern es nicht eine krankheitsbedingte Begleiterscheinung – etwa einer Depression – ist, können u. a. auch psychologische Ursachen verantwortlich gemacht werden, wie beispielsweise eine tief sitzende Angst, die durch frühe Kindheitserlebnisse verursacht wurde. Auch eine zu starke Mutterbindung kann eine Hemmung bedeuten. Hier ist es oft ein weiter Weg, diese frühen Ängste und Beziehungsstörungen abzubauen. Doch wenn sich der Mann von seiner Partnerin angenommen weiß und sie ihm mit liebevollem Einfühlungsvermögen beisteht, kann diese Störung behoben werden.

Selbstbefriedigung
in der Ehe deutet auf eine Störung der Beziehung hin und ist für den Partner, der sich ausgeschlossen fühlt, nicht nur belastend, sondern auch verunsichernd. Da eine Ehebeziehung eine partnerschaftliche Beziehung ist, zielt Selbstbefriedigung – wie das Wort bereits sagt – auf eine Befriedigung des eigenen Selbst. Vielfach steckt eine tiefe Selbstunsicherheit dahinter. Da ist es gut, wenn Mann und Frau über ihre heimliche Angst miteinander sprechen.

Pornographie
bzw. sexuelle Hilfsmittel erniedrigen den Partner zu einem Sexgegenstand, der der eigenen Befriedigung dient. Wenn Sexualität durch verschiedene Hilfsmittel aufgeputscht wird, verliert sie letztlich ihre Schönheit und dient nicht der Vertiefung einer Beziehung, sondern führt früher oder später zum Bruch.

Vorzeitiger Samenerguss
ist für den Mann sehr unbefriedigend und nicht mit der Gefühlserregung eines normalen Orgasmuserlebens verbunden. Wie ein Kind lernt, mit seiner Blasenfunktion umzugehen, so kann in den meisten Fällen auch das sexuelle Spannungsniveau reguliert werden, etwa durch eine Stopp-Start-Technik, wobei zugleich die Angst vor Erektionsversagen gemindert wird. Die Partnerin stimuliert den Penis des Mannes, bis der Mann kurz vor der Ejakulation steht. Sobald die Erregung wieder nachgelassen hat, beginnt sie erneut mit der Stimulation, presst dann den Penis mit Daumen und Zeige- und Mittelfinger unterhalb der Eichel, bis die Schwellung wieder abnimmt. Auf diese Weise wird die Ejakulation hinausgezögert. Diese Behand-

lungsmethode setzt die Mitarbeit beider Partner voraus, wobei die Frau sich in diesem Fall auf ihren Mann konzentriert, um ihm zu helfen.

Gelingt es dem Mann, sein Glied vor der Ejakulation in die Scheide der Frau einzuführen, so kann er – um die Erektion auszudehnen und die Ejakulation hinauszuzögern – einige Sekunden mit seinen Fingern auf die Unterseite des Penis Druck ausüben.

Da sich eine Ejakulationsstörung negativ auf das Selbstbewusstsein des Mannes auswirkt, ist es ratsam, dass hier durch ein gezieltes Training Abhilfe geschaffen wird.

Manchmal liegen tiefe Probleme zugrunde, die nicht durch eine Technik zu beheben sind, sondern psychotherapeutische Hilfe benötigen. So kann beispielsweise eine Depression von einer Potenzstörung begleitet werden.

Fragen zur Sexualität der Frau

Dyspareunia
sind Schmerzen beim Koitus, die naturgemäß dazu führen, dass die Frau den Geschlechtsverkehr möglichst zu umgehen sucht. Diese Schmerzen können durch empfindliche knötchenartige Verdickungen am Hymenalrand verursacht werden. Wenn ein gut vorbereiteter und behutsam durchgeführter Verkehr keine Erleichterung bringt, kann eine taktvolle gynäkologische Untersuchung voraussichtlich bald Abhilfe schaffen. Unter Umständen kann auch eine Urethritis zugrunde liegen, die Teil einer Harnwegsinfektion darstellt und antibiotisch angegangen werden muss. Oder es handelt sich um eine bakteriell verursachte Vulvitis (Entzündung des äußeren Geschlechts-

organs), die durch lokal angewandte chemotherapeutische Mittel behandelt werden kann.

Frigidität
ist eine weit verbreitete Erregungsstörung. Es gibt Frauen, die zu Unrecht von sich behaupten, frigide zu sein. Häufig liegt die Ursache an dem ungeschickten Verhalten des Partners, der – anstatt auf seine Frau eingestellt zu sein – die eigene Befriedigung zu direkt anstrebt. Eine Frau ist viel stärker auf Romantik angewiesen als ein Mann. Sie braucht eine positive Atmosphäre, um sich zu öffnen. Wenn hier Mann und Frau miteinander lernen, den zärtlichen Körperkontakt zu pflegen, kann Leistungsangst abgebaut werden. Damit ist es für eine Frau leichter, sich dem Partner entspannt hinzugeben.

Manchmal aber steckt hinter einer Frigidität eine ablehnende Haltung gegenüber der Sexualität. Das mag durch eine sexfeindliche oder sexbetonte Erziehung verursacht worden sein oder durch ein traumatisches Erlebnis. Wichtig ist nun, dass die Frau lernt, eine natürliche Beziehung zu ihrem Körper einzunehmen. Je bejahender sie zu ihrer eigenen Geschlechtlichkeit steht, desto positiver ist die Prognose der Frigidität.

Geschlechtskrankheiten
waren früher vor allem Syphilis, Gonorrhea, Herpes II und Nongonococal urethritis, heute ist es AIDS. AIDS (Aquired Immune Deficiency Syndrome) ist eine Viruserkrankung, die zunächst vorwiegend unter männlichen Homosexuellen verbreitet worden ist und durch direkten sexuellen Kontakt übertragen wird, dann aber auch durch eine mit dem HI-Virus infizierte Kanüle – etwa in der

Drogenszene – weitergetragen wird. Auch Blutkonserven, die von einem Virusträger entstammen, und Kontakt mit infiziertem Blut können diese Krankheit ausbreiten.

Der HI-Virus (Human Immunodefect Virus) ist im Gegensatz zu den klassischen Geschlechtskrankheiten nach der heutigen medizinischen Forschung nicht oder nur sehr schwer zu behandeln und auch durch Anwendung von Kondomen nicht mit Sicherheit zu verhindern. Der beste Schutz ist eine dauerhafte, partnerschaftliche Ehebeziehung zwischen Mann und Frau.

Hygiene der Frau

In der Scheide herrscht ein so genannter Selbstreinigungseffekt. Die leicht säuerliche Umgebung verhindert eine Wucherung von Mikroorganismen, die eine Entzündung in der Scheide oder Gebärmutter verursachen könnten. Darum sind Intimsprays nicht zu empfehlen, da der PH-Wert sich dadurch verändert und es somit leichter zu Entzündungen kommt. Klares Wasser ohne Seife ist ausreichend, um die äußere Scheide zu säubern, wobei es ratsam ist, die äußeren Genitalien immer von vorn nach hinten zu säubern, um eine Übertragung der Darmbakterien zum Harnweg zu verhindern.

Klimakterium

oder auch Menopause beginnt im Allgemeinen zwischen dem 45. und 50. Lebensjahr. Da der Eisprung unterbleibt, kommt es auch zu keiner Menstruationsblutung mehr. Die Schleimhaut der Vagina wird dünner, die Schleimabsonderung spärlicher, so dass unter Umständen der Geschlechtsverkehr Schmerzen verursachen kann, was jedoch schon durch eine Vorbereitung beispielsweise mit einem speziellen Öl oder einem Gleitmittel verhindert werden kann.

Durch die hormonelle Umstellung kann es zu Hitzewallungen und Schwitzen kommen, auch Depressionen können auftreten und Stimmungslabilität. Frauen, die in ein harmonisches Familienleben eingebettet sind und in einer liebevollen Beziehung zu ihrem Partner leben, zeigen erfahrungsgemäß weniger Probleme als Frauen, bei denen die hormonelle Umstellung eine ohnehin schon belastende Lebenssituation noch zusätzlich beschwert. Das Klimakterium leitet eine neue Lebensphase ein, die – wenn sie bewusst positiv gestaltet wird – für Mann und Frau sehr glücklich verlaufen kann.

Stimmungsschwankungen

Der Zyklus hat auch auf die Psyche der Frau Auswirkung. Viele Frauen klagen in der zweiten Hälfte des Zyklus über depressive Verstimmungen, sie sind weniger leistungsfähig, anfälliger für Krankheiten, leichter reizbar und leicht entmutigt. Sogar Selbstmordgedanken können in dieser Zeit vermehrt auftreten. Viele Frauen verstehen sich selbst nicht und erleben sich als »fremd« und »unberechenbar«. Man vermutet, dass dieses Phänomen mit der Hormonproduktion von Progesteron in Zusammenhang steht (PMS – prämenstruelles Syndrom). Doch die Reaktion ist individuell sehr unterschiedlich. Andere Frauen erleben kurz vor der Periode eine ausgesprochen aktive Zeit, bei einer anderen kommt es unmittelbar nach der Periode zu einem Stimmungshoch. Sie fühlen sich erhaben, über den Dingen stehend, sind fröhlich und optimistisch.

Orgasmusstörung
Sieht sich eine Frau nicht fähig, einen Orgasmus zu erreichen, kann es eine Hilfe werden, wenn sie bewusst die Scheidenmuskulatur zusammenzieht, als wollte sie Urin anhalten (Training der Beckenbodenmuskulatur). Damit können die Scheidenmuskeln gestärkt werden. Dieser schnelle Wechsel von Anspannen und Entspannen der Beckenmuskulatur (nach Beobachtungen von Kegel auch Kegelübungen genannt) sind in etwa einem Orgasmus vergleichbar und können somit eine Überleitung darstellen zu einem spontanen Orgasmuserlebnis.

Östrogenmangel
Bei einem Östrogenmangel wird die Scheidenhaut dünn und pergamentartig und somit leicht verletzbar. Da die Zellen nur geringe Glykogenmengen enthalten, kann die Milchsäurebakterienflora nicht gedeihen, so dass es leichter zu Infektionen kommt. Durch eine ärztlich durchgeführte und überwachte Hormonbehandlung kann hier Abhilfe geschaffen werden.

Unfruchtbarkeit
kann sowohl im Mann als auch in der Frau begründet liegen und bedarf einer sorgfältigen ärztlichen Untersuchung. Wobei eine Hormonbehandlung nur mit größter Zurückhaltung gewählt werden sollte, da es leicht zu Mehrlingsschwangerschaften mit Komplikationen kommt.

Vaginismus (Scheidenkrampf)
Durch spastische Kontraktionen der Scheidenmuskulatur wird der Geschlechtsverkehr undurchführbar. Vaginistische Reaktionen können durch Schmerzen beim Verkehr

hervorgerufen oder auch auf ein traumatisches Erlebnis zurückgeführt werden; nur selten liegt eine organische Ursache vor. Es erfordert ein großes Einfühlungsvermögen des Partners und viel Liebe und Geduld, bis seiner Partnerin die Angst genommen werden kann. Die Therapie besteht in einer Desensibilisierung oder Dekonditionierung der Reflexe. Auch unbewusste Konflikte und versteckte Schuldgefühle sind anscheinend für einen Vaginismus mitverantwortlich, so dass eine therapeutische Behandlung Hilfe bringen kann.

Verkehr während der Menstruation
ist aus hygienischen Gründen nicht angezeigt und wird auch von den meisten Paaren instinktiv abgelehnt.

Fragen zur Schwangerschaft und der Zeit danach

Amniozentese oder Fruchtwasseruntersuchung
Sie werden durchgeführt, um eine Chromosomen-Analyse vorzunehmen oder um bei Blutgruppenunverträglichkeit eine Diagnose stellen zu können.

Blutgruppen-Unverträglichkeit (am bekanntesten Rhesusfaktor)
Hat die Mutter einen negativen Rhesusfaktor (Rh-), der Vater jedoch positiv (Rh+), so können hier Komplikationen entstehen, da Mutter und Kind dann unterschiedliche Rhesusfaktoren haben. Obwohl der Blutkreislauf von Mutter und Kind unabhängig voneinander funktioniert, kommt es bei der Ablösung der Plazenta zu einer Vermi-

schung beider Blutgruppen (inkl. Rhesusfaktor), was im Blut der Mutter zu einer Antikörperbildung gegen die roten Blutkörperchen des Kindes führt. Bei der ersten Schwangerschaft zeigt sich im Allgemeinen kein Problem, doch bilden sich nach der Entbindung im Blut der Mutter Antikörper gegen die fremde Blutgruppe bzw. Rhesusfaktor des Kindes, die dann bei einer zweiten Schwangerschaft über die Plazenta die roten Blutkörperchen des Kindes zerstören und schließlich zu einer schweren Gelbsucht mit nachfolgendem Gehirnschaden führen können. Auch durch eine Fehlgeburt oder einen Schwangerschaftsabbruch kann es zu einer Bildung von Antikörpern kommen.

Da heute der Rhesusfaktor der schwangeren Mutter routinemäßig festgestellt wird, kann bei unterschiedlichem Rhesusfaktor rechtzeitig Vorsorge getroffen werden und durch eine Anti-D-Gamma-Globin-Prophylaxe die Bildung von Antikörpern im Blut der Mutter verhindert werden.

Ernährung in der Schwangerschaft

Grundsätzlich gilt es, sich während dieser Zeit so natürlich wie möglich zu verhalten. Denn Schwangerschaft ist keine Krankheit, sondern ein natürliches Geschehen. Doch könnte es sein, dass die Ernährung korrigiert werden muss. Wer bis dahin sich vorwiegend von Kaffee und süßen Teigwaren ernährt hat, sollte auf eine frische, vitaminreiche Nahrung übergehen. Es gibt keine Schwangerschaftsdiät. Die Nahrung sollte abwechslungsreich, naturbelassen und so frisch wie möglich sein. Volles Korn, Salat und Gemüse enthalten wichtige Vitamine und sind reich an Ballaststoffen. Diese wirken nicht nur cholesterinsenkend, sondern sind darüber hinaus in der Lage, bestimmte Schadstoffe im Verdauungstrakt zu binden und auszuscheiden. Sie haben somit einen wichtigen Reinigungseffekt.

Geschlechtsverkehr während der Schwangerschaft
kann behutsam normal weitergeführt werden. Um zu vermeiden, dass Bakterien in den Geburtskanal dringen, sollte etwa 6 Wochen vor der Entbindung der Geschlechtsverkehr unterbleiben und kann nach Abklingen des Wochenflusses, also ca. 6 Wochen nach der Entbindung, wieder aufgenommen werden.

Medikamenteneinnahme während der Schwangerschaft
sollte in den ersten drei Monaten möglichst vermieden werden und, falls erforderlich, nur unter ärztlicher Indikation in dringenden Fällen erfolgen.

Post Partum Depression (Baby-blues)
Etwa 15-20 % der Mütter erleiden eine depressive Phase unmittelbar nach der Entbindung, die mit Traurigkeit, Niedergeschlagenheit, Verwirrung, Angst, Albträumen und einer ängstlichen Erwartung einhergeht. Diese Depression ist auf den veränderten Stoffwechsel zurückzuführen. Der Körper muss sich wieder neu umstellen. Diese Depression klingt in der Regel nach einigen Wochen, manchmal bereits nach wenigen Tagen wieder ab. In dieser Zeit ist die verständnisvolle Nähe des Partners für die junge Mutter sehr entscheidend. Kommt es zu einer schweren Depression, ist ärztliche Hilfe erforderlich.

Stillen

Heute ist das Stillen wieder populärer geworden als noch vor einigen Jahren. Auch die Befürchtungen, dass Stillen der Figur schadet, sind inzwischen überholt. Es gibt wohl kaum etwas Schöneres, als das eigene Kind stillen zu dürfen. So ist es ein besonderes Vorrecht für die Frau. Es sind Stunden, in denen die Einheit zwischen Mutter und Kind bewusst erlebt werden kann. Das Kind ist völlig auf die Zuwendung der Mutter angewiesen. All das, was dieses kleine Wesen braucht, kann die Mutter ihm geben. Dieses Geben ist mit einem tiefen Glücksgefühl verbunden.

Ist es für die Mutter nicht möglich, ihr Kind zu stillen, so gibt es heute gute Möglichkeiten, dass das Kind dadurch keinen Nachteil erleiden muss (Fläschchennahrung). Nur sollte die Bequemlichkeit kein Grund sein, das Stillen zu unterlassen. Auch wenn eine Mutter ihr Kind nicht stillt, ist der enge Körperkontakt zur Mutter wichtig für das Kind.

Fragen zur Erziehung

Sauberkeitstraining

Die Ansichten im Blick auf das Sauberkeitstraining sind von Kultur zu Kultur unterschiedlich. Grundsätzlich sollte jedoch beachtet werden, dass der kleine Schließmuskel erst zwischen eineinhalb und zwei Jahren reguliert werden kann, so dass mit diesem Training möglichst nicht vor dem 18. Lebensmonat begonnen werden sollte. Diese so genannte anale Phase ist für die Willensbildung grundlegend. Damit das Kind nicht beschämt wird, ist eine gute Kooperation zwischen Eltern und Kind wünschenswert. Manch eine Mutter setzt ihren persönlichen Ehrgeiz daran, ihr

Kind so früh wie möglich trocken zu haben. Wenn sie hört, dass das Kind ihrer Freundin mit zwölf Monaten bereits nicht mehr einnässte, so kann hier ein Wettkampf auf Kosten des Kindes entstehen.

Ein Kind reagiert nicht wie das andere. In Geduld und Liebe die Entwicklung eines Kindes zu begleiten ist viel wichtiger, als bemüht zu sein, eine vermeintlich vorgeschriebene Regel einzuhalten.

Sollen sich Eltern den Kindern gegenüber nackt zeigen?

Solange ein Kind sich unbewusst mit den Eltern identifiziert, besteht eine Einheit zwischen Eltern und Kind. Darum können sich Eltern bis zu einem bestimmten Alter in Gegenwart der Kinder ganz unbefangen nackt zeigen. So ist es in Japan durchaus üblich, dass Vater oder Mutter gemeinsam mit dem Kind baden. Es ist eine natürliche Unbefangenheit.

Merken nun Vater oder Mutter bei dem pubertierenden Kind eine Scheu, so sollten sie sogleich auf das erwachende Schamgefühl eingehen und von da an einander nicht mehr nackt begegnen.

Setzen Vater oder Mutter trotz dieser kindlichen Scheu ihr früheres unbekümmertes Verhalten fort, so könnten sie das Schamgefühl in ihrem Kind verletzen. Darum ist es ratsam, auf diese Scheu des Kindes einzugehen – ohne Werturteil.

LITERATUR

Johannes W. Rohen: »Funktionelle Anatomie des Menschen«. F. K. Schatthauser Verlag, Stuttgart/New York 1975

Robert J. Demarest, John J. Sciarra: »Conception, Birth and Contraception«. McGraw Hill Book Company, New York 1969

Carole Wade Offir: »Human Sexuality«. Harcourt Brace Jovanovich, Inc. New York 1982

Preben Hertoft: »Klinische Sexologie«. Deutscher Ärzte-Verlag, Köln 1989

Gerhard Martins: »Geburtshilfe und Gynäkologie«. 3. Aufl., Georg Thieme Verlag, Stuttgart/New York 1984

Jack Dominian: »An Introduction to Marital Problems«. Fount Paperbooks, London 1986

Don Dinkmeyer, John Carlson: »Time for Better Marriage«. American Guidance Service, Minnesota 1984

David Elkind: »The Hurried Child«. Addison-Wesley Publishing Comp. Inc., 1988

Gary R. Collins: »Christian Counselling«. Word Publishing, Berkhamsted, Herts, Engl. 1980

Friedrich Weinreb: »Der göttliche Bauplan der Welt«. Origo Verlag, Bern 1978

Friedemann Schulz von Thun: »Miteinander reden: Störungen und Klärungen, Psychologie der zwischenmenschlichen Kommunikation«, Rowohlt, 1986